中央高校基本科研业务费资助
中央司法警官学院2023年“新时代法学理论研究”专项项目

马克思主义中国化时代化视域下的罪犯劳动改造学研究

刘 津／著

法律出版社
LAW PRESS · CHINA
北京

图书在版编目(CIP)数据

马克思主义中国化时代化视域下的罪犯劳动改造学研究 / 刘津著. -- 北京 : 法律出版社, 2023
ISBN 978 -7 -5197 -8107 -1

Ⅰ. ①马… Ⅱ. ①刘… Ⅲ. ①犯罪分子—劳动改造—研究—中国 Ⅳ. ①D926.7

中国国家版本馆 CIP 数据核字(2023)第 218855 号

马克思主义中国化时代化视域下的罪犯劳动改造学研究
MAKESI ZHUYI ZHONGGUOHUA SHIDAIHUA SHIYU XIA DE ZUIFAN LAODONG GAIZAOXUE YANJIU

刘 津 著

责任编辑 慕雪丹
装帧设计 鲍龙卉

出版发行 法律出版社
编辑统筹 法商出版分社
责任校对 赵明霞
责任印制 胡晓雅
经　　销 新华书店

开本 710 毫米×1000 毫米 1/16
印张 16.25　字数 262 千
版本 2023 年 12 月第 1 版
印次 2023 年 12 月第 1 次印刷
印刷 唐山玺诚印务有限公司

地址:北京市丰台区莲花池西里 7 号(100073)
网址:www.lawpress.com.cn
投稿邮箱:info@lawpress.com.cn
举报盗版邮箱:jbwq@lawpress.com.cn

销售电话:010 - 83938349
客服电话:010 - 83938350
咨询电话:010 - 63939796

书号:ISBN 978 -7 -5197 -8107 -1
定价:69.00 元
凡购买本社图书,如有印装错误,我社负责退换。电话:010 - 83938349

序　言

罪犯劳动改造是我国监狱改造罪犯的特色和优势手段，在我国监狱工作历史上取得了举世瞩目的伟大成就。在市场经济条件下，在新时代建设法治国家、法治政府、法治社会的进程中，在中国式现代化的本质要求下，在中国监狱工作现代化总体战略中，罪犯劳动改造工作如何实现内涵式高质量发展，发挥应有的、更加重要的作用，助推中国监狱工作上升到一个新的历史高度，是摆在理论和实践工作者面前共同的时代命题。

刘津老师肩扛理论工作者的历史责任，潜心于学，深耕多年，对罪犯劳动改造学进行了深入系统的基础理论和学科建设研究，完成了这部罪犯劳动改造学的"新论"。虽然这是一部理论性很强的著作，但对处于新时代历史转折时期的罪犯劳动改造工作，无疑具有非常重要的现实意义。

监狱罪犯劳动改造工作迫切需要这样的理论指导。改革开放以来，罪犯劳动改造工作经历了20世纪80年代以承包制为主的改良变革，经历了20世纪90年代市场经济大潮冲击下的上下求索，经历了2003年以来的监狱体制改革，罪犯劳动改造乃至监狱整体工作刚刚跨上改革后内涵式发展的新征程，值此历史关键时期，罪犯劳动改造工作最需要的是什么？负责罪犯劳动改造工作的监狱管理者们最需要什么？依我看来，最需要的是系统科学的理论指导。刘津老师的这部专著在习近平新时代中国特色社会主义思想指导下，在马克思主义中国化时代化视域下，创新性、系统性地研究阐述了罪犯劳动改造的基本原理、基本理论和方法。在罪犯劳动改造学的基本范畴中，开宗明义地阐明了马克思主义关于劳动的基本观点是罪犯劳动改造学的元概念和逻辑起点，阐明了以思想改造为统领的罪犯劳动改造的概念和实践，阐明了思想性是罪犯劳动改造学的重要研究内容之一，阐明了我国罪犯劳动改造的性质及其与其他社会制度下的罪犯劳动乃至当代西方国家劳动矫正的本质区别;深入研究阐述了罪犯劳动改造的马克思主义原理,讲清了罪犯劳动改造的思想改造机理,系统阐述了毛泽东劳动改造思想和习近平新时代中国特色社会主义思想对罪犯劳动改造工作的指导;深入研究阐述了罪犯劳动改造的目的,阐明了罪犯劳动改造的一元化目标和改造目标的层次性;深入研究阐述了罪犯劳动改造的本质特征和基本规律、功能和作用;深入研究阐述了罪犯劳动管理这一基本范畴,阐明了罪犯劳动管理的内容、任务、作用和管理职能,讲清了管理是实施罪犯劳动改造的重要条件和手段,确立了罪犯劳动管理在罪犯劳动改造工作中的特殊性质和主干活动地位,进而把罪犯劳动改造学的学科体系分为基础理论、管理实施、改造和矫正方法三大部分去构建,搭建起了罪犯劳动管理理论和实践的框架体系,为罪犯劳动改造学的子学科——罪犯劳动管理学的纵深发展规划了路径,为实际工作指明了方向,为学科建设和理论研究拓展了空间。不难看出,书中的每一项内容研究都很深入、很系统,对监狱各层级人员学习罪犯劳动改造的基本原理和知识,解决思想困惑,认识和运用好罪犯劳动改造基本规律,处理和化解罪犯劳动改造中的矛盾,解决罪犯劳动改造的新老问题等各方面,均具有直接的指导意义。人永远是罪犯劳动改造工作中最关键的因素之一,特别是监狱的各层级负责罪犯劳动改造的管理者,这部罪犯劳动改造新著不失为一本在工作中答疑解惑的指导书。

监狱警察提高理论和工作素养迫切需要这样的著作。这些年来,监狱警察更新换代很快,更多的年轻人走上监狱警察的岗位,虽然监狱警察的专业背景中司法警官院校的毕业生占了一大部分,但是社会普通高校毕业生所占比重更大。由于司法警官院校劳动改造专业人才培养工作刚刚起步,司法警官院校绝大部分毕业生实际上并没有系统地学习过罪犯劳动改造学专业课程,社会普通高校毕业生就更加缺乏这方面的专业知识。因此,该书以及以该书为基础的司法警官院校一流本科特色教材和教育部自学考试学习读本,将为广大在职监狱警察提供便利的学习读物,从而不断提高自身的理论和工作素养。

司法警官院校加强学科建设、提高监狱后备人才培养质量迫切需要此类著述。该书对罪犯劳动改造学学科建设、专业人才培养，无论是当下还是长远的意义都很大，以该书为基础，中央司法警官学院组织出版的一流特色本科教材《罪犯劳动改造学》和教育部高等教育自学考试指导委员会组织出版的《罪犯劳动改造学》自学考试学习读本，将大大缓解该学科领域著述教材匮乏的局面，该书的出版也将促进本书所规划的罪犯劳动改造学子学科的建设和发展，而这些恰恰是司法警官院校在劳动改造高等专业学科建设、人才培养工作方面的迫切需要，对我国监狱后备人才的培养具有深远的历史意义。

2023 年 11 月 20 日

前　言

在长期学习和研究罪犯劳动改造理论过程中,我产生了一个越来越强烈的愿望,就是要写一本罪犯劳动改造学的“新论”。最初的动机和原因比较简单,随着社会、政治、经济的深刻变革,罪犯劳动改造的环境和条件变化巨大,而罪犯劳动改造学却十多年来没有新的、系统性理论成果。随着学习和研究的深入,我开始更深刻地认识到,对罪犯劳动改造学进行全面、系统、创新性研究非常必要、非常紧迫、意义重大。第一,《中华人民共和国监狱法》颁布施行近30年,监狱学学科重建30年,罪犯劳动改造学学科建设还停留在20世纪90年代的水平,概念不统一,理论不严谨,体系不成熟;第二,在高等教育中,属于监狱学专业下的罪犯劳动改造专业设置和专业人才培养刚刚起步,专业和课程教学建设迫切需要学科和教材建设的鼎力相助;第三,罪犯劳动改造学理论严重脱离罪犯劳动改造实践发展,理论指导滞后,一些实践和发展难题没有破解。因此,理论与实践发展的需要,学科与专业建设乃至专业人才培养的历史使命,需要对罪犯劳动改造学进行承上启下的创新研究。但是,怎么创新,新在哪里,确确实实是一个重要而又严肃的课题。

马克思主义是罪犯劳动改造学产生的根本指导思想和基本原理,习近平新时代中国特色社会主义思想作为新时代继承和发展马克思主义的强大思想武器,为新时代罪犯劳动改造学的研究答疑解惑,指明了方向。党的十八大以来,以习近平同志为主要代表的中国共产党人,坚持把马克思主义基本原理同中国具体实际相结合、同中华优秀传统文化相结合,科学回答了新时代坚持和发展什么样的中国特色社会主义、怎样坚持和发展中国特色社会主义等重大时代课题,创立了习近平新时代中国特色社会主义思想。习近平新时代中国特色社会主义思想,是当代中国马克思主义、二十一世纪马克思主义,是中华文化和中国精神的时代精华,实现了马克思主义中国化时代化新的飞跃。习近平新时代中国特色社会主义思想坚持马克思主义立场观点方法,坚持科学社会主义基本原则,根据时代和实践发展变化,以崭新的思想内容丰富发展了马克思主义,形成了系统科学的理论体系。习近平新时代中国特色社会主义思想内涵十分丰富,涵盖新时代坚持和发展中国特色社会主义的基本问题,并根据新的实践对党和国家的各项事业、各个方面作出了新的理论概括和战略指引。习近平新时代中国特色社会主义思想贯通马克思主义哲学、马克思主义政治经济学、科学社会主义。在当代中国,坚持和发展习近平新时代中国特色社会主义思想,就是真正坚持和发展马克思主义,就是真正坚持和发展科学社会主义,就能使我国的各项事业包括监狱事业的发展方向明、道路正。

新思想指导新实践,新思想引领新征程。我国的罪犯劳动改造工作及其理论研究正走在新的征程上,通过学习和领会习近平新时代中国特色社会主义思想,我对罪犯劳动改造学的创新有了豁然开朗的认识。总的认识是要在习近平新时代中国特色社会主义思想的指引下,在马克思主义中国化时代化视域下去思考和分析问题,要立足初心,结合中国监狱事业的基本国情,发挥中国特色社会主义的制度优势,总结规律,创新理论。

第一,必须坚持以改造人为宗旨的思想政治方向。为此必须坚持习近平新时代中国特色社会主义思想的根本指导,坚持中国共产党对罪犯劳动改造工作的领导,坚持中国特色社会主义的罪犯劳动改造制度。坚持以改造罪犯思想为统领开展罪犯劳动改造工作,把罪犯劳动改造工作发展理念和发展水平纳入推进国家治理体系和治理能力现代化以及建设中国特色社会主义法治体系的进程中。

第二,必须坚持把人民至上和人的全面发展的思想观点正确地运用到罪犯劳动改造中。在坚持人民至上这一根本价值取向的基础上进行理论创新,既要讲清楚改造好罪犯,预防和减少犯罪,实现社会的安全稳定是广大人民的立场和愿望;也要讲清楚改造世界和改造人都是发展,注重人的全面发展并没有把监狱里的罪犯排除在外,我国的罪犯劳动改造以思想改造为宗旨,矫正其恶习,培养劳动技能,使其顺利回归社会,成为自食其力的守法公民和劳动者,正是马克思主义关于人的全面发展思想的充分体现。

第三,必须坚持中国特色社会主义罪犯劳动改造理论的自信自立。我国监狱工作中首先产生了中国特色社会主义的罪犯劳动改造实践,取得了举世瞩目的伟大成就,彰显了中国特色社会主义制度的特色和优势,然后才有了中国特色社会主义的罪犯劳动改造学理论。这些成就归根结底都来源于马列主义、毛泽东思想的根本指引,来源于指导思想和理论的正确。然而近年来,在理论和实践中产生了一些对我国罪犯劳动改造的消极甚至是错误的认识,为此必须在罪犯劳动改造学研究中坚持道路自信、理论自信、制度自信、文化自信,特别要牢固树立以习近平新时代中国特色社会主义思想为指导的理论自信,创建好中国特色社会主义的罪犯劳动改造学理论。

第四,必须坚持马克思主义中国化时代化视域下的守正创新。守正就是要始终坚持将马克思主义作为罪犯劳动改造学的根本指导思想,始终把握好习近平新时代中国特色社会主义思想的世界观和方法论,始终坚持好贯彻其中的立场观点方法,始终坚守住在马克思主义指导下以改造人为宗旨的初心,这是我国罪犯劳动改造与西方资本主义国家罪犯劳动的本质区别,以守正为前提的创新方向才正确,才能在正确的道路上对罪犯劳动改造基本理论、管理体制机制、改造和矫正方式方法上进行一系列创新,才能为罪犯劳动改造的发展提供源源不断的源泉和动力。

第五,必须坚持以问题为导向,努力以理论创新,推动破解改革和实践发展的难题。习近平总书记指出:"每个时代总有属于它自己的问题,只要科学地认识、准确地把握、正确地解决这些问题,就能够把我们的社会不断推向前进。"目前的罪犯劳动改造理论和实践的确存在许多问题,有的问题很复杂,解决难度大,长时间得不到解决,理论和实践层面都存在畏难情绪,组织调动不够,研究改进的实际行动不多。必须增强问题意识,聚焦各种老问题、新问题和深层次问题,加大罪犯劳动改造理论创新力度,正像习近平总书记所说的,"不断提出真正解决问题的新理念新思路新办法"。

第六,必须坚持在理论研究和改革发展实践中牢固树立系统观念,运用好系统科学的理论和方法。罪犯劳动改造工作是一项由生产劳动系统和罪犯改造系统有机结合形成的复杂系统,这一系统又是我国社会主义市场经济体制和依法治国体系下的一个小小的子系统。罪犯劳动改造系统有着非常独特的系统特性,以往的理论更多注重了罪犯劳动改造学的指导思想和基本原理研究,对罪犯劳动改造的管理体制机制、管理方式方法研究不够,对罪犯劳动改造的实践指导能力不足,一个重要的原因就是没有树立系统观念,没有或很少运用系统科学的理论和方法研究解决罪犯劳动改造的实践问题,导致监狱实际工作中监管改造与劳动改造经常出现矛盾,也导致罪犯劳动改造的很多问题长期得不到解决,若运用好系统理论和方法,有些问题就不会出现,有些问题解决起来并没有那么难。习近平总书记指出:“万事万物是相互联系、相互依存的。只有用普遍联系的、全面系统的、发展变化的观点观察事物,才能把握事物发展规律”,“要善于通过历史看现实、透过现象看本质,把握好全局和局部、当前和长远、宏观和微观、主要矛盾和次要矛盾、特殊和一般的关系,不断提高战略思维、历史思维、辩证思维、系统思维、创新思维、法治思维、底线思维能力”。按照习近平新时代中国特色社会主义思想的指引,在罪犯劳动改造学理论研究中要运用系统科学研究罪犯劳动改造系统的组成、功能、特点和规律等基本理论和实践应用理论,提出能够全面指导罪犯劳动改造实践的科学理论;在罪犯劳动改造工作中要从监狱系统整体出发,进行系统性谋划,整体设计,处理好罪犯劳动改造与监狱整体工作和其他改造手段的关系,按照罪犯劳动改造规律办事,系统推进罪犯劳动改造工作科学发展。

在习近平新时代中国特色社会主义思想指导下,本书充实了罪犯劳动改造学的基本原理理论,在罪犯劳动改造学的基本范畴和概念、研究对象、学科体系设计,罪犯劳动改造的性质目的意义、特点和规律、功能和作用,罪犯劳动改造与西方国家罪犯劳动教育矫正的本质区别,罪犯劳动管理的目标和任务、特点和原则,罪犯劳动组织的设置,罪犯劳动管理的职能设定及其运用等方面进行了创新研究。本书是本人在罪犯劳动改造理论教学科研的基础上,在学习和运用习近平新时代中国特色社会主义思想过程中的理论总结,初心是弥补罪犯劳动改造学学科发展的不足,完善和发展新时代的罪犯劳动改造学,为我国的罪犯劳动改造学学科和专业建设竭尽绵薄之力。由于本人能力所限和日常诸事繁忙,书稿完成略显仓促,一定会有很多不足甚至错误之处,在此恳请专家同仁和读者批评指正。在本书研究和出版过程中,得到了中央司法警官学院领导和学校科研处、信息管理系、矫正管理与决策研究中心、现代监狱改造理论研究中心、河北省高校人文社科培育基地的领导同志们的关心、支持和帮助,矫正管理与决策研究中心为本书出版支付了部分费用,在此一并表示真挚的感谢!同时真诚感谢法律出版社领导和编辑们认真、负责的工作!也感谢家人对我的关心和支持!

目　录

第一章

绪 论

罪犯劳动改造学是中国监狱学学科的骨干分支学科之一,是专门研究我国监狱对服刑罪犯依法进行劳动改造的现象及其发展规律的特殊学科,是一门实用性非常强的应用性学科,在建设中国监狱学学科和指导监狱罪犯劳动改造工作中发挥着独当一面的作用。对服刑罪犯实行劳动改造,是我国监狱教育和改造罪犯最重要的基本手段之一,是我国监狱工作最为显著的特色和优势,是中国特色社会主义监狱制度的本质特征之一,在我国监狱工作的历史上取得了举世瞩目的伟大成就。罪犯劳动改造学以我国近一个世纪的罪犯劳动改造实践探索和理论总结为基础,形成并较快发展于改革开放初期,随后进入了一段相当长时期的缓慢发展阶段,应当说还是一个相当年轻和不成熟的学科。我国社会主义市场经济体制改革以来,特别是中国特色社会主义进入新时代以来,监狱内外环境变化巨大,监狱体制改革不断深化,罪犯劳动改造工作不断出现新情况、新问题、新特点、新模式,罪犯劳动改造发展规律已经呈现新的态势。罪犯劳动改造学学科在新时代的研究建设任务是,必须在原有的理论和实践基础上,坚定中国特色社会主义道路自信、理论自信、制度自信和文化自信,加大创新力度,从新时代中国特色社会主义监狱工作和罪犯劳动改造实际出发,以习近平新时代中国特色社会主义思想为指导,科学健全理论体系,夯实基础理论,强化应用理论,加强理论指导特别是应用理论指导功能,早日建设成马克思主义中国化时代化视域下的新罪犯劳动改造学,以学科建设推动高等专业教育和实际工作的高质量发展。

第一节 罪犯劳动改造学的范畴

范畴,即基本概念,是人的思维对事物、现象的普遍本质的概括和反映。范畴涉及一门学科的最基本概念、研究对象和内容。每门科学都有自己特有的一系列范畴,反映的是特定领域里事物的本质。研究罪犯劳动改造学,从其最基本的范畴入手,是把握罪犯劳动改造学的学科内涵和发展方向的重要前提。

一、劳动

劳动是人类在生产过程中所提供的劳务,可表现为脑力劳动和体力劳动。劳动的质量受到劳动者的劳动技能、受教育程度和经验积累程度高低等的影响,劳动的数量受劳动时间长短和劳动效率高低等的影响。劳动是创造价值的手段之一,每个人都希望用自己的尽可能少的劳动换取别人的尽可能多的劳动。在市场经济条件下,劳动者用自己的劳动换取一定的货币报酬,是市场对劳动的一种定价。

马克思曾对劳动含义做过如下的描述:"劳动首先是人和自然之间的过程,是以自身的活动来引起的、调整和控制人和自然之间的物质变换的过程。人自身作为一种自然力与自然物质相对立。为了在对自身生活有用的形式上占有自然物质,人就使他身上的自然力——臂和腿、头和手运动起来。当他通过这种运动作用于他身外的自然并改变自然时,也就同时改变他自身的自然。他使自身的自然中沉睡着的潜力发挥出来,并且使这种力的活动受他自己的控制。"①

从以上论述可以看出,首先,劳动是人的客观物质活动,"是以人自身的活动来引起的、调整和控制人和自然之间的物质变换的过程"。其次,劳动是人的有目的的能动的活动。"为了在对自身生活有用的形式上占有自然物质"而"使他身上的自然力——臂和腿、头和手运动起来"。"他使自身的自然中沉睡着的潜力发挥出来,并且使这种力的活动受他自己的控制。"再次,劳动一开始就是社会活动。劳动的目的、方式和劳动能力的发挥都受到当时社会历史条件的限制。最后,人的劳动具有

① 《马克思恩格斯选集》(第2卷),人民出版社1972年版,第379页。

双重效果。“当他通过这种运动作用于他身外的自然并改变自然时,也就同时改变他自身的自然。”劳动不仅改变了劳动对象,同时在劳动中也改变了人本身及其人类的社会状况。

通过以上分析可知,劳动是人类社会的特有现象,可以将劳动简单定义为:劳动是人类特有的,为满足自身的物质和精神需要,有目的地调整和控制人和自然界之间的物质变换过程的一种改变自然物的社会实践活动。可以从不同的标准和角度把劳动分为:体力劳动和脑力劳动;物质生产劳动和精神生产劳动;简单劳动和复杂劳动;生产性劳动和服务性劳动等。

劳动是输出劳动量或劳动价值的人类运动,从哲学上看,劳动是主体、客体和意义的内涵集成体,劳动除了人维持自我生存的意义,还有着自我发展的更加高级的意义。马克思主义理论全面和科学地揭示了劳动的本质和意义,建立了马克思主义劳动学说,是我国罪犯劳动改造学产生和形成的最根本的思想理论基础,决定了我国罪犯劳动改造理论和实践的本质。

(一)马克思主义关于劳动的观点是罪犯劳动改造学的元概念和逻辑起点

马克思主义劳动学说关于劳动的科学论述,揭示了劳动在人类社会产生和发展中的重要意义和作用,其根本观点奠定了罪犯劳动改造学的基本概念、指导思想,形成了罪犯劳动改造学的理论逻辑和实践逻辑,是罪犯劳动改造学最基本的范畴。

1. 劳动创造了人,创造了人类社会及其历史。劳动是人类社会形成和发展、社会历史进步的根本原因。

2. 劳动是整个人类生活必须的第一个条件。人类为了生存,首先要从自然界取得衣食住行所需要的基本生活资料,没有劳动就没有人类生活。

3. 劳动是人的本质的体现。是否有自觉的目的性和能动性是人类与动物世界的重要区别,而有目的性的、能动性的劳动决定了人的本质。

4. 劳动是人的认识和观念形成、发展、转变的最主要的源泉和动力。

5. 生产劳动是改造客观世界和改造人的自身主观世界的统一的过程。马克思不仅论证了劳动对一般人的改造作用,还论证了劳动对犯了罪的人的特殊改造作用。辩证唯物主义认为,劳动是造就社会新人的重要方略,也是改造各种社会丑恶现象的有力武器。马克思曾断言:“体力劳动是防止一切社会病毒的伟大的消毒剂”①,生产劳动是罪犯“改过自新的唯一手段”②。这是我国罪犯劳动改造活动产生的最直接的思想理论来源。

正是在马克思主义劳动学说的指导下,我国罪犯劳动改造学才有了思想指南和理论基点,我们才在马克思主义劳动观点的基础上建立起了罪犯劳动改造学的一整套概念、基本观点和思想体系。可以说,没有马克思主义劳动学说,就没有我国的罪犯劳动改造学。

(二)马克思主义劳动学说决定了我国罪犯劳动改造的性质

从实践上来说,马克思主义劳动学说是我国创建中国特色社会主义罪犯劳动改造制度的最基本的世界观和方法论。从战争年代革命根据地监所最早把劳动作为感化改造罪犯的手段,到新中国创建全国规模的罪犯劳动改造活动,我国始终把马克思主义劳动观作为罪犯劳动改造的思想指南。人类社会有罪犯劳动由来已久,但是我国的罪犯劳动改造与其他社会制度的罪犯劳动却有着本质的不同。把我国的罪犯劳动改造和其他社会制度下的罪犯劳动从根本上区别开来的,正是马克思主义思想基础和理论基础。这一基础决定了我国的罪犯劳动改造是改造人、造就社会新人、改变人犯罪的本质的手段,而不是像剥削阶级社会把罪犯劳动作为惩罚、苦辱、剥削、报复罪犯的手段,也不是像当代资本主义国家仅仅把罪犯劳动当成教育矫正罪犯的手段。所以,马克思主义劳动学说使我国的罪犯劳动改造与我国的社会主义制度紧紧相连,决定了我国罪犯劳动改造的性质。

二、罪犯劳动

罪犯劳动是世界各国监狱普遍存在的现象,是现代刑事法律制度的一项重要内容。现代世界各国的罪犯劳动一般是指监狱机关组织的,以矫正或改造罪犯为目的的,有劳动能力的罪犯必须参加的生产劳动。

罪犯劳动是人类社会进入阶级社会后的一种现象。罪犯劳动是随着刑罚和行刑的产生而产生的,很早就被统治阶级用作惩罚犯罪和奴役、榨取罪犯血汗的手段。

---

① 《马克思恩格斯全集》(第 31 卷),人民出版社 1972 年版,第 538 页。

② 《马克思恩格斯全集》(第 3 卷),人民出版社 1972 年版,第 25 页。

行刑者通过让罪犯从事繁重、苦辱、惨无人道的劳动，使罪犯遭受摧残、惩罚和痛苦，达到对罪犯进行报应、惩治、剥削和矫正的目的。但是随着社会的进步和刑罚制度的发展，罪犯劳动的宗旨和形式不断发生变化。“罪犯劳动经历了一个由单纯的惩罚价值取向的劳动到以营利为主要价值取向的劳动再到主要体现矫正或改造价值取向的劳动的历史演变过程。”①随着矫正和改造思想的产生，当今世界大多数国家都把劳动放在矫正或改造罪犯的重要位置，并在法律上予以明确规定。例如，英国规定：“囚犯每天必须参加有益的劳动。”意大利规定：“应以各种形式鼓励囚犯和被收容人参加劳动。”西班牙规定：“劳动是犯人的权利和责任，是改善犯人的根本手段。”此外，俄罗斯、巴西、波兰、德国、印度、比利时等众多国家，也都通过法律明确了罪犯劳动的矫正手段地位。由于劳动在监狱矫正中越来越受到重视，联合国预防犯罪和罪犯待遇大会对罪犯劳动矫正问题也日益关注。如 1955 年在日内瓦召开的第一届联合国预防犯罪和罪犯待遇大会，除了在《囚犯待遇最低限度标准》中对“劳动”作出规定(第 71 ~76 条)，还通过了附在该决议后的关于监狱劳动的各项建议，如“凡服刑囚犯都必须参加劳动”“服刑囚犯都必须工作，但以医官断定其身心俱宜为限”“对于囚犯及其在职业培训方面享有益处不得单从通过监狱劳动营利的角度来考虑”等内容。② 另外，第 11 届、第 17 届亚太矫正管理者会议都把罪犯劳动作为一项重要议题，尤其是 1997 年在马来西亚吉隆坡召开的第 17 届会议，还通过了关于组织在押犯劳动的决议。亚太地区矫正官员一致认为，凡有劳动能力的在押犯都应当参加劳动，同时监狱当局应当保证他们的安全和健康，并给予适当的报酬。③

研究罪犯劳动改造学需要比较研究不同社会制度下的罪犯劳动。从实践上看，罪犯劳动随着刑罚的产生而产生，随着各种社会制度的发展而变化，有着丰富多样的历史内涵，对于研究我国社会主义制度下的罪犯劳动改造有着重要的比较和参考价值，是罪犯劳动改造学的一个基本范畴。

三、罪犯劳动改造

罪犯劳动改造是我国监狱机关改造罪犯的基本手段之一，是指监狱组织有劳动

---

① 贾洛川主编：《罪犯劳动改造学》，中国法制出版社 2010 年版，第 2 页。

② 杨殿生主编：《监狱法学》，北京大学出版社 2007 年版，第 323 页。

③ 张金桑、张苏军主编：《亚太地区当代矫正制度纵览》，南京师范大学出版社 1999 年版，第 1 页。

能力的罪犯参加生产劳动，使其在劳动中改造思想、转变观念、矫正恶习、学习职业技能、培养劳动能力，回归社会后成为自食其力的守法公民。

罪犯劳动改造是中国监狱学学科及其分支罪犯劳动改造学最重要的基本范畴之一。劳动改造，曾经是苏联监狱教育改造罪犯的手段，最终是社会主义中国监狱改造罪犯的标志性手段，这一手段与其他社会制度国家监狱的罪犯劳动有着本质区别，形成了中国特色社会主义的罪犯劳动改造制度。

（一）罪犯劳动改造含义的演变

1.《中华人民共和国监狱法》（以下简称《监狱法》）颁布施行前“劳动改造”广义和狭义两种含义同时使用

《中国劳改学大辞典》这样解释计划经济时期的“劳动改造”一词：[①]“有狭义和广义两种解释。狭义指劳动改造机关，以生产劳动为手段，对罪犯实施的改造活动，是改造罪犯成为新人的一种基本手段。广义指劳动改造机关被依法判处死缓、无期有期徒刑并具有劳动能力的罪犯实施惩罚和改造的刑罚执行制度。……是一种严厉的刑事制裁措施，具有刑罚的强制性；在严格监管下，通过劳动生产、政治文化技术教育、生活卫生管理考核奖惩等手段对罪犯进行教育改造，目的是将绝大多数罪犯改造成为拥护社会主义制度的守法公民，造就成为建设社会主义的有用之才。”[②]《中国劳改学大辞典》对劳动改造的解释表明：第一，我国的计划经济时期劳动改造有着广义和狭义两种含义，一种是作为改造罪犯基本手段之一的劳动改造；另一种是作为我国整个刑罚执行制度和刑罚执行机关的劳动改造，即计划经济时期我国监狱工作制度和监狱机关统称为劳动改造制度和劳动改造机关，其中当然包括狭义的劳动改造手段。第二，充分说明了劳动改造在我国监狱工作中的重要地位。

2.《监狱法》颁布施行后“劳动改造”回归狭义的含义

1994 年 12 月 29 日《监狱法》颁布施行，从政策和法律上取消了“劳动改造机关”“劳动改造队”“劳动改造制度”等广义的提法，“劳动改造”一词仅作为罪犯改造

---

① 《监狱法》颁布施行时间基本对应于我国计划经济和市场经济交替时间，《监狱法》颁布施行后“劳动改造”的广义的含义就不再使用，所以确认“劳动改造”一词在“计划经济时期”有广义和狭义两种含义的解释是符合史实的。

② 中国劳改学会编：《中国劳改学大辞典》，社会科学文献出版社 1993 年版，第 290 – 291 页。

的一种手段的狭义的解释，劳动改造回归为改造罪犯的基本手段之一。《监狱法》第3条规定："监狱对罪犯实行惩罚和改造相结合，教育和劳动相结合的原则，将罪犯改造成为守法公民。"第4条规定："监狱对罪犯应当依法监管，根据改造罪犯的需要，组织罪犯从事生产劳动，对罪犯进行思想教育、文化教育，技术教育。"从法律上明确规定了劳动改造与监管改造和教育改造并行为我国监狱改造罪犯的三大手段之一。需要说明的是，劳动改造明确为改造罪犯的基本手段，不能仅仅理解为罪犯参加劳动生产活动，而是包括组织罪犯参加劳动、改造思想、转变恶习、培养职业技能、顺利回归就业、自食其力的一系列劳动改造活动。

《监狱法》颁布施行后"劳动改造"回归改造罪犯的手段即狭义的含义，不再两种含义并行使用，一方面有利于中国监狱制度在称谓上的科学严谨，在实践上规范方便，在理论研究上也有利于中国监狱学理论的系统深入发展；另一方面绝不意味着劳动改造工作本身地位的下降，反而有利于在实践中劳动改造工作的专业化，有利于在理论研究中劳动改造理论的专门化，从而有利于劳动改造理论和实践的深入发展。

（二）罪犯劳动改造与劳动矫正的区分

劳动矫正也是罪犯劳动改造学的基本范畴之一，之所以将其放在罪犯劳动改造范畴之下加以介绍，既是为了厘清劳动改造和劳动矫正的区别，更是为了科学认识和处理二者的关系，指导中国监狱学及罪犯劳动改造学的创新和发展。

1. 改造与矫正的词义之分

改造的基本词义包含矫正，罪犯劳动改造也包含劳动矫正，这是监狱学和罪犯劳动改造学创新发展的概念基础。改造的基本词义是改变和打造，有两层含义：第一层含义是从根本上改变旧的，建立新的，使适应新的形势和需要；第二层含义是修改或变更原事物，使适合需要。这两层含义在程度上有所不同，第一层含义是从根本上改变旧的、建立新的，这和我们通常所说的改造罪犯思想、改变人的本质、改变罪犯犯罪的本质、造就社会新人的意思是一致的。第二层含义是不要求改变事物的性质的前提下进行修改和变更，这和我们通常所说的矫正罪犯恶习、矫正心理和行为的意思是一致的，所以，这和矫正的含义是一致的。矫正的含义是指纠正、改正，最直接的意思是把弯曲的弄直，使之适合需要，并不改变事物的性质。从中可以看出,矫正的含义与改造的第二层含义是一致的,所以,改造的内涵比矫正的内涵要宽,改造包含矫正。

2. 我国的罪犯劳动改造包含劳动矫正

从法律规定来看,我国《监狱法》实际上对改造和矫正这两个概念是进行了区分和规定的,并明确了二者的关系。《监狱法》总则第 4 条规定:"监狱对罪犯应当依法监管,根据改造罪犯的需要,组织罪犯从事生产劳动,对罪犯进行思想教育、文化教育,技术教育。"这一规定明确了劳动改造是改造罪犯的基本手段之一。《监狱法》分则第 70 条则对劳动矫正进行了较为具体的规定:"监狱根据罪犯的个人情况,合理组织劳动,使其矫正恶习,养成劳动习惯,学会生产技能,并为释放后就业创造条件。"这一规定将劳动矫正置于劳动改造体系之下,说明我国的罪犯劳动改造也包含运用劳动手段矫正罪犯,即罪犯劳动改造包含劳动矫正。

从我国监狱学理论对罪犯改造和罪犯劳动改造的定义来看,我国的罪犯劳动改造包含劳动改造和劳动矫正。"罪犯改造,是指监狱在执行刑罚的过程中,通过监管、教育、生产劳动等手段,使罪犯转化思想、矫正恶习、增长知识、掌握劳动技能,成为守法公民和自食其力劳动者所进行的活动。"①现在通用的罪犯劳动改造定义是我国监狱机关通过组织有劳动能力的罪犯参加生产劳动,使其改造思想、矫正恶习、树立劳动观念、养成劳动习惯、学习职业技能、培养劳动能力、学会一技之长,回归社会后成为自食其力的守法公民。这些概念和理论关于改造思想、转化思想、树立劳动观念的表述强调从根本上改造人,与监狱"以改造人为宗旨"的方针相一致,关于技能培养、矫正恶习、养成劳动习惯的表述则属于劳动矫正的范畴,但这些总体上都属于罪犯劳动改造的范畴。

从我国罪犯劳动改造的长期实践来看,我国的罪犯劳动改造工作也包括劳动矫正。虽然我国长期并未使用劳动矫正的概念和提法,但是在我国的劳动改造罪犯工作中,有很大一部分是属于劳动矫正的工作,并且颇具中国特色。我国罪犯劳动改造在组织罪犯参加的生产劳动中,以严格的劳动组织、劳动纪律、劳动工艺、劳动定额、劳动竞赛、计分考核、报酬奖惩等管理的和技术的强化手段,在矫正罪犯的心理和行为中发挥了巨大的作用。这些矫正手段和实践并非来自西方矫正原理和技术,

① 夏宗素:《罪犯矫正与康复》,中国人民公安大学出版社 2005 年版,第 11 页。

但在长期的罪犯劳动改造实践中取得了非常显著的成效，具有中国社会主义制度的特色和优势。

3. 中国的改造制度和外国的矫正制度是两种不同的刑罚制度

综上所述，可以帮助我们认识和区分现代世界的两种刑罚制度，一种是中国的改造制度，另一种是外国（主要是西方国家）的矫正制度。中国的改造制度是指以改造罪犯思想为核心，通过监管、教育和劳动等手段，既彻底改变罪犯犯罪的本质，也矫正罪犯的心理和行为，将其改造成为守法公民的中国特色社会主义刑罚制度。外国的矫正制度是对罪犯的犯罪心理和行为恶习加以矫正和教育，并促进或帮助其回归社会的刑罚制度。根据西方比较有代表性的观点，矫正是指“法定有权对被判有罪者进行监禁或监控机构及其所实施的各种处遇措施”①，这些措施包括监禁隔离、教育感化、心理治疗和行为规训等。从对两种制度的比较来看，中国的改造制度的思想理论依据是马克思主义理论和改造罪犯的基本原理，而国外的矫正制度依据的是西方的矫正理论；中国的改造制度以改造罪犯思想为核心，以改造人为宗旨，这是与外国矫正制度的本质区别，中国的改造制度既有从本质上的改造罪犯，也有从心理和行为上的矫正罪犯，而西方的矫正制度只注重从心理和行为上矫正罪犯，中国改造制度的思想体系和制度体系都比外国的矫正制度更为系统和科学；中国的改造制度在实践上取得了明显优于外国矫正制度的成就，这一点已被事实充分证明。

4. 避免对罪犯劳动改造和劳动矫正概念的误解和混淆

一是很多人将劳动改造和劳动矫正概念混淆使用，不加区分；二是一些人认为源于西方的矫正制度优于我国的改造制度，极力推崇西方的矫正制度，将改造和矫正相对立，有以矫正取代改造之势。这两种错误的实质是没有深入了解我国罪犯劳动改造的思想理论基础是马克思主义理论，没有深入了解我国罪犯劳动改造的制度基础是中国特色社会主义制度，无视罪犯劳动改造与劳动矫正的本质区别和联系，容易使我国的罪犯劳动改造丢掉宗旨和根本目标，即“改造人”的宗旨和本质，缺少了“改造人”的统领的罪犯劳动改造必将脱离正确的发展方向，失去我们长期形成的特色和优势。

5. 我国的罪犯劳动改造体现社会主义制度的优越性和刑事执行制度的先进性

① 史景轩、张青主编：《外国矫正制度》，法律出版社 2012 年版，第 13 页。

从我国罪犯劳动改造的历史经验和伟大成就来看，我国的罪犯劳动改造始终以改造人为根本宗旨，既充分发挥劳动实践是认识的源泉的作用，加以正确的思想政治教育引导，促使罪犯思想的转变，又通过严格劳动管理矫正罪犯身上的种种恶习，通过实实在在的劳动生产活动培养罪犯的劳动技能，为他们回归社会创造条件，从而达到全方位改造罪犯的目的。我国的罪犯劳动改造是以马克思主义理论为思想和理论基础，是由社会主义制度所决定的，是中国特色社会主义监狱和刑罚制度的重要组成部分，无论是思想基础、理论依据、实践成就和发展前景，都充分彰显了中国特色社会主义制度的优越性和刑事执行制度的先进性。

（三）罪犯劳动改造是中国监狱学及其分支罪犯劳动改造学的重要实践基础

罪犯劳动改造从中国共产党创建的第一所革命监所就开始产生了，历经 20 多年的革命战争年代和 70 多年的社会主义监狱工作发展历程，形成了中国监狱工作的一大特色，改造了日本和国民党战犯和末代皇帝及各种性质的罪犯，取得了举世瞩目的成就，总结出了丰富的经验和教训。这一伟大实践奠定了中国劳改学、中国监狱学及其分支的罪犯劳动改造学丰厚的实践基础。

（四）罪犯劳动和罪犯劳动改造两个范畴的比较

罪犯劳动是阶级社会各种社会制度下都有的一种社会现象和刑事法律活动，罪犯劳动改造则是我国社会主义制度下监狱改造罪犯的一种基本手段和活动，罪犯劳动改造也属于罪犯劳动，但是在目的上和方式方法上区别于其他社会制度的罪犯劳动。西方国家的罪犯劳动的目的是教育矫正罪犯，而我国的罪犯劳动改造的目的是改造罪犯，这在我国《监狱法》第 3 条有明确规定："监狱对罪犯实行惩罚和改造相结合、教育和劳动相结合的原则，将罪犯改造成为守法公民。"研究和对比不同社会制度下的罪犯劳动和我国的罪犯劳动改造，有利于我们坚持我国罪犯劳动改造的根本宗旨，有利于认清我国罪犯劳动改造与西方国家罪犯劳动的本质区别和制度优势，有利于把握我国罪犯劳动改造的特色和发展方向，有利于我们创建和发展中国特色社会主义的罪犯劳动改造学理论。

四、罪犯劳动管理

罪犯劳动管理是监狱及其所属部门或机构在组织劳动改造过程中，为实现劳动改造的目标,对劳动改造和劳动生产实施的计划、组织、领导、控制等一系列活动的总称。罪犯劳动管理的任务是尊重劳动改造规律,科学地管理罪犯劳动改造活动,在改造与生产既对立又统一的矛盾运动中,发挥好生产劳动改造罪犯的功能,实现罪犯劳动改造的根本目的。罪犯劳动管理是罪犯劳动改造工作的重要内容,是罪犯劳动改造学的基本范畴。

(一)罪犯劳动管理是监狱管理一项特殊的管理活动

罪犯劳动改造是我国监狱按照监狱工作方针和罪犯劳动改造政策,组织所有有劳动能力的罪犯参加的以改造人为宗旨的生产劳动活动,是我国监狱刑罚执行的重要内容,也是教育改造罪犯的重要手段。罪犯劳动改造活动依法在刑罚执行场所,在特殊的罪犯劳动组织机构下,由监狱警察直接管理。因此,罪犯劳动管理是监狱管理中极为特殊的一项管理活动。

(二)罪犯劳动管理是实施劳动改造工作和完成劳动改造任务的重要手段和主干活动

"劳动改造是我国监狱改造罪犯的基本手段。但是,劳动对罪犯的改造不是自然而然地实现的,并不是什么条件下的劳动都可以改造罪犯,必须对罪犯劳动进行科学有效的管理,才能达到目的","管理在罪犯劳动中也同劳动改造一起成为了改造罪犯的手段"。① 罪犯劳动是融入社会化生产的劳动,无论是从社会协作、生产成本、生产效率,还是从产品质量和交货周期等方面都需要科学的管理。劳动改造的劳动虽然不追求利润最大化,但是科学的管理有利于劳动改造的可持续发展,有利于节约监狱的运行成本,有利于提高监狱警察的素质和管理水平,也有利于增长罪犯的生产管理知识和技能,从而有利于罪犯的成长、进步和改造。

(三)罪犯劳动管理理论是罪犯劳动改造学的重要分支学科

罪犯劳动管理随着我国劳动改造实践的发展而发展,在实践中总结、借鉴形成的罪犯劳动管理理论以应用实务理论为主,已经成为罪犯劳动改造学理论体系的必不可少的骨干内容,也是中国监狱学理论的重要组成部分。

---

① 刘津:《论管理在劳动改造中的重要作用》,载《中国监狱学刊》2004 年第 5 期。

罪犯劳动管理的内容包括罪犯劳动项目管理、罪犯劳动过程管理、罪犯劳动安全管理、罪犯劳动质量管理、罪犯劳动绩效管理等内容。

五、罪犯劳动改造学

罪犯劳动改造学是研究我国监狱改造罪犯的基本手段之一——罪犯劳动改造现象及其规律,科学指导罪犯劳动改造活动,实现罪犯劳动改造目的的一门学科。罪犯劳动改造学是中国监狱学的骨干分支学科之一,其学科属性属于中国监狱学所属的法学类。罪犯劳动改造学是一门应用性学科,以对服刑罪犯依法进行劳动改造活动为研究对象,研究罪犯劳动改造活动的思想性、规律性、科学性、效能性,以实现对罪犯劳动改造活动的科学指导为根本任务。罪犯劳动改造学是一门交叉性学科,是由多门社会科学和自然科学交叉整合产生的一门学科。

新时期罪犯劳动改造学必须继续坚持中国监狱学学科体系下的正确发展方向,以马克思主义理论为思想理论基础,以习近平新时代中国特色社会主义思想为指导,运用马克思主义中国化时代化的世界观和方法论,坚持“以改造人为宗旨”的根本方针,坚守我国长期实践形成的历史经验和理论成果,根据罪犯劳动改造的新变化、新情况,总结新规律,创新丰富发展新概念、新理论、新成果,破解理论和实践难题,以更加科学的理论指导罪犯劳动改造实践。

罪犯劳动改造学学科创新和发展要把劳动矫正原理和方法包含在本学科范围之内。改造和矫正是现代监狱学理论两个基本范畴,罪犯劳动改造和劳动矫正也是罪犯劳动改造学的两个基本范畴。在我国的监狱学学科建设和研究中,在罪犯劳动改造学理论研究中,要在改造思想、原理和方法的系统研究中,加强矫正原理、方法和技术的研究,既坚持我国罪犯劳动改造和矫正的优良传统和优势,又要学习西方好的、先进的矫正原理和技术。这是建立中国社会主义特色监狱学和罪犯劳动改造学的发展方向。

第二节　罪犯劳动改造学的建立、发展和学科基础

罪犯劳动改造学是在我国监狱长期组织罪犯劳动改造的实践基础上,在马克思

主义理论、毛泽东改造罪犯思想指导下建立和发展起来的一门社会科学。

一、罪犯劳动改造学的建立和发展

(一)"中国劳改学"下罪犯劳动改造学学科的创建

从新中国成立到《监狱法》颁布前,我国的刑罚执行工作处于劳改工作体制下,国家以"劳改"命名刑罚机关、刑罚制度和劳改工作。作为"中国监狱学"前身的"中国劳改学"就在这一时期建立,并以"劳改"冠名基本概念和学科名称,后来被学界称为"中国传统劳改学"时期,也就是广义的劳动改造和狭义的劳动改造含义同时使用的时期。① 这一时期可以分为以下两个阶段:

1. 第一阶段是从新中国成立到第八次全国劳改会议召开前,是罪犯劳动改造学的萌芽阶段

这一阶段经历了新中国成立初期、"文化大革命"时期、改革开放初期几个历史时期。这个阶段形成了我国罪犯劳动改造的基本思想、基本原理和方针政策,并有了几十年罪犯劳动改造的实践基础和改造各类罪犯的成功经验。主要体现在以下几个方面:一是毛泽东等党和国家领导人对劳动改造工作的指示和论述。毛泽东关于"劳动改造客观世界,改造主观世界""所有接受劳动改造的人们,都要经历从强制到自觉的过程"等内容的论述,形成了毛泽东劳动改造思想,成为我国劳改工作甚至监狱事业长期的指导思想和理论基础,成为劳改工作在困难时期实现中国特色发展和伟大成就的工作指南。二是党和国家的系列劳改工作方针、政策和法规是对劳动改造工作的基本思想和原理进行系统研究和总结的重要结论。这些方针、政策和法规包括"三个为了"②、"改造第一,生产第二"、"两个结合(惩罚管制与思想改造相结合,劳动生产与政治教育相结合)"以及我国第一部劳动改造工作法规《中华人民共和国劳动改造条例》(1954 年由政务院颁布实施)等。三是新中国成立 30 年劳改工作的经验总结。这些经验总结是后来劳动改造理论的重要实践来源和基础。

---

① 2003 年 10 月由司法部法规教育司、司法部监狱管理局、中央司法警官学院共同主办的"全国监狱学学科建设与发展学术研讨会"上学者的称谓。

② 1951 年,毛泽东亲自修改审定全国第三次公安会议决议时提出:"大批应当判刑的犯人,是一个很大的劳动力,为了改造他们,为了解决监狱的困难,为了不让判处徒刑的反革命分子坐吃闲饭,必须立即着手组织劳动改造工作。"会议决议指出,劳动改造是改造罪犯的主要手段,劳动改造罪犯的目的是"三个为了","三个为了"成为新中国监狱工作相当一段时期的监狱工作方针。

四是初期形成的劳改工作培训讲义和高校教材。如1957年3月中央公安学院西安分院编写的《劳动改造工作讲授提纲》、1959年北京政法学院编写的《中华人民共和国劳动改造法讲义》、1963年中国人民大学高铭暄等编写的《中华人民共和国劳动改造学讲义》等。但是“文化大革命”使刚刚起步的劳改培训教学以及教材编写等工作全部停止。改革开放以后,劳改干部培训工作和部分高校的劳改专业教学工作开始恢复,以劳改教材编写为主要形式的理论工作重新启动。总体来说,这一时期的“劳动改造理论”虽然没有形成系统的理论成果,但是奠定了学科产生的思想基础和基本原理,应该属于“罪犯劳动改造学”学科的萌芽阶段。

2. 第二阶段从1981年8月第八次全国劳改工作会议召开到《监狱法》颁布实施前

这一阶段对“中国劳改学”及其分支学科进行了有组织的建设和研究,“罪犯劳动改造学”作为“中国劳改学”的分支学科正式诞生并初步建成。

这一阶段劳改干部教育培训有组织地开展,中国劳改学系列教材开始有组织地编写。第八次全国劳改会议确定了新时期劳改工作的任务,明确提出了加强干部教育培训,提高干部素质,加强劳改理论工作的任务,因此这次会议也被称为促进“中国劳改学”形成和发展的一次重要会议。第八次全国劳改工作会议后,各类劳改工作干部学校相继恢复和建立,形成了以公安部劳改工作干部学校为中心,各省(区、市)劳改工作警察学校为骨干,各监狱、劳改队干部培训班为基础的三级教育培训网。① 1982年9月,公安部十一局召开了劳改干警培训工作第二次会议,提出为加强劳改干部的正规化培训,为适应劳改教育事业的发展需要,必须研究确定劳改科学的理论体系和基本内容,即创建“中国劳改学”各门分支学科。公安部党组于1983年1月批准成立了劳改专业教材编辑部,着手建设劳改学系列教材,计划编写包括劳改学基础理论、罪犯劳动改造学、劳改经济管理学等在内的12种教材和专著。先后组织了中国人民大学、北京大学、中国政法大学、中国社会科学院、北京图书馆、华东政法大学、西北政法学院、公安部劳改工作干部学校等专家80多人,开始

① 中央司法警官学院的前身是公安部所属的河北劳改干校,创建于1956年,“文化大革命”期间停办,“文化大革命”结束后,公安部根据中发〔1979〕64号文件关于“过去撤销的政法院校和政法、公安院校,应尽快恢复起来”的精神,于1980年3月复建,更名为公安部劳改工作干部学校。1985年改为中央劳改劳教管理干部学院,开始成人高等教育。2002年经教育部正式批准,建立中央司法警官学院,开始全日制普通高等教育。

教材编写工作，陆续出版了一系列劳改专业教材。“这套系列教材的编写出版，标志着中国劳改学理论体系的初步建立，解决了劳改专业教材从无到有的需要，填补了我国劳改专业教材建设空白”①，其中专门研究狭义的罪犯劳动改造的《罪犯劳动改造学》第一次正式从广义的“中国劳改学”中分立出来，被列为“中国劳改学的骨干学科”，成为最早正式组织编写的劳改专业教材之一。1989 年，我国出版了兰洁主编、李青和王永刚副主编的第一本《罪犯劳动改造学》②教材，代表着“罪犯劳动改造学”作为中国劳改学的分支学科正式诞生。在《罪犯劳动改造学》出版之前，许多高校使用的都是未公开出版的自编教材，如 1982 年西南政法学院编写的《罪犯劳动改造学》《罪犯劳动学》等，中央劳改劳教管理干部学院 1985 年开始使用自编自印、没有公开出版的教材，当时后者还有个非常独特的名字——大蓝袍，因为教材使用统一的蓝色封面。1986 年 10 月由西南政法学院劳改管理系的杨显光教授主编的《罪犯劳动学》是目前可以看到的一本非公开出版的“罪犯劳动改造学”方面的教材。③

罪犯劳动改造学系统性教学始于劳改管理学院和劳改管理专业的建设。1985 年前，罪犯劳动改造学在西南政法学院、中央劳改劳教管理干部学院的前身公安部劳改工作干部学校已开始讲授。1985 年 4 月，根据国务院〔1983〕87 号文件精神，司法部决定将原公安部劳改工作干部学校改建为中央劳改劳教管理干部学院，由司法部领导。1985 年 4 月，教育部批准同意西南政法学院、西北政法学院首创劳改管理专业，成立劳改管理系，并开始招生。在西南政法学院制订的劳改管理专业教学计划中，第一次正式将罪犯劳动改造学列为普通高等教育的专业必修课。与此同时，罪犯劳动改造学成为中央劳改劳教管理干部学院大专班的专业选修课程，1989 年成为该院专业证书班的专业必修课。1991 年 6 月，杜雨教授主编出版了该院第一本《罪犯劳动改造学》(群众出版社 1991 年版)。

传统“中国劳改学”时期劳动改造广义和狭义两种含义并行使用。在传统“中国劳改学”时期，“中国劳改学”及其分支学科“罪犯劳动改造学”同时以“劳动改造学”命名，既说明前几十年劳动改造在我国刑罚执行工作中的绝对主体地位，也说明

---

① 劳改专业教材编辑部、《中国劳改学研究》编写组：《中国劳改学》，社会科学文献出版社 1992 年版，第 46 页。

② 兰洁主编：《罪犯劳动改造学》，社会科学文献出版社 1989 年版。

③ 周雨臣：《罪犯劳动专论》，浙江大学出版社 2005 年版，第 32 页。

这一分支学科在“中国劳改学”理论体系中的骨干地位，同时形成了在同一历史时期同一学科语境下“劳动改造”多重含义并行使用的现象，学术界也公开承认划分狭义和广义的“劳动改造”的学术语境。① 这种广义和狭义概念同时使用往往造成理论和实际工作中的不便，的确是这一学科在特殊历史时期的特殊现象，这一现象在《监狱法》颁布实施后才得以改变。

（二）“中国监狱学学科”下罪犯劳动改造学的发展和变化

1994 年 12 月 29 日《监狱法》颁布实施，开启了“中国监狱学”的新的学科语境时代，沿用了几十年的“劳改”称谓被“监狱”所取代，监狱工作从理念到体系发生了深刻的变革。理论科研工作者以《监狱法》为依托，以社会主义市场经济条件下监狱工作法制化、科学化、社会化为方针，重建“中国监狱学学科”。“中国劳改学”发展为“中国监狱学”，罪犯劳动改造学成为“中国监狱学学科”下专门研究劳动改造手段的分支学科。“‘劳动改造’一词作为现代监狱学的一个概念不再广义和狭义混淆使用，非常有利于‘中国监狱学学科’下‘劳动改造分支学科’的科学分工与合理发展。”②

1. “中国监狱学学科”下罪犯劳动改造学分支学科的定位

《监狱法》颁布实施后，监狱学界非常重视“中国监狱学学科”的重建与发展，许多学者认真研究了中国监狱学的学科体系，学界普遍认为罪犯劳动改造学是中国监狱学学科的一个重要分支学科，如夏宗素主编的《监狱学基础理论》、杜雨主编的《罪犯劳动改造学》（2002 年版）中关于“监狱学的学科体系”和“罪犯劳动改造学的学科地位”等对此均有明确论述。2003 年 10 月由司法部法规教育司、司法部监狱管理局、中央司法警官学院共同主办了“全国监狱学学科建设与发展学术研讨会”，其成果专辑《期待与时俱进的中国监狱学》把罪犯劳动改造学（也有的称为“罪犯劳

---

① 夏宗素主编：《监狱学基础理论》，法律出版社 1998 年版，第 189 页。“狭义的劳动改造，是指监狱等国家刑罚机关以生产劳动为手段，对罪犯实施的改造思想、矫正恶习和学习生产技能的活动，是改造罪犯成为守法公民的基本手段。广义的劳动改造是指刑罚执行制度和刑罚执行机关，它包括对罪犯刑罚的执行、监管、教育、劳动、生活卫生等各种活动。”

② 中央司法警官学院课题组：《中国监狱学学科下罪犯劳动分支学科的建设和发展》（上），载《中国监狱学刊》1995 年第 2 期。

动学”)列为中国监狱学的骨干分支学科。[①] 还有一些关于探讨中国监狱学学科建设的文章,如夏宗素、赵凤桐、章恩友的文章《论监狱学的学科地位》[②]、王志亮的文章《监狱学的学科定性与定位问题》[③]。刘津主持的2014年度全国司法行政系统理论研究规划课题成果《中国监狱学学科下罪犯劳动分支学科的建设与发展》[④]等,都对罪犯劳动改造学分支学科的定位作了相同或相似的论述。

2. 对罪犯劳动改造学学科命名的讨论

关于这一学科名称的讨论主要集中在《监狱法》颁布前后的几年时间,主要观点是“罪犯劳动改造学”,主要代表者是中国政法大学的兰洁教授和原中央司法警官教育学院的杜雨教授。此外,西南政法大学的杨显光教授主张称“罪犯劳动学”、张渡江主张称“改造劳动学”、杜雨教授也曾主张叫“监狱劳动学”,等等。2000年以后就很少有人再探讨罪犯劳动改造学学科的名称问题。不过,中央司法警官学院刘津教授主持的2014年度全国司法行政系统理论研究规划课题成果再次探讨了该学科的命名问题,主张以“罪犯劳动学”来命名,主要观点是“随着实践的不断发展,罪犯劳动分支学科和理论也不断发展,有些内容甚至必须向罪犯劳动分支学科的二级学科拓展”,“建议以‘罪犯劳动学’这一内涵和外延更加宽泛的名称来命名罪犯劳动分支学科”。[⑤] 在本书的研究过程中,笔者认为建立科学完善的中国特色社会主义的罪犯劳动改造学是一项意义重大但还没有完成的任务,研究更加宽泛的“罪犯劳动学”则应该放在“罪犯劳动改造学”学科建设相对成熟之后。此后,笔者也曾考虑既然《监狱法》颁布施行后“劳动改造”专指狭义的罪犯劳动改造手段,“劳动改造”是专门用于改造罪犯的一种手段,没有必要冗长地叫“罪犯劳动改造学”了,直接称“劳动改造学”就行。这种称谓在理论上是说得通的,但是,鉴于“劳动改造学”在《监狱法》颁布施行前已经为广义的“中国劳改学”所用,为了尊重历史,也为了避免使用与历史上相同的学科名称而造成后人难以区分和辨识的困惑,使用“罪犯劳

---

① 中央司法警官学院编:《期待与时俱进的中国监狱学》,法律出版社2005年版,第33页。

② 夏宗素、赵凤桐、章恩友:《论监狱学的学科地位》,载《中国监狱学刊》1998年第4期。

③ 王志亮:《监狱学的学科定性与定位问题》,载《上海政法学院学报(法治论丛)》2009年第1期。

④ 中央司法警官学院课题组:《中国监狱学学科下罪犯劳动分支学科的建设与发展》(上、下),载《中国监狱学刊》2015年第2、3期。

⑤ 中央司法警官学院课题组:《中国监狱学学科下罪犯劳动分支学科的建设与发展》(下),载《中国监狱学刊》2015年第3期。

动改造学"仍为科学的选择。

(三)罪犯劳动改造学建设的主要成就

1. 以马克思主义劳动学说和毛泽东劳动改造思想为基础,形成了罪犯劳动改造学较为成熟的基本原理和基础理论

劳动是可以改造人的,"劳动创造了人本身",是马克思主义的基本观点,也是我国监狱劳动改造罪犯的逻辑起点。毛泽东在我国最早提出了劳动改造的思想,他把马克思主义劳动学说和中国改造罪犯工作的实际有机结合起来,他关于劳动改造的一系列指示和论述,在我国罪犯劳动改造的起步阶段和发展历史的重要节点上都发挥了重要作用。我国监狱学界经过对马克思主义劳动学说和毛泽东劳动改造思想长期的实践、研究和总结,形成了罪犯劳动改造学学科的重要基础指导理论,以此为基础,进一步总结了罪犯劳动改造学的研究对象、基本概念、指导思想和学科地位,研究了罪犯劳动改造的性质、目的、特点、规律、功能、作用、基本指导思想和原则,完成了罪犯劳动改造学学科的基本原理的初步构建。

2. 初步搭建了罪犯劳动改造学的学科体系框架

已经基本搭建了一个包括"基本原理"和"应用理论"两大部分的学科体系框架,基本原理部分比较成熟,应用理论部分虽然较为粗放简单,但是也搭建了一个粗线条的框架。

3. 通过改革开放后几十年的高等教育和专业培训,积累了一定的教材建设和学科教育经验,培养了一大批应用型人才

从20世纪80年代初开始的高校内部教材编写和各类教育培训,到普通高等教育列入专业必修课和正式公开出版《罪犯劳动改造学》教材,至今我国已经进行了40多年罪犯劳动改造学方面的高等教育和培训,产生了一些罪犯劳动改造学方面的教材和学术成果,积累了学科建设和教材建设经验,为监狱系统培养了几代应用型人才。

二、罪犯劳动改造学的学科基础

罪犯劳动改造学是一门综合性很强的应用学科,其建立和发展以马克思主义理论为指导,也借鉴和综合了哲学、法学、教育学、管理学、社会学、心理学、生理学、经

济学等多门社会科学和自然科学的理论成果。

(一)马克思主义理论是罪犯劳动改造学的思想理论根基,中国化时代化的马克思主义是推动罪犯劳动改造学科学发展的根本指导思想

1. 马克思主义理论基础

马克思主义是指导罪犯劳动改造学创建的基本原理,是罪犯劳动改造学产生发展的思想和理论基础。“马克思主义深刻揭示了自然界、人类社会、人类思维发展的普遍规律,为人类社会发展进步指明了方向……马克思主义揭示了事物的本质、内在联系及发展规律,是‘伟大的认识工具’,是人们观察世界、分析问题的有力思想武器。”①马克思主义是我们认识罪犯劳动改造现象、研究罪犯劳动改造问题的世界观和方法论。马克思主义唯物史观、马克思主义认识论、马克思主义劳动价值论、马克思主义关于罪犯劳动改造的相关经典言论,为中国监狱学学科下的罪犯劳动改造学奠定了用劳动手段改造和造就社会新人的重要思想基础和根本理论观点,指明了罪犯劳动改造以改造人为宗旨的性质和发展方向,从而确立了罪犯劳动改造学以马克思主义为指导的、中国特色社会主义监狱学的学科性质。只有在马克思主义的指导下,罪犯劳动改造学才能坚持走正确的学科研究方向,只有以马克思主义理论为基础,才能科学地分析和解释罪犯劳动改造现象,深刻揭示罪犯劳动改造规律,创建科学的罪犯劳动改造学理论,更好地指导罪犯劳动改造实践。马克思主义理论是罪犯劳动改造学产生和发展的最根本的思想理论基础。

2. 毛泽东思想基础

毛泽东思想是马克思列宁主义在中国的运用和发展,是被实践证明了的关于中国革命和建设的正确的理论原则和经验总结,是中国共产党集体智慧的结晶。毛泽东劳动改造思想是毛泽东思想的组成部分。毛泽东结合中国国情和中国革命建设的实践,以马克思主义理论为指导,指引创建了我国新民主主义革命时期革命根据地民主政权和新中国的罪犯劳动改造伟大实践,建立和发展了中国社会主义特色的罪犯劳动改造事业。毛泽东等党和国家第一代领导人在长期的劳动改造实践经验总结和理论概括的基础上,形成了一整套富有独创性的适合我国罪犯劳动改造实际

---

① 《在哲学社会科学工作座谈会上的讲话》(2016 年 5 月 17 日),载习近平:《论党的宣传思想工作》,中央文献出版社 2020 年版,第 219 – 220 页。

情况的指导理论,建立了毛泽东思想体系中具有特殊地位的毛泽东劳动改造思想。“赋予劳动以新的含义,将劳动与改造相结合,最终将罪犯改造成为新人,这其中所蕴含的基本原理是由中国共产党人所创建和实践的,是毛泽东改造罪犯理论的重要特色。”①毛泽东劳动改造思想把马克思主义理论与中国特色劳动改造实践相结合,直接指导建立了中国特色社会主义的罪犯劳动改造学,是罪犯劳动改造学产生和形成的最直接的思想理论基础。

3. 习近平新时代中国特色社会主义思想基础

习近平新时代中国特色社会主义思想继承和发展了马克思列宁主义、毛泽东思想、邓小平理论、“三个代表”重要思想、科学发展观,凝结着党和人民的实践经验和集体智慧,以全新的视野深化了对共产党执政规律、社会主义建设规律、人类社会发展规律的认识,开辟了马克思主义中国化时代化的新境界。习近平新时代中国特色社会主义思想是当代中国马克思主义、二十一世纪马克思主义,是中华文化和中国精神的时代精华,实现了马克思主义中国化时代化新的飞跃。习近平新时代中国特色社会主义思想把马克思主义基本原理同中国具体实际相结合、同中华优秀传统文化相结合,科学回答了新时代坚持和发展什么样的中国特色社会主义、怎样坚持和发展中国特色社会主义,建设什么样的社会主义现代化强国、怎样建设社会主义现代化强国等重大时代课题,是新时代我国特色社会主义建设各项事业的根本指导思想。在新时代罪犯劳动改造事业出现一系列新情况、新问题、新特点、新规律时,在罪犯劳动改造学研究困顿不前时,习近平新时代中国特色社会主义思想,为罪犯劳动改造学理论研究攻坚克难、创新发展提供了强大的思想理论武器。

(二)法学基础

罪犯劳动改造学从学科性质上应随监狱学归属法学学科,法学是罪犯劳动改造学的重要学科基础。罪犯劳动改造是我国刑事法律的基本术语,组织罪犯劳动改造活动有着充分的法理基础。运用劳动手段改造罪犯是我国刑事法律的规定,是我国行刑制度的一项重要内容,必须依法强制执行。同时,罪犯劳动改造的过程也会涉及诸多的法律问题,如劳动合同、劳动保险、劳动纠纷、劳动报酬、罪犯劳动的权利与

---

① 辛国恩:《毛泽东改造罪犯理论研究》,人民出版社2006年版,第188页。

义务等。这些问题的研究均需要法学学科理论知识的支撑。

(三)教育学基础

教育学是研究人类教育现象和解决教育问题、揭示一般教育规律的一门社会科学。教育是广泛存在于人类生活中的社会现象,是有目的地培养社会人的活动。从劳动的作用和意义不难发现,劳动本身就是一种教育活动,对每个人都有教育意义。把教育学和劳动相结合,形成了很多国家高度重视的劳动教育活动。《中共中央国务院关于全面加强新时代大中小学劳动教育的意见》规定,“以习近平新时代中国特色社会主义思想为指导,全面贯彻党的教育方针,落实全国教育大会精神,坚持立德树人,坚持培育和践行社会主义核心价值观,把劳动教育纳入人才培养全过程,贯通大中小学各学段,贯穿家庭、学校、社会各方面,与德育、智育、体育、美育相融合,紧密结合经济社会发展变化和学生生活实际,积极探索具有中国特色的劳动教育模式,创新体制机制,注重教育实效,实现知行合一,促进学生形成正确的世界观、人生观、价值观”。我国的罪犯劳动改造始终注重教育与劳动的结合,劳动改造离开了教育,就不能发挥其根本的作用。罪犯劳动改造学理论研究,同样离不开教育学理论。

(四)管理学基础

管理是罪犯劳动改造得以实施的主体活动,没有管理,罪犯劳动改造活动根本不可能实施,罪犯劳动改造任务根本不可能完成。罪犯劳动改造活动必须由管理来推动,罪犯劳动改造学研究和学科建设必须以管理学为指导。要想实现优质、低耗、高效、安全、文明生产的目标,任何生产劳动都离不开科学的管理;要想把罪犯劳动改造融入社会化生产活动中,实现罪犯劳动改造与生产劳动实践的有机结合、深度融合,以社会化的生产劳动达到更好地改造罪犯的目标,也离不开科学的管理;要想把文化背景复杂、业务素质参差不齐的罪犯参加的劳动组织好,更离不开科学的管理。管理对于罪犯劳动改造来说,是充分必要的条件,只有把管理学和罪犯劳动改造学相结合,才能建立罪犯劳动改造学重要的分支学科——罪犯劳动管理学。管理学是罪犯劳动改造学的一个重要的基础学科。

(五)社会学基础

罪犯劳动改造是使罪犯重新社会化、成功回归社会的必由之路,社会学对罪犯劳动改造实践活动和理论研究具有重要指导作用。从某种意义上说,罪犯是社会化的失败者,监狱刑罚执行的主要任务是使罪犯重返社会。马克思主义理论认为:“人的本质是一切社会关系的总和”,人的发展过程是一个不断社会化的过程。从社会学意义上,劳动是人的物质和精神生活中不可缺少的组成部分,劳动不仅能够带来经济利益和合法收入,而且使人从中获得精神满足和思想教育。劳动的社会性特征是罪犯再社会化的有力保障,罪犯劳动改造是造就罪犯重返全面发展的人生轨迹的重要手段和途径。马克思指出:“生产劳动同智育和体育结合,它不仅是提高社会生产的一种方法,而且是造就全面发展的人的唯一方法。”①

(六)生理学基础

从人类的产生和发展中我们知道,劳动促进了手和脚的分工,促进了语言的产生,促进了大脑和机体的进化,最终促进了人类的产生和不断进化发展,进而成为人类生命活动的基本形式。生理学研究表明,劳动对个体机能的发展有重要影响,劳动能促使人体机能增强,使人的内分泌系统更加完善,使人的神经系统得到发展。生理学的研究是组织罪犯劳动改造的重要科学依据,监狱根据罪犯的年龄、性别、身体情况,合理科学地组织罪犯劳动改造,通过参加适当的劳动项目,能使罪犯身心得到综合性的锻炼,身体健康强壮、心情更加愉悦,甚至有利于某些身心疾病得到治疗恢复。

(七)心理学基础

心理学的研究表明,劳动对人类心理的产生和发展具有重要作用。劳动促进人类心理的产生,劳动工具的使用和制造促进人类心理的发展和完善,劳动能促使人类心理产生质的变化。劳动作为一种复合性多元刺激物,通过作用于劳动者的各种感官,产生特定的劳动心理,进而使人重新认识世界、社会和他人,并深刻理解劳动

---

① 《马克思恩格斯全集》(第32卷),人民出版社1961年版,第530页。

的价值,体会劳动的艰辛,接受劳动纪律约束,使人们产生对客观对象的正确认识。以心理学为基础,深入研究罪犯劳动心理,指导对罪犯的劳动改造和矫正,可以更好地实现罪犯劳动改造的目的。

(八)经济学基础

罪犯劳动改造是一项由特殊劳动者参加的生产活动,有大量的生产要素的投入,也必然有一定量的劳动成果的产出。这必然使犯罪劳动改造成为需要而且可以从经济学的角度去评价其投入产出比的一项活动。我国的罪犯劳动改造在相当长的历史时期曾经承担了解决监狱经费困难的重要职责,为弥补监狱经费和支援国家建设作出过重要贡献。现在国家经济发展了,绝大部分地区不再需要罪犯劳动弥补监狱经费,罪犯劳动改造以改造人为宗旨,不再以经济效益为主要目标,但是也绝对不是不考虑投入产出比,必须运用经济学的原理和方法设计一个科学合理的投入产出比,既是罪犯劳动改造合理持续开展的需要,也是科学测算改造和矫正罪犯、预防和减少犯罪的社会成本的需要。罪犯劳动改造学离不开经济学的支持。

第三节 罪犯劳动改造学的研究对象和任务

一、罪犯劳动改造学的研究对象

罪犯劳动改造学是专门研究我国监狱改造罪犯的基本手段之一——罪犯劳动改造现象及其规律,科学指导罪犯劳动改造活动,实现罪犯劳动改造目的的一门学问。总体来说,罪犯劳动改造学的研究对象是我国社会主义监狱运用劳动手段改造罪犯、造就社会新人的活动现象及其本质。具体来讲,罪犯劳动改造学的主要研究对象有以下几个方面。

(一)罪犯劳动改造的思想性

罪犯劳动改造的思想性是指罪犯劳动改造的根本宗旨是改造罪犯思想,造就社会新人,通过参加生产劳动实践活动,使罪犯改变错误的世界观、人生观、价值观,培育和树立社会主义的世界观、人生观、价值观,进而转化为正确的劳动观,在回归社会后能够自觉地做一个自食其力的守法公民。这一根本宗旨来源于马克思主义唯物论、认识论和劳动观,来自毛泽东劳动改造思想。这些理论从根本上回答了劳动改造是什么、为什么、干什么。罪犯劳动改造的思想性立足于马克思主义关于人的全面发展的科学理论,决定了罪犯劳动改造学的中国特色社会主义理论的根本性质和发展方向,是罪犯劳动改造学的立学之本和首要研究内容。罪犯劳动改造的思想性是我国罪犯劳动改造活动的本质所在,使我国的罪犯劳动改造活动与其他社会制度下的罪犯劳动从根本上区别开来,能够指导我国的罪犯劳动改造在各个历史时期,无论是面临何种困难、曲折、困惑和复杂情况,永远朝着正确的目标和方向前进。

(二)罪犯劳动改造的规律性

规律是指事物之间的必然联系,决定着事物发展的必然趋势,研究事物内在的规律性是任何学科最基本的研究对象。研究罪犯劳动改造的规律性就是要研究罪犯劳动改造活动与外部的影响因素和内部的发展要素之间的相互关系、必然联系和相互作用,探究出罪犯劳动改造活动的发展趋势和规律,从而指导罪犯劳动改造按规律办事,因势利导、顺势而为,科学发展。20 世纪末 21 世纪初,我国的罪犯劳动改造经历了改革开放外部环境的巨大变化,经历了从社会主义计划经济体制向社会主义市场经济体制的深刻变革,罪犯劳动改造的市场环境、体制机制、法律规范、管理方式方法、产业产品结构、人员文化素质、技术设备工艺等几乎全方位地发生了改变,原有的规律已经被打破,新的规律尚在形成中。这是摆在新时代罪犯劳动改造学面前的重大历史课题,深入研究和总结新时代罪犯劳动改造的规律显得尤为紧迫、重要。

(三)罪犯劳动改造的科学性

从罪犯劳动改造活动本身来讲,罪犯劳动改造是一种非常特殊又自成体系的社会实践活动,有其自身独特的复杂性、特殊性和发展的规律性、重要性。这就注定了罪犯劳动改造活动与生俱来的科学性,注定了罪犯劳动改造活动的科学研究价值和社会价值。从罪犯劳动改造研究的内容来看,必然离不开各种人类科学研究成果的指导。从罪犯劳动改造的对象——人的自然属性来看,必然离不开生理学、心理学的指导。从罪犯劳动改造的对象——人的社会属性来看,必然离不开哲学、法学、教育学、管理学、社会学、经济学等学科的指导。从罪犯劳动改造生产所涉及的产业产品来看,罪犯劳动改造甚至离不开自然科学的指导。从罪犯劳动改造活动的独特性和这门学科的性质来看,必须从罪犯劳动改造活动的特殊实践出发,研究罪犯劳动改造活动的规律性,综合运用各种科学理论和方法,创造能够指导罪犯劳动改造实践的科学理论和方法,指导罪犯劳动改造活动的科学发展。

(四)罪犯劳动改造的效能性

效能是行为目的和手段方面的正确性和实现目标的程度。研究罪犯劳动改造活动的效能性就是要研究以正确的方法和手段来达到预期的罪犯劳动改造目标的效果。如果说罪犯劳动改造的思想性研究的是"为什么",罪犯劳动改造的规律性研究的是"怎么样",罪犯劳动改造的科学性研究的是"怎么办",那么,罪犯劳动改造的效能性研究的就是"好不好"的问题。我国的罪犯劳动改造担负着改造犯罪人、造就社会新人、培养自食其力的守法公民的使命,要想真正好地实现这一使命,罪犯劳动改造的效能性研究必须成为罪犯劳动改造学的理论体系的重要组成部分,从而指导我国的罪犯劳动改造活动成为一个科学的闭环系统,使我国的罪犯劳动改造与时俱进,科学发展,为我国的刑事司法事业作出贡献。

二、罪犯劳动改造学的任务

(一)罪犯劳动改造学要为罪犯劳动改造实践提供理论依据

罪犯的劳动改造是一种改造特殊人群的特殊社会活动,罪犯为什么要改造?劳动为什么能够改造罪犯?劳动如何才能改造罪犯?罪犯劳动改造的过程如何管理?罪犯劳动改造的目的和价值体系是什么?为什么罪犯劳动改造是中国社会主义特色的刑罚执行活动和改造手段?罪犯劳动改造学必须从基础理论上研究和回答罪犯劳动改造是什么、为什么,又要从应用理论上指导劳动改造做什么、怎么做、怎样做得好。罪犯劳动改造学要以科学的理论和方法体系指导罪犯劳动改造实际工作,使罪犯劳动改造的执法者、管理者能够掌握和运用科学的、实用的理论和方法,有效地开展罪犯劳动改造工作。

(二)罪犯劳动改造学要为罪犯劳动改造提供系统解决方案

罪犯劳动改造经历了从简单到复杂的发展过程,罪犯劳动改造是生产劳动系统和刑罚执行系统等多系统组合演变形成的一个复合系统，人们对罪犯劳动改造的认识也经历了一个从简单到复杂的过程。现在我们必须认识到，罪犯劳动改造是一项复杂的系统工程，搞好罪犯劳动改造工作，“必须坚持系统观念”，这一被党的二十大报告确定为习近平新时代中国特色社会主义思想的世界观和方法论，是罪犯劳动改造学必须坚持的立场、观点和方法。罪犯劳动改造学要从罪犯劳动改造特殊的目的和目标出发，从复杂的改造与生产既对立又统一的矛盾关系入手，系统分析刑罚执行系统、罪犯劳动改造系统、生产劳动系统、劳动管理系统、罪犯认知系统等的特征及其相互联系及其规律性，紧紧围绕罪犯劳动改造的目标，对罪犯劳动改造系统进行科学建造，形成罪犯劳动改造系统各相关系统和系统要素优化组合、整体优化的系统解决方案。这一系统解决方案要以罪犯劳动改造的基本原理为思想理论基础，要将目标、手段、方法技术、评估规则和反馈机制等落实到实施方案中，要彻底解决罪犯劳动改造系统均衡有序高效运行问题，确保实现罪犯劳动改造系统的目标。

（三）罪犯劳动改造学要不断发展和完善学科理论体系

罪犯劳动改造学作为研究和揭示罪犯劳动改造现象及其规律的应用学科，必须具有自己科学完备的理论体系。罪犯劳动改造在我国进入 21 世纪后的内外环境和条件变化巨大，罪犯劳动改造规律又呈现出新的态势，罪犯劳动改造现象和规律的深入研究和总结还不够成熟，罪犯劳动改造学的概念体系、理论框架、方法体系还不够完备，说明罪犯劳动改造学还是一门非常年轻的学科，在很多方面亟待进一步提高和完善。所以，罪犯劳动改造学在相当一段时期内必须把加强发展完善自己的学科体系作为主要任务。

第四节　罪犯劳动改造学的学科地位和学科体系

一、罪犯劳动改造学的学科地位

（一）罪犯劳动改造学是中国监狱学学科的骨干学科

罪犯劳动改造学研究的罪犯劳动改造是我国监狱运用最早并且始终是改造罪

犯最重要的基本手段之一,在我国监狱事业的发展历程中发挥了巨大的作用,取得了举世瞩目的成就。罪犯劳动改造是罪犯服刑期间参与时间最长的改造活动,是改造人、教育人作用最全面的改造手段,是我国监狱必须使用且无以替代的改造罪犯的手段。罪犯劳动改造学曾经是中国监狱学的前身——中国劳改学的主体性学科内容,随着中国劳改学发展为中国监狱学,罪犯劳动改造学与狱政管理学、罪犯教育学等共同构成中国监狱学学科,肩负着把中国监狱学向纵深化、系统化、应用化发展的学科使命。因此,无论从哪个方面来说,罪犯劳动改造学都是中国监狱学学科的骨干学科。

(二)罪犯劳动改造学是专门指导罪犯劳动改造工作的应用性学科

罪犯劳动改造学是一门实践性很强的应用性学科。罪犯劳动改造学的根本任务是在罪犯劳动改造基本原理的指导下,探索和回答罪犯劳动改造的实践应用问题,也就是进行方法论研究,专门解决罪犯劳动改造方方面面工作"怎么办"的问题。通过应用性的研究,更好地指导罪犯劳动改造的科学健康发展。因此,罪犯劳动改造学是专门指导罪犯劳动改造的应用性学科,其地位和作用无以替代。

二、罪犯劳动改造学的学科体系

罪犯劳动改造学的学科体系,是罪犯劳动改造学的基本理论、学科层次等各方面内容构成的有机联系的整体。罪犯劳动改造学的学科体系是在罪犯劳动改造实践经验总结的基础上,在劳动改造理论研究的过程中,在中国监狱学学科的建设规划下形成的。

(一)罪犯劳动改造学现有的学科体系划分方法

自20世纪80年代罪犯劳动改造学产生以来,学界基本上把罪犯劳动改造学的学科体系分为"原理部分"和"应用部分",在此划分方法的基础上陆续产生了一些细分的方法。如1991年出版的杜雨主编的《罪犯劳动改造学》①把罪犯劳动改造学的学科体系划分为"基础论、个性论、方法论和比较研究"四部分;2008年出版的宋

---

① 杜雨主编:《罪犯劳动改造学》,群众出版社1991年版,第15页。

胜尊主编的《罪犯劳动改造学》[①]将之划分为“基础论、本体论、方法论和比较研究”；2010年出版的贾洛川主编的《罪犯劳动改造学》[②]将之划分为“基本原理和实践运作”两部分；2001年出版的王戌生主编的《罪犯劳动概论》将罪犯劳动理论划分为组织罪犯劳动的指导思想理论、劳动改造罪犯的原理性理论、罪犯劳动组织管理理论、罪犯劳动法律保障理论四部分；刘津主持的中央司法警官学院课题组完成的2014年度全国司法行政系统理论研究规划课题研究成果把“罪犯劳动分支学科”的体系规划为罪犯劳动学基本原理、罪犯劳动管理学理论、罪犯劳动矫正理论、罪犯劳动职业技能教育与培训理论、罪犯回归就业与创业指导理论、罪犯劳动和监狱企业立法理论。[③]

(二)罪犯劳动改造学学科体系的新构建

罪犯劳动改造学是一门内容非常丰富、体系综合复杂的学科，经过我国劳动改造实践经验的积累和罪犯劳动改造学理论的发展，罪犯劳动改造学的学科内容越来越明确，学科体系也越来越成熟。为了更好地实现罪犯劳动改造学的创新和发展，为了更好地体现和发挥罪犯劳动改造学的应用指导价值，可以将罪犯劳动改造学的学科体系从三个部分去构建：基础理论部分、管理实施部分及改造和矫正方法部分。

1. 基础理论部分

本部分包括罪犯劳动改造学的基本范畴、指导思想、基本原理、中外比较、历史研究等内容。基本范畴通过运用马克思主义理论对劳动、罪犯劳动、罪犯劳动改造等基本概念的科学阐述，奠定了罪犯劳动改造学的思想基础、理论逻辑和概念起点；指导思想和基本原理阐述了指导我国罪犯劳动改造理论建立和实践发展的基本原理和指导思想，包括马克思主义辩证唯物论、认识论、劳动学说、毛泽东劳动改造罪犯思想和习近平新时代中国特色社会主义思想等基本原理和指导思想；比较研究通过对罪犯劳动横向、纵向的比较分析揭示我国社会主义监狱的罪犯劳动改造与其他社会制度下罪犯劳动的本质区别和发展优势，并从历史分析中总结罪犯劳动改造的

---

① 宋胜尊主编：《罪犯劳动改造学》，法律出版社2008年版，第18页。

② 贾洛川主编：《罪犯劳动改造学》，中国法制出版社2010年版，第8页。

③ 中央司法警官学院课题组：《中国监狱学学科下罪犯劳动分支学科的建设与发展》(下)，载《中国监狱学刊》2015年第3期。

规律；基本理论阐述罪犯劳动改造的性质、目的、意义、功能、作用、特点、规律等。

2. 管理实施部分

本部分研究罪犯劳动改造的管理实施理论和方法，内容应该包括罪犯劳动管理学概论、罪犯劳动项目管理、罪犯劳动现场管理、罪犯劳动过程管理、罪犯劳动安全管理、罪犯劳动质量管理、罪犯劳动绩效管理等。罪犯劳动改造的实施需要一整套系统科学的罪犯劳动管理过程，寓改造于劳动中，实现劳动与改造的有机融合，罪犯劳动管理解决的是生产劳动如何运作、如何改造罪犯、如何保证改造宗旨实现的重要实践课题。所以，管理实施部分是罪犯劳动改造学学科的骨干内容，也是罪犯劳动改造学需要将一般管理理论与罪犯劳动改造实践有机结合，创新、创建新的罪犯劳动管理理论的内容。本部分研究罪犯劳动管理的体制、机制、过程、方法、工具等管理内容，这些内容是罪犯劳动改造实际工作急需的应用理论和方法，是实际工作者必须掌握的理论和技能。

在管理实施部分的内容构建中，应该将原监狱经济管理学（也有人称监狱经济学）、监狱企业管理学的内容进行取舍整合后归并到罪犯劳动改造学下面的罪犯劳动管理学，而不是将其作为监狱学的分支与罪犯劳动改造学并列，这是一项重要创新。

第一，取消监狱经济学、监狱经济管理学。随着实践的发展和理论的创新，与罪犯劳动改造相关的监狱经济实践活动已有新的变化，与监狱经济相关的概念和理论也已经不合时宜。从实践上看，监狱组织罪犯劳动改造必须以改造人为宗旨，虽然也要讲效益，但不再以营利为目的。改革政策上、法律规定上也取消了监狱的生产和经济职能，在相关规范性工作文件中不再使用这些概念，在实际工作中也越来越少地使用这些概念，一个重要体现是2014年中国监狱工作协会对下属专业委员会进行了调整，将原来的监狱经济管理学专业委员会取消，新成立了监狱企业管理专业委员会和劳动改造专业委员会。监狱生产、监狱经济、监狱经济管理这些概念及其相对应的实践活动不符合监狱作为刑罚执行机关的性质和宗旨，所谓的监狱经济学、监狱经济管理学已经失去了实践土壤，相关概念如监狱生产、监狱经济、监狱经济管理等理论上是不严谨的、不科学的，因此必须摒弃。

第二，将监狱企业管理学归入罪犯劳动改造学的子学科罪犯劳动管理学。监狱企业管理学和监狱经济管理学的命运是不一样的，监狱企业管理理论是应该保留并需进一步研究和创新的，这在2014年中国监狱工作协会撤销监狱经济管理学专业委员会,成立监狱企业管理专业委员会中得到了很好证明。研究建立新的监狱企业管理学理论,首先要重新界定监狱企业的性质①,这是正确研究监狱企业理论和发挥监狱企业职能的基本前提。从实践和理论上溯源,监狱企业是罪犯劳动改造的组织和载体,监狱企业是为了科学管理罪犯劳动、实现罪犯劳动改造的目的而产生的特殊企业,监狱企业管理本身就是罪犯劳动管理的有机组成部分,监狱企业管理与罪犯劳动管理事出同宗、理出同源,罪犯劳动管理学研究的是罪犯劳动改造的全部活动和过程的管理,监狱企业管理学的原理和方法应从属于罪犯劳动管理学的范畴。把监狱企业管理学列在罪犯劳动管理学体系内,有利于在罪犯劳动管理学下系统研究罪犯劳动改造的管理体制、机制、过程、方式、方法等,从而科学规划和建设罪犯劳动管理学的内容体系,②有利于罪犯劳动改造学学科体系的系统、科学发展,有利于中国监狱学这棵大树枝繁叶茂、健康成长。

3. 改造和矫正方法部分

本部分研究阐述罪犯劳动改造和矫正的方法内容,包括罪犯劳动改造中的思想改造方法、管理改造和矫正方法、教育改造和矫正方法、心理矫正方法、行为矫正方法、罪犯回归就业与创业指导方法等。这部分内容对发展中的罪犯劳动改造工作来说非常重要,有着强烈的实践指导方面的需求,急需加强研究、总结、创新、丰富和发展。

---

① 刘津:《论监狱企业的性质》,载《中国监狱学刊》2001 年第 2 期;刘津:《再论监狱企业的性质》,载《中国监狱学刊》2010 年第 4 期;刘津:《监狱企业法人制度问题研究》,河北人民出版社 2009 年版。

② 中央司法警官学院课题组:《中国监狱学学科下罪犯劳动分支学科的建设与发展》(下),载《中国监狱学刊》2015 年第 3 期。

第二章

罪犯劳动改造的马克思主义理论基础

马克思主义是由马克思、恩格斯创立的,为他们的后继者所发展的,以反对资本主义、建设社会主义和共产主义为目标的科学的理论体系,是关于工人阶级和人类解放的科学。马克思主义从根本上指导人们按照世界的本来面目去认识世界、揭示自然界和人类社会发展的客观规律,并根据对客观规律的认识去能动地改造世界。马克思主义的理论本性决定了它是不断发展的理论。马克思主义在19世纪末20世纪初传入中国,在指导中国革命和建设的过程中,逐渐形成了毛泽东思想和中国特色社会主义理论体系,实现了马克思主义的中国化。在新时代,以习近平同志为主要代表的中国共产党人创立了习近平新时代中国特色社会主义思想,以全新的视野深化了对共产党执政规律的认识,开辟了马克思主义中国化时代化新境界。实践的观点是马克思主义的基本观点,是马克思主义的出发点和归宿。马克思主义认为,劳动实践是人类和人类社会产生的决定性环节,物质生产实践是人类社会得以存在的基础,实践活动是推动社会发展的动力。中国共产党人以马克思主义理论为指导,早在革命根据地时期就创建了罪犯劳动改造活动。罪犯劳动改造活动以其特殊的社会实践性和社会历史性,天然地具有马克思主义的思想品性和实践品性,从一开始就是马克思主义与中国国情密切结合的产物,革命战争年代是这样,社会主义建设的各个时期也是这样。中国化时代化的马克思主义,是新时代罪犯劳动改造活动实现高质量科学发展的世界观和方法论,是罪犯劳动改造学理论创新的基本原理和科学指导。

第一节 罪犯劳动改造的马克思主义哲学原理

马克思主义哲学是科学的世界观和方法论,是指导罪犯劳动改造活动产生和发展的基本思想和理论依据,是组织罪犯劳动改造活动必须掌握的科学原理。

一、辩证唯物主义和历史唯物主义原理

辩证唯物主义的原理告诉我们,世界是物质的,物质世界处在永恒的运动、变化和发展之中,从宏观世界到微观世界,从无机界到生命有机界,直到人类社会,都没有绝对不动、不变的东西。人的思想、行为、生活方式也是处在发展变化之中,罪犯也不例外。辩证唯物主义关于运动、发展的观点,是我们运用生产劳动手段,改造罪犯思想,把罪犯造就成为新人的世界观和方法论。

改造罪犯最根本的是改造或消除罪犯主观方面导致犯罪的思想意识,以及产生这种思想意识的个体原因和某些基本条件。马克思主义历史唯物论在这方面为我们提供了基本的理论依据。

(一)存在决定意识的原理和罪犯犯罪意识的成因

通过改造罪犯的思想意识来实现对罪犯的改造,就不能不涉及有关人的意识(社会意识)与存在(社会存在)的基本关系问题。马克思主义历史唯物论认为,社会存在决定社会意识,社会意识反作用于社会存在,这是社会存在与社会意识的辩证关系。人的意识随着人的生活条件、人们的社会关系、人的社会存在的改变而改变,所以,意识具有社会性,即意识是社会的人对社会生活、社会关系的反映,因此也叫社会意识。在历史唯物论看来,社会意识的主体是社会的人,主体既有处于复杂社会关系中的单个人的人(个体),又有以不同的社会关系联系起来的、大小不等的社会集合体(群体),因而意识又可分为个体意识与群体意识。个体意识是个人独特的社会经历与社会地位的反映,是在个人所处的环境和所受的教育的影响下,从个人在社会中与他人交往的需要中产生的。个体意识是个人实践的产物。与此同时,每个人在自己的实践中,在与他人交往中形成个人意识时,又总会受到周围人们

的个体意识的影响以及有关的各种群体意识（如家庭意识、集体意识、团体意识、阶层意识、阶级意识、社会整体意识等）的影响。而在群体意识的熏陶下，形成个体意识的过程中，就包含着群体意识向个体意识的转化。

导致犯罪人犯罪的个体意识即犯罪意识是构成其犯罪原因的极为重要的方面，所以也是我们对罪犯实施改造的直接对象。根据以上原理，可以看出这种个人犯罪意识的形成，一方面是由他个人的社会存在、个人的实践所决定的；另一方面则是由于受到他人（如教唆犯、主犯或其他社会不法分子）的不良个体意识的影响和某些落后的乃至反动腐朽的群体意识（如享乐主义、拜金主义、无政府主义、极端个人主义；"哥们儿义气"；不良的家庭意识；不良的群体意识等）的影响。换句话说，导致犯罪的个体意识的形成，既包含着个体意识（自我意识和对个人与社会的关系的认识）的形成，又包含着某些群体意识向他的个体意识的转化。一定情况下，这种转化还可能是犯罪意识的主要成因。

（二）罪犯劳动改造为罪犯提供新的社会存在方式

根据社会存在决定社会意识的基本原理，改造罪犯最根本的是改变罪犯的社会存在方式，为其创造出新的个人实践的条件和新的社会关系，从而为他产生新的自我意识和个人与社会的关系的认识创造物质基础和基本条件。

罪犯被判刑入狱，处在严格的管制之下，与社会在一定程度上隔离开来，这也可以说是一种"社会地位"的改变，从一定方面说明了他的社会存在关系发生了变化。但是这不过是法律地位、法律关系的改变，并没有从实质上改变他的社会存在，所以单纯的实现这种改变，把罪犯关押起来，隔离起来，是达不到使罪犯改恶从善成为新人的目的的。

历史唯物论认为，人的社会存在，是指不以人的社会意识为转移的人和自然以及人和人之间的客观存在的社会物质关系，它的基础是"物质生活的生活方式"。"人的存在就是他们的实际生活过程。"①所以对于个人来讲，他们的存在及他所处的社会物质关系，主要就看他在社会物质生活的生产方式中所处的地位和关系（例如是生产者，还是寄生者、破坏者）。这种存在关系，是他个人的社会存在的最核心

① 《马克思恩格斯选集》（第3卷），人民出版社1972年版，第29页。

的部分,是决定他的社会经历和社会地位的最本质的内容。因此,监狱机关为了改变罪犯的意识而改变他的社会存在,就应当首先从这一根本关系入手,即改变或确定他在社会物质生活的生产方式中所处的地位和关系。

“人们是自己的观念、思想等等的生产者,但这里所说的人们,是现实的从事活动的人们。”①正是从这些原理出发,我国监狱组织起一种属于“人类最基本的社会活动”但又十分特殊的罪犯劳动改造活动,强制罪犯参加劳动改造,使他们成为“现实的从事活动的人们”,使他们在生产物质资料的同时,“生产”出“自己的观念、思想等”。罪犯在这种生产劳动过程中的社会关系,当然与社会上一般生产者的社会关系有所不同,这种不同主要体现在法律地位、法律关系等方面,如果相对物质资料的生产而言,则都是相同的,即都是生产者、实践者。在这样特殊的生产活动里,对于绝大多数罪犯来说,无疑都是处于一种新的社会存在方式之中,这就为他产生或接受先进的正确的意识提供了基础。与此同时,监狱在组织这种生产劳动时,进行了有意识的选择和控制,以适应改造罪犯的特殊需要,有意识调动生产各环节的改造机制,这种对劳动者思想意识产生改造作用的机制,只有在社会主义的监狱里才能建立起来,最大化地营造了社会主义社会的劳动关系,从而极大地加强了生产劳动改造人的功能。如监狱组织的劳动技能大赛,生产绩效与改造积极分子评选挂钩、与减刑假释挂钩,实行按劳分配等。而罪犯在被强制参加这种生产劳动中,自己在劳动定额、劳动考核、劳动质量管理、分工与协作等方面的完成和表现情况,使他不断意识到自己的存在、不断产生适应这种存在的意识,开始可能是被迫的,逐渐地绝大多数人就会转为自觉的,从而使罪犯渐进地发生根本的实质性的转变,达到被改造和自我改造的目的。

罪犯劳动改造,就是为罪犯提供这种物质基础和基本条件,为他们改变和建立起新的社会存在方式和关系,使他们产生和接受并且巩固新的意识,从而实现对他们的改造。

(三)马克思主义基于世界的物质观的实践观点

马克思主义对于世界本质的解释,不仅提出了正确的哲学物质观,而且从人的

① 《马克思恩格斯选集》(第1卷),人民出版社1972年版,第69页。

实践活动出发来理解人生活的世界,提出了实践的基本观点。

1. 实践是主体能动地改造和探索客体的客观物质活动的观点

马克思主义从主体与客体、主观与客观的关系把握实践的含义。马克思认为,环境的改变和人的活动的一致,只能被看作并合理地理解为革命的实践。列宁认为,实践是主体与客体、主观与客观相交互的过程,是通过这一过程人类历史得以发展和人的社会存在得以实现。毛泽东把实践规定为"主观见之于客观的东西"。[①]这些论述都对实践作出了科学的规定。

马克思主义认为,实践是主体能动地改造和探索客体的社会性的客观物质活动,这一基本观点指导了包括罪犯劳动改造的各种各样的人类实践。实践主体是指处于一定社会关系中的具有实践能力的人。人是实践活动中具有自主性和能动性的因素,他担负着提出实践目的、操控实践工具、改造实践客体的多种任务。实践主体可以分为个体主体、群体主体和人类主体三种类型。实践客体是主体活动所指向的对象。实践客体具有客观性、对象性和社会历史性。实践客体有三种基本类型:自然客体、社会客体和精神客体。其中,社会客体是指人类社会。精神客体是成为人的实践对象的主观精神和客体化精神。精神客体是指人们的感觉、想象、思维等心理活动,它们以表情、姿态和语言表现出来。客体化精神是指以物的形式存在的精神生产的结果,如通过图像、语言文字表达出来的文学作品、理论著作等。客体的三种基本类型表明,人的实践活动不仅指向物质世界,而且也以自身为实践活动对象,即在改造物质世界的同时进行自我改造。马克思主义的这一基本观点正是罪犯劳动改造的基本理论依据,从而奠定了罪犯劳动改造与西方资本主义国家劳动矫正的根本区别。

马克思主义认为,实践具有三个基本特点:客观实在性、自觉能动性和社会历史性。实践的客观实在性告诉我们改造罪犯绝离不开劳动实践。实践的自觉能动性说明作为实践主体的人是有自己的主观世界的,人的实践都是在一定意识、目的指导下的活动,这告诉我们,实践具有能动性,罪犯劳动不仅是被动的、被强制的,在劳动改造中要充分引导、指导罪犯的主观能动性,从而更好地实现罪犯改造从被动到主动、从被强制到自觉地自我改造。同时,要认识到通过对罪犯在劳动改造中主观能动性的调动,罪犯本人一定能实现从实践的主体向自我改造的主体的真正转化。

---

① 《毛泽东选集》(第2卷),人民出版社1991年版,第477页。

实践的社会历史性认为,作为实践主体的人,是处于一定社会关系中的人,总是在一定的社会关系中进行实践活动,尽管实践可以表现为单个人的个体活动,但这种个体活动却总是与社会中的其他人的活动联系在一起的。比如,人借助于工具同自然界相接触,而工具是他人过去劳动的成果。人们在一定社会条件下进行的实践活动,都是受社会条件限制的,并且是随着社会条件发展而发展的,决不会永远处于同一水平上,因此实践又具有历史性。实践的社会历史性告诉我们,罪犯劳动也必然会受到社会历史条件的制约,受到一定的社会关系的影响。而我国社会主义国家的罪犯劳动改造也因此具有了自己的社会历史特征,并和资本主义国家的罪犯劳动有着本质的区别。只有在马克思主义的实践观点指导下,才能真正发挥好劳动改造的社会主义制度的特色和优势。

马克思主义将实践的形式分为三种基本形式:一是物质生产实践,是处理人与自然关系的活动,是最基本的实践活动。物质生产实践解决人类生存和发展所必需的衣食住行的问题,是决定其他一切实践活动产生和发展的前提。二是社会政治实践,是处理人与人之间关系的活动,是为了配合物质生产实践所进行的活动。处理社会关系的实践主要表现为社会管理、阶级斗争、社会改革等。三是科学文化实践,是从物质生产实践中分化出来的尝试性、探索性实践活动。科学文化实践的目的不是直接改造世界,而是为成功地改造世界提供必要的知识。随着社会实践的发展,科学文化实践的作用也会越来越大。其中物质生产实践是人的最基本的实践活动,从生存和发展的角度来看,个体的人和群体的人类都离不开生产劳动;从人的基本社会属性和生产实践的社会性来看,生产实践对于每一个人的成长来说具有重要社会意义,生产实践也是每一个人成为正常社会公民的基本条件,那么对于犯了罪在监狱服刑、接受劳动改造的罪犯来说,生产实践也是他们重返社会、重新成为社会守法公民的基本手段。

2. 社会生活在本质上是实践的观点

马克思主义认为,实践是人类社会产生、存在和发展的基础,是人类社会生活的本质。主要观点有:劳动实践是人类和人类社会产生的决定性环节,物质生产实践是人类社会得以存在的基础,社会历史是人们的实践活动创造的,实践是人的存在方式,实践活动是推动社会发展的动力。这些观点和基本原理从微观到宏观,从个体到整体对于指导罪犯劳动改造工作都具有重要的指导意义。

第一,罪犯劳动改造是按照马克思主义的实践观点开展的改造人的实践活动。根据马克思主义的观点,人类通过实践来改造世界、认识世界和提高自身。罪犯劳动改造正是一种具体的实践活动,通过参与劳动,罪犯可以积极投入社会生产中去,增加对社会的贡献,也能改变自身的认识和行为。

第二,罪犯劳动改造促进罪犯接受和树立社会主义的价值观。马克思主义强调人的社会性和个人的全面发展,主张社会主义的价值观念。罪犯劳动改造提供了一个培育社会主义价值观念的机会,监狱按照社会主义经济关系组织罪犯参加社会化的生产劳动,使罪犯接受社会主义的思想和道德规范,并逐渐形成符合社会主义价值观的行为习惯。

第三,罪犯劳动改造促进个体的自我救赎和社会融入。马克思主义认为人是社会关系的总和,个体的解放与社会的解放相互依存。通过参与劳动改造,罪犯可以逐渐改变自身的思想和行为,实现对错误的认识、对犯罪的悔过和自我救赎。同时,劳动改造也有助于恢复罪犯对社会信任,积极回归社会,并融入正常的社会生活。

第四,罪犯劳动改造产生一定的经济收益和物质基础。马克思主义认为劳动是创造社会财富的基本手段,也是人类生存和发展的重要条件。罪犯劳动改造不仅可以满足社会经济需求,也能够培养罪犯的劳动技能,提高其就业竞争力,为其未来的生活和社会融入打下物质基础。

二、马克思主义认识论原理

马克思主义认识论原理最主要地体现在实践性原则:马克思主义强调实践在认识过程中的基础地位,人们通过实践与客观世界进行直接的接触和改造,从而获取对事物本质的认识。实践是认识的源泉和检验的标准,只有通过实践才能不断深化和发展认识。对罪犯的改造过程,实质上是改变罪犯头脑中对客观世界的认识的过程。也就是说,要去掉他的旧的、不正确的认识,代之以新的、正确的认识。通过劳动改造罪犯,就是在生产劳动反复实践中,经过实践、认识、再实践、再认识的反复过程,促进其思想认识从渐变到质变。

(一)改造罪犯思想必须依赖于实践

按照马克思主义认识论的观点,人的正确认识来源于实践,这是马克思主义认识论——辩证唯物主义的反映论——“首先的和基本的观点”。正如毛泽东所说：“人的正确思想是从哪里来的？是从天上掉下来的吗？不是，是自己头脑里固有的吗？不是，人的正确思想，只能从社会实践中来，只能从社会的生产斗争、阶级斗争和科学实验这三项实践中来。”①因此，对罪犯的改造，必须紧紧依赖于实践，必须通过一定的社会实践来达到获得正确认识，实现改造罪犯的目的。

（二）实践的能动性是罪犯思想转变的直接的、现实的动力

实践是一种同主观相联系的、主观见之于客观的活动，亦即能动的活动。实践的能动性表现为两个方面：一是通过实践活动能动地改造世界；二是通过实践能动地推动认识的产生和发展。生产劳动实践的现代化，越来越要求每一个劳动者有更多的自然和社会的知识，更强的理论思维，并在实践过程中有高度集中的意志和注意力、高度的集体主义和责任心。也就是说，在实践的发展中，对实践者主观因素的要求越来越严格，要求实践者的主观状态能适合于实践发展本身的客观需要。实践产生了认识的需要，只有实践才是认识发展的直接的、现实的动力。所有这些，都是我们要以实践的途径来改造罪犯的基本依据。譬如，罪犯在社会化大生产过程中，要完成一定的劳动定额，要保证一定的劳动质量等，要求他们必须掌握一定的生产技能和科学文化知识，而且要求他们服从劳动组织，遵守劳动纪律，参与劳动协作等，否则就不能完成劳动任务。于是，实践的需要促使他们去认识物质资料生产的规律，去掌握生产劳动的本领，去认识人与人的关系，去认识人与社会的关系，去服从集体主义等。正是这些直接的现实的实践需要，客观地、有力地促进了罪犯的认识的改变和发展。

（三）实践为罪犯获得正确认识提供了现实可能性和基本条件

罪犯之所以犯罪，是因为其社会存在以及以此为基础的个人实践出现了问题，使他们产生了错误的认识，形成了错误的人生观、价值观、生存观，很多罪犯因此形成个人行为和观念的恶性循环，好逸恶劳，好吃懒做，不热爱劳动、不尊重他人的劳动成果，不自食其力。人类的认识史表明，实践提出的问题只有通过实践才能解决，

① 《毛泽东文集》（第8卷），人民出版社1993年版，第320页。

客观事物由于实践的作用才暴露它的本质和现象，认识的任务只有在实践中才能完成，实践提供了认识的可能性和实现这种可能性的必要条件。要把罪犯改造成为守法公民，化消极因素为积极因素，不通过实践是不可能的。没有实践，罪犯学不会劳动技能，养不成劳动习惯，形不成正确的劳动观念，理解不了劳动的社会意义和人生意义，树立不起集体主义和组织纪律的观念，改变不了资产阶级享乐主义、极端个人主义、不劳而获的生活方式，更不能树立起遵守法纪的意识，这样不仅难以改造他们，还会在重新犯罪老路上恶性循环。只有通过实践，才为罪犯获得正确的认识提供现实可能性和基本条件。

（四）生产实践是改造罪犯思想最现实的、最基本的手段

如上所述，改造自然、征服自然的生产活动是人和人类社会赖以产生、存在和发展的基础，是人类最基本的、决定其他一切活动的实践活动。如果说人类的认识来源于实践的话，那么它应该主要来源于变革自然的生产劳动实践，生产劳动是人的认识、观念形成、发展和转变的源泉和动力。所以，监狱机关组织的用来改造罪犯认识的实践活动，理所当然的首先是生产劳动实践，是物质产品生产活动。

第二节　罪犯劳动改造的马克思主义劳动观

马克思主义劳动观理论博大精深，在马克思主义理论体系中占有重要的地位。马克思从哲学出发揭示劳动的本质，基于政治经济学探讨人改造自然和创造价值的活动，以科学社会主义视野阐述人的自由全面发展。这三者是马克思主义劳动观在哲学、政治经济学与科学社会主义方面的具体体现。① 就劳动的哲学解释模式而言，马克思强调劳动是人的本质，是自由自觉的劳动，是人实现自我的方式。就劳动的政治经济学解释模式而言，马克思强调劳动是改造物质世界的活动，在改造物质世界的同时改造自身，创造物质价值。② 马克思认为，“全部人的活动迄今都是劳动”。马克思把劳动比喻成整个社会为之旋转的太阳，劳动是人类生存的本质，人类

① 高耀芳：《马克思劳动观及当代价值》，载《中共云南省委党校学报》2016 年第 3 期。
② 唐爱军：《马克思劳动观及其现实意义》，载《毛泽东邓小平理论研究》2014 年第 3 期。

的发展过程就是劳动的发展史。马克思主义劳动观包含三部分:一是劳动创造了人和人类社会;二是劳动促进人的自由全面发展;三是劳动是衡量人生价值的尺度。[①]马克思主义劳动观有助于促进人的全面发展和社会和谐,有利于培育和践行社会主义核心价值观,并为劳动教育提供理论指导。[②] 在马克思、恩格斯看来,人不仅凭借劳动满足最基本的生存需要,实现社会财富的创造和积累,最终也要通过劳动来实现人之为人的自由本质。劳动不断创造了人类的物质生活,也充盈着人的精神世界,使人得以成长。

一、劳动创造了人类

劳动对人的第一个作用,就是在从猿到人的演变过程中发挥了创造性作用。19世纪中后期,达尔文创立了进化论,论证并提出了人是由猿进化来的,为正确解答这个问题奠定了基础,但他没有解答猿是怎么变成人的。恩格斯运用辩证唯物主义的方法论,在1876年撰写了《劳动在从猿到人转变过程中的作用》一文,对劳动在人类起源中的作用进行了深入研究和详细阐述,得出了著名的科学论断:劳动"是整个人类生活的第一个基本条件,而且达到这样的程度,以致我们在某种意义上不得不说:劳动创造了人本身"[③]。

(一)劳动创造了人类灵巧的双手

人的双手是在劳动中从猿的手演化而来的,这一演化过程是从猿到人的重要环节。猿的手和下肢相配合,十分适合于在茂密的丛林地带攀援、跳跃。它们用双手抓住树枝,摆动身体,从一棵树荡到另一棵树,这种行动方式叫臂行。臂行使猿手的四指很长,形成弯曲的钩状,极利于攀住树枝;大拇指很短,可以配合其他四指握住物体,但不能与其他四指对握捏拢。这就使猿手难以像人手那样可以拿住各种形状的东西。猿在行走时采取半直立姿势,这也需要上肢的帮助。

古猿从树上下到地面,逐步改变了自己的生活方式,它们的身体结构同时开始

---

① 季爱民、蔡欢:《马克思主义劳动观下的大学生劳动观调查分析》,载《学校党建与思想教育》2015年第3期。

② 庞瑞华:《改革开放以来国内马克思主义劳动观研究述评》,载《大连海事大学学报(社会科学版)》2021年第3期。

③ 《马克思恩格斯选集》(第3卷),人民出版社1972年版,第50页。

变化。直立行走,使猿手从辅助行走的负担中解放出来,从事与脚根本不同的许多事情:抓取食物,擎起木棒、石块,加工和使用原始的工具。这样,猿手变得越来越灵巧了。当制造出第一件工具时,作为运动器官的猿手就被改造成为劳动器官,成为人手了。

劳动使人手和猿手有很大的差别。人的双手十分宽大,手指较短,有很发达的拇指。拇指基部与手腕间的关节十分灵活,使它可以做出外展、内旋和弯曲的动作,与其他四指的动作十分协调,可以对握,能精准、灵敏地抓住任何细小的东西。手指上皮纹变得很细腻和紧密,触感的可靠性更高。指骨变直,末端指节变宽,这是由于人手不仅是抓握树枝的运动器官,而且是主要从事创造、劳动的器官。所以,恩格斯指出:"手不仅是劳动器官,它还是劳动的产物。"

(二)劳动创造了人类发达的大脑

人脑是动物界高度发达的产物,任何动物的脑都不能与人脑相比。人脑在每秒钟内会形成约 10 万种不同的化学反应,形成思想、感情和行动。人脑中的 1 亿个神经细胞,每天可记录约 8600 个资料。人类的大脑之所以有这样高度的发展,是与猿脑到人脑的发展进化的漫长历史过程有关的,而劳动是其中主要的原因。古猿从树上下到地面以后,取食、防御敌害等行为方式都发生了较大的变化。当他们逐步掌握了制造工具的手段即从事劳动以后,行为方式更为复杂,大脑接受外界事物刺激的信号也越来越多,判断分析综合的能力也越强,这样大脑也越来越发展起来。从有关研究资料可知,具体的脑量发展与劳动的关系密切。猿猴到黑猩猩经历了 2000 万年,脑量依然为 400 毫升,原因是不会劳动;而类人猿的脑量之所以能从 400 毫升发展到早期智人的 1400 毫升,主要原因是从使用天然工具到制造工具并从事着越来越复杂的劳动。说明正是劳动使猿的脑量不断增大,直到发展成现代人的大脑,是劳动创造了人类发达的大脑。

(三)劳动产生了人类奥妙的语言

语言是人类思维和表达思想的手段,是人类最重要的交际工具,也是人类区别于其他动物的本质特征之一。其他动物只能使用简单的发音和动作进行交流,然而人类的语言正是在这种简单音节的基础上,在共同劳动的过程中产生的。在从猿到人的进化过程中，在共同的劳动和生活中，人们相互之间的沟通需要日益增强。在这种情况下，简单的音节已不能很好地、很准确地表达思想和进行交流，于是多频率、多音节的语言也就逐渐产生。同时，人的发音器官和接受器官、理解器官的机能也日趋成熟。人的这种社会性和机能的进化与人类劳动有紧密的联系，所以劳动是语言产生和发展的动力之一。同时，语言使大脑的抽象思维能力不断发达，这也是猿脑发展为人脑的一个重要因素。

（四）劳动产生了人类特有的意识

猿人由于经常使用工具，从而学会了制造工具。猿人在制造和使用工具过程中，不断认识到工具的作用及其与自己生活的关系，懂得了什么样的工具用起来效果好，从而按照自己的愿望去制造工具。这样，古猿本能的意愿便产生了飞跃，并不断发生质变，产生了人类特有的意识，即把客观事物的性质、彼此之间的联系，转化成了主观的东西，并付之于行动，产生了人类特有的自觉能动性。

（五）劳动是人的本质的体现

马克思在《1848 年经济学——哲学手稿》中指出："一个种的全部特性、种的类特性就在于生命活动的性质，而人的类特性恰恰是自由自觉的活动。"这里的"自由自觉的活动"就是人类社会的劳动，也就是说人的类本质在于自由自觉的劳动。有无自觉的目的性和能动性是人类与动物世界的重要区别。这是马克思将人类的生活与动物的生活相比较而得出来的人类的活动——人类劳动的本质特征，正如马克思所说："蜘蛛的活动与织工的活动相似，蜜蜂建筑蜂房的本领使人间的许多建筑师感到惭愧。但是，最蹩脚的建筑师从一开始就比最灵巧的蜜蜂高明的地方，是他在用蜂蜡建筑蜂房以前，已经在自己的头脑中把它建成了。"

人的类本质体现在人与对象的对象性关系之中，人与对象的对象性关系的实现具有特殊形式，这种形式就是对象化劳动。对象化劳动，发挥人的本质力量，在对象身上打上人的烙印，对象因此而成为对象，人也因为这一过程而确证了自己的存在，成为真正意义上的人。对象化劳动不仅产生了人的自然界，而且产生了人类社会。人的对象化劳动具有广泛的社会性，对象化劳动一方面产生出人与人之间的社会关系，另一方面所有的对象化劳动又都是在一定的社会关系的前提下进行的。人类由于对象化劳动而结成社会,对象化劳动也由于其社会性而包含着丰富的个别性,对象化劳动因此克服了所谓单纯的类本质的抽象性,成为人的现实的本质。

对象化劳动不仅具有社会性,还具有历史性。人的对象化劳动不是在理想状态下进行的,而是在具体的现实状态下进行的,是在人类历史发展到某一阶段上进行的,是在既定的社会关系下进行的。当然这种既定的社会关系和文明发展水平本身也是对象化劳动的结果。人作为现实的人,作为社会实践的主体,其本质的现实性就体现在既定的文明基础和既定的社会关系条件下的对象化劳动之中。所以,马克思又在《关于费尔巴哈的提纲》中提出了"人的本质,在其现实性上是一切社会关系的总和"的论断。

辩证唯物主义认为,人是自然的一部分,是从动物中分化发展而来的。通过马克思主义的理论,我们认识到,劳动不仅创造了自然意义的人,还创造了社会意义的人,使人成为本质意义上的人。人脱离动物、高于动物的决定性因素是劳动,是"劳动创造了人本身"。

二、劳动促进人的全面发展

(一)马克思主义关于人的全面发展理论

人的全面发展是马克思主义的最高目标和根本价值取向,马克思称之为"每个人的全面而自由的发展"。马克思和恩格斯在《德意志意识形态》中第一次正式使用"个人的全面发展"这一概念,明确地提出关于人的全面发展的思想。马克思和恩格斯在《共产党宣言》中指出:人的全面发展是共产主义者的理想目标和共产主义社会的基本原则,这为他们关于人的全面发展思想走向成熟奠定了坚实的基础。《政治经济学批判大纲》(1844 年)和《资本论》(1867 年)的问世,标志着马克思主义关于人的全面发展思想更加成熟。在这里,马克思、恩格斯全面揭示了人的全面发展的科学内涵和历史性、必然性,论证了人的全面发展的途径和条件,确立了人的全面发展学说的科学体系。马克思主义关于人的全面发展理论内涵十分丰富。概括起来,主要包括以下几个方面的内容:

1. 人的各种能力的充分发展。人的能力既包括体力,又包括智力;既包括从事精神生产的能力,又包括从事物质生产的能力;既包括社会交往的能力,又包括道德修养的能力和审美能力等。

2. 人的社会关系的全面发展。社会关系是相对于自然关系而言的，指的是一定的生产方式所决定的生产关系的总和。马克思认为，“社会关系实际上决定着一个人能够发展到什么程度”，“一个人的发展取决于和他直接和间接进行交往的其他一切人的发展”，也就是说人的全面发展只有在社会关系中才能实现。

3. 人的个性的全面发展。人的个性，是个人的自我意识及由此形成的个人特有素质、品格、气质、性格、爱好、兴趣、特长、情感等的总和。马克思指出，个性的充分发展就是“一切天赋得到充分发展”。

4. 人的需要的全面发展。在人类社会初期，由于生产力水平低下，社会产品极其匮乏，人的需要只能在一个极其低下的层次上得到满足。资本主义生产方式的建立和发展，使人的需要有可能向多方面发展。到了社会主义和共产主义社会，剥削制度被消灭，生产力高度发展，社会产品极大丰富，人的需要将呈现丰富性和多面性。党的十九大报告指出：“中国特色社会主义进入新时代，我国社会主要矛盾已经转化为人民日益增长的美好生活需要和不平衡不充分的发展之间的矛盾。”这是党根据我国社会主义初级阶段不断变化的新特点作出的重大战略判断，反映了我国社会发展的客观实际，明确了解决当代中国发展主要问题的主要着力点，也充分体现了党和国家对人民的需要的全面发展的高度重视。

（二）社会主义经济关系及这种关系下的劳动是促进和实现人的全面发展的社会基础

在马克思和恩格斯看来，人的发展问题，不仅应该从现实的生产力的发展状况上去理解，而且应该从现实的社会经济关系性质上去理解。马克思在《1857—1858年经济学手稿》中把人的发展的全面性概括为人的“现实关系和观念关系的全面性”。[①] 他们在《德意志意识形态》（写于1845—1846年）中曾经指出，人们自己的生活怎么样，“这同他们的生产是一致的——既和他们生产什么一致，又和他们怎样生产一致。因而，个人是什么样的，这取决于他们进行生产的物质条件”[②]。也就是说，一定社会的人的发展的现状和趋势，既取决于那一社会的生产发展的水平，也取决于甚至可以说更取决于那一社会的经济关系的性质。这是因为，高度发展的社会

① 《马克思恩格斯全集》（第46卷）（下册），人民出版社1979年版，第36页。

② 《马克思恩格斯选集》（第1卷），人民出版社1972年版，第68页。

生产力，只为人的发展提供了可能的、工艺的、技术的手段以及必要的物质条件，而社会经济关系的性质则决定了社会生产的目的，从而决定了人的发展所需要的物质条件的生产方式和交换方式、分配方式等，并最终决定了人的观念发展的性质和导向。基于此，恩格斯在写于1847年的《共产主义原理》中认为，“使社会全体成员的才能得到全面的发展”，将是废除资本主义私有制的“主要结果”之一。① 马克思曾深信不疑地认为：在建立新的社会经济关系的过程中，在这一新社会的“再生产行为本身中，不但客观条件改变着……而且生产者也改变着，炼出新的品质，通过生产而发展改造着自身，造成新的力量和新的观念，造成新的交往方式，新的需要和新的语言”。② 造就与社会主义经济关系相适应的“新的观念”“新的交往方式”“新的需要和新的语言”，无疑是社会主义社会的人的全面发展的重要主题。马克思主义的这一基本原理是我们组织罪犯劳动改造的重要理论基石，是中国特色社会主义监狱罪犯劳动改造从本质上区别于资本主义国家罪犯劳动的思想基础。在当前的监狱体制改革过程中，在变革罪犯劳动管理体制中，特别需要注重社会主义经济关系在罪犯劳动改造和管理体制机制中的体现和运用，这也是马克思主义关于人的社会存在决定人的意识的基本原理所要求的。

（三）劳动是促进和实现人的全面发展的重要方法

马克思在关于人的全面发展的理论中特别强调了劳动是实现人的全面发展的重要方法。他在《资本论》中指出：“生产劳动同智育和体育结合，它不仅是提高社会生产的一种方法，而且是适应全面发展的人的唯一方法。”③

1. 劳动是优良思想和道德的播种机

人的正确思想，只能从社会实践中来，从生产劳动这项最基本的社会实践中来。劳动使人树立了不劳动者不得食的观念；劳动使人养成了艰苦奋斗和勤俭节约的作风；劳动使人懂得理解和尊重他人；劳动使人培养责任感、自尊心、自信心、独立自主和自律意识；劳动使人学会团结和协作；劳动使人培养奉献精神；劳动使人热爱和尊重自然、关注和关心社会；劳动使人懂得父母的养育之恩和孝敬父母。劳动，就像一

① 《马克思恩格斯选集》（第1卷），人民出版社1972年版，第243页。
② 《马克思恩格斯全集》（第46卷）（上册），人民出版社1979年版，第494页。
③ 《马克思恩格斯全集》（第32卷），人民出版社1961年版，第530页。

台功能强大的播种机，把所有优良的思想、道德观念播种在人的头脑中。同课堂教育等各种讲解灌输性的教育手段相比，劳动的实践和体验功能更加强大，是一种无以替代的自我教育，它把这些优良的思想、道德观念深深地、牢固地植入人的思想中。高尔基说："在重视劳动和尊重劳动者的基础上，我们有可能来创造自己的新的道德。"意大利民族复兴时期的爱国志士、优秀的历史学家、作家和文艺评论家拉·乔乃尼奥里有一句名言："劳动却是产生一切力量、一切道德和一切幸福的威力无比的源泉。"

2. 劳动是启迪智慧的金钥匙

我们知道，作为人类智慧器官的大脑是在劳动中产生的。在从猿到人的转变过程中，通过劳动和语言交流，推动了脑髓的发展，从而使猿的脑髓逐渐地变成人的脑髓，在脑髓发展的同时，感觉和知觉器官也越来越灵敏和发达，区别于动物的人类智慧就这样产生了。接下来，人类从事的劳动由简单到复杂，人们制造的劳动工具越来越复杂，人们生产的产品也越来越丰富多样，人类的智慧也就越来越增长。

劳动对任何时代的人的智力的开发和提高都是至关重要的。劳动使人开阔眼界，增长知识，积累经验，深入地认识和掌握自然规律。劳动可以促进血液循环，使心、脑和整个循环系统功能处于较高的水平，并反馈性地增强了神经系统的调节功能，这使人的思维更敏捷、反应更灵活、智力更发达。苏联著名教育实践家和教育理论家苏霍姆林斯基的一个重要教育信条是"孩子的智慧出在他的手指尖上"，他坚信，要使人的个性得到充分的发挥，就要让他从事他喜爱的劳动，而且，他越深入这种劳动中，他的能力和天资就会得到更好的发展。中国古代的四大发明一直是中华民族的骄傲，而它们的发明都是劳动人民智慧的结晶。正如高尔基说的："热爱劳动吧！没有一种力量能像劳动，即集体、友爱、自由的劳动的力量那样使人成为伟大和聪明的人。"

3. 劳动是健康的源泉

劳动可以使人筋骨强健，肌肉发达，关节灵活，反应灵敏，动作迅速，所谓"用则不退，动则不衰"；劳动能让人百脉通畅，五脏气血供应充足，可使冠状动脉血流量增加，改善心肌的营养和代谢；劳动还能抑制胆固醇的合成，可防止心脑血管疾病的发生；劳动还有延缓衰老的作用，人在持续的劳动过程中，会大大增强心肺和血管的功能，对氧气和营养物的分配、体内垃圾的清除产生重要作用，阻止或减慢肌肉的生理性萎缩,从而有效地延缓机体的衰老速度。劳动虽然让我们付出一定的辛苦,但是劳动创造的成果能使我们精神愉快,心情舒畅,增强对生活的热爱和情趣,就为我们的健康长寿打下良好的基础。因而古今养生学家认为,劳动是最重要的养生方法之一,正如中国古代名医华佗所说:“人体欲得劳动,动则谷气易消,血脉流利,病不得生。”英国谚语也说:“长寿的秘诀在于劳动。”

随着现代科学技术的迅速发展,人们的体力劳动逐渐减少,劳动强度大大降低,看似现代人比过去舒适多了,殊不知疏于劳作无疑会使身体各器官的功能降低,免疫力下降,身体素质越来越差。专家称之为“现代闲逸病”,这种“现代闲逸病”患者多表现为思维迟钝、体态肥胖、四肢软懒、体质虚弱,消化不良、易患各种身心疾病。治疗“现代闲逸病”最好的方法,就是劳动。马克思在《资本论》注释中引用了英国经济学家贝勒斯的话:“劳动对于人的健康,犹如吃饭对于生命那样重要”,“劳动给生命之灯添油”。他认为贝勒斯的话说得很好。

马克思主义提出了人的全面发展的崇高理想和目标。我国提出并奉行了“以改造人为宗旨”的监狱工作方针,党和国家非常重视运用和发挥劳动手段促进罪犯全面改造和发展的强大功能,罪犯劳动改造必将在监狱机关改造罪犯的工作中,对提高罪犯改造质量发挥重要的作用。

三、劳动促进社会的发展

(一)劳动创造社会财富

马克思主义充分肯定了劳动对人类发展和社会进步的决定性作用,肯定了劳动在具备劳动对象和劳动资料的条件下是一切社会财富的源泉的论断的正确,深刻分析了劳动的二重性,创立了劳动创造价值的理论。阐明了具体劳动创造商品的使用价值,抽象劳动创造商品的价值;劳动所投入的时间、技能和付出的努力等因素决定了产品或服务的价值。马克思主义的劳动创造价值理论也为人类社会的发展所印证。人类社会除自然资源外的物质财富都是劳动创造的。中国古代的万里长城和京杭大运河,古埃及的金字塔,现代社会的高楼大厦、道路桥梁、汽车、高铁、飞船及各类商品等,都是人类劳动的伟大创造。马克思、恩格斯曾指出:“人们为了能够创造历史,必须能够生活,但是为了生活,首先就需要衣、食、住以及其他东西,因此第一个历史活动就是生产满足这些需要的材料,即物质生活本身。”[①]一切原始的物质条件都是自然提供的,自然界是这些物质条件的第一源泉。自然界为劳动提供材料,劳动把材料变成财富。人类社会的精神财富也是劳动创造的。人类一切精神财富,包括思想的、文化的创造,首先要以劳动所创造的物质财富为基础。各种精神财富,如道德、法律、哲学、自然科学、文化、艺术等,离不开以生产劳动为基本形式的社会实践的总结,且又反过来为指导社会实践服务,生产劳动既是科学、文化、艺术的源泉,又是他们发展的动力;精神财富都是杰出的思想家、科学家、艺术家等长期艰苦劳动的结晶,离开劳动,不可能有精神产品、精神财富。

(二)劳动创造了人类社会及其历史

劳动是人类社会形成和发展、社会历史进步的根本原因。马克思指出:“整个世界历史不过是人通过劳动而诞生的过程,是自然界对人来说的生成过程。”[②]“历史不过是追求着自己目的的人的活动而已。”[③]

1. 劳动是整个人类生活必需的第一个条件

人类为了生存,首先要从自然界取得衣食住行所需要的基本生活资料,没有劳动就没有人类生活。正如马克思所说:“任何一个民族,如果停止劳动,不用说一年,就是几个星期,也要灭亡,这是每一个小孩都知道的。”[④]“劳动作为使用价值的创造者,作为有用劳动,是不以一切社会形式为转移的人类生存条件,是人和自然之间的物质变换;即人类生活得以实现的永恒自然必然性。”在人类社会中,不管是什么时期,什么社会制度,都需要劳动。

2. 劳动是人类社会传承和发展的重要条件

人以外的生物界,其特性、生活经验和技能的积累与传承的局限很大,因此,很多东西中途遗失,难以继承。而智慧的人类克服了生物界的这种局限,人类因为劳动,并在生产劳动的基础上形成了语言、思想、科学、文化、传统,所以,人类的社会生活经验、劳动技能等得以用语言、思想、科学、文化、传统的形式一代一代传下去。于

---

① 《马克思恩格斯选集》(第1卷),人民出版社1972年版,第32页。
② 《马克思恩格斯全集》(第42卷),人民出版社1972年版,第131页。
③ 《马克思恩格斯全集》(第2卷),人民出版社1972年版,第118页。
④ 《马克思恩格斯全集》(第32卷),人民出版社1972年版,第541页。

是,人类劳动创造的物质文明和精神文明在流传、积累中不断向更高阶段发展。人类历史文明这种连续性的实现完全依赖于人类的劳动,具有连续性的人类历史是通过劳动创造出来的。

四、劳动是改造人的手段

(一)罪犯劳动改造是无产阶级改造人类、改造社会的重要组成部分

马克思谈到无产阶级改造人类、改造社会的历史进程时指出:“必须经过一系列将把环境和人都完全改变的历史进程。”①对社会上犯了罪的人进行劳动改造,就是这个历史进程中的重要组成部分。马克思主义关于无产阶级改造人类、改造社会的理论,是研究罪犯劳动改造学的基本理论依据。在社会主义国家里,对于一切犯罪分子既不能像历史上的剥削阶级专政国家的监狱一样,采取野蛮的办法,把他们通通从肉体上加以消灭,或者把惩罚他们作为宗旨,也不能像当代的资本主义国家的监狱那样,仅仅停留在矫正心理和行为、培养职业技能上。我们的宗旨是改造罪犯犯罪的思想根源,通过罪犯劳动改造,促使他们树立正确的世界观、人生观、价值观,转变思想,重新做人,成为自食其力的劳动者和守法公民。这是预防犯罪、减少犯罪以至最终消灭犯罪的战略措施之一,是无产阶级改造人类,改造社会,实现共产主义理想的一个有机组成部分。

(二)生产劳动是改造客观世界和改造自身主观世界的统一的过程

马克思主义劳动观除论证了劳动创造了人和人类社会,还详细论证了劳动改造人的作用机理。马克思说:“劳动首先是人和自然之间的过程,是人以自身的活动引起、控制人和自然之间的过程。人自身作为一种自然力与自然物质相对立,为了以对自身有用的形式占有自然物质,人就把他身上的自然力——臂和腿、头和手运动起来。当他通过这种运动作用于他身外的自然并改造自然时,也就同时改变了他自身的自然。他使自身的自然中睡着的潜力发挥出来,并使这种力的活动受他自己控制。”②他还指出:“在再生产本身的行动中,不仅客观条件改变了,例如乡村变为城

---

① 《马克思恩格斯选集》(第 2 卷),人民出版社 1972 年版,第 379 页。
② 《马克思恩格斯全集》(第 23 卷),人民出版社 1972 年版,第 201 页。

市,荒野变为耕地等,而且生产中也改变着并且锻炼出新的品质,通过生产而发展和改造自身,造成新的力量和新的观念,造成新的交往方式,新的需要和新的语言。”①这些论述表明的是,人类的劳动,既是改造客观世界的过程,同时也是改造劳动者主观世界的过程,劳动既创造了人类社会的物质文明,也不断创造着人类社会的精神文明。

(三)马克思、列宁对劳动改造人的直接论述

马克思主义认为,劳动是改造人特别是改造犯了罪的人的重要手段,劳动对世界观和价值观出现问题的人,有着改造其错误观念的作用。马克思曾断言:“体力劳动是防止一切社会病毒的伟大的消毒剂。”②马克思在《哥达纲领批判》中,针对拉萨尔在资本主义制度下提出“调整监狱劳动”的观点时提出进行生产劳动是囚犯改头换面的最得力办法,明确指出:“在一个一般的工人纲领里面,这是一种微不足道的要求。无论如何应该明白指出,工人们完全不愿意由于担心竞争而让一般犯人受到牲畜一样的待遇,特别是不愿意使他们失去改过自新的唯一手段即生产劳动。”马克思认为“这是应当期待与社会主义者最低限度的东西”。③

俄国十月革命后,列宁深刻阐明了无产阶级应该对犯人实行劳动改造的政策。他指出:地主阶级对待犯人,是报复性身心摧残政策,他们不讲什么改造;资产阶级对待犯人折磨式的精神感化政策,就是榨取犯人的全部劳动;无产阶级对待犯人的监管政策,同地主、资本家都有原则的不同,是实行罪犯劳动改造的政策,就是实行生产劳动和思想教育相结合的罪犯劳动改造政策。

马克思主义关于劳动的观点使我们确立了这样的观点,劳动是改造罪犯的重要手段,并一直指导我们深入研究如何更好地发挥劳动在改造罪犯中的作用,特别是在社会主义市场经济条件下罪犯劳动改造出现各种各样的新问题、新情况时,这种研究更需要深入下去。

---

① 《马克思恩格斯全集》(第46卷),人民出版社1972年版,第494页。

② 《马克思恩格斯全集》(第31卷),人民出版社1972年版,第538页。

③ 《马克思恩格斯全集》(第3卷),人民出版社1972年版,第25页。

第三节 毛泽东劳动改造思想

毛泽东劳动改造思想是毛泽东改造罪犯思想的主要组成部分，毛泽东改造罪犯思想又是毛泽东思想的有机组成部分，是以毛泽东同志为核心的党和国家第一代中央领导集体智慧的结晶。毛泽东、刘少奇、周恩来、罗瑞卿等同志运用马克思列宁主义关于国家与法、革命与专政的学说，结合革命根据地的监所管理经验，在新中国成立后战犯改造、镇压反革命的实践中，在不同时期，以著作、讲话、批示、指示、谈话等形式，提出了许多精辟、系统的观点，逐步形成和发展了符合中国实际的毛泽东劳动改造思想。

一、毛泽东劳动改造思想的形成

毛泽东在井冈山革命根据地建立初期做了一系列深入的社会调查工作，他在向衡山县一个狱吏调查后写道：这次调查“使我第一次懂得中国监狱全部腐败情形”。[①] “这是毛泽东彻底否定旧监狱制度、创立新的劳动改造制度迈出的第一步。”[②]1930 年毛泽东在《寻乌调查》中说：“假若对地主一点土地也不分，叫他们去喝西北风，对富农也只给一些坏田，使他们半饥半饱，逼得富农造反，贫农、雇农一定陷于孤立。当时有人骂我是富农路线，我看在当时只有我这办法是正确的。”[③]从中不难看出，毛泽东对反动阶级也给土地、让其劳动和自食其力的思想，是毛泽东劳动改造思想的萌芽。

毛泽东早期首次把马克思主义基本原理和中华苏维埃共和国监狱的改造罪犯实践相结合，提出了工农民主政府劳动改造的方针和政策。1931 年，中华苏维埃共和国建立，毛泽东出任主席，逐渐地涉及监狱和罪犯改造工作。他明确提出了工农民主政府的狱政方针：“苏维埃的监狱对于死刑以外的罪犯是采取感化主义，即用共

---

① 《毛泽东农村调查文集》，人民出版社 1982 年版，第 16 页。
② 辛国恩：《毛泽东改造罪犯理论研究》，人民出版社 2006 年版，第 21 页。
③ 《毛泽东农村调查文集》，人民出版社 1982 年版，第 22 页。

产主义的精神与劳动纪律去教育犯人,改变犯人犯罪的本质。"[①]这是毛泽东劳动改造思想产生的主要标志。

抗日战争时期毛泽东思想逐步成熟,毛泽东在1937年7月撰写的《实践论》中详细论述了生产劳动对人的观念的形成、人的正确思想和伦理的形成和发展的重要作用,提出了无产阶级及其政党改造世界的任务,阐明了由强迫到自觉的改造规律。毛泽东关于改造世界、改造剥削阶级的理论为毛泽东劳动改造思想奠定了浓厚的思想基础和理论基础。

解放战争时期,毛泽东提出对地主阶级成员进行劳动改造的思想,使毛泽东在《实践论》中提出的"改造反对改造的人们的思想"更加具体化。对于反革命、地主,毛泽东提出通过劳动改造他们,可以化消极因素为积极因素。1949年6月30日,毛泽东发表了著名的《论人民民主专政》,在该文中毛泽东明确提出了对反动阶级和反动派进行劳动改造的思想,也强调了改造的条件是共产党领导的人民民主专政,并提出改造的手段即以劳动改造为主,同时包括耐心细致的思想教育工作。"这是毛泽东劳动改造思想的精髓"[②],"《论人民民主专政》的发表标志着毛泽东人民民主专政理论的完全形成,这也是毛泽东改造罪犯理论形成的重要标志"[③],也是毛泽东劳动改造思想形成的重要标志,并说明了毛泽东劳动改造思想在毛泽东改造罪犯理论中的重要地位和所起的重要作用。

二、毛泽东劳动改造思想的主要内容

(一)造就新人、改变犯人犯罪的本质的思想

1934年1月,毛泽东在第二次全国苏维埃代表大会的报告中指出:"苏维埃的监狱对于死刑以外的罪犯是采取感化主义,即用共产主义的精神与劳动纪律去教育犯人,改变犯人犯罪的本质,而国民党监狱则是纯粹的封建野蛮的虐杀,法西斯的酷刑,劳动群众与革命者的人间地狱。"[④]通过劳动改造罪犯错误的思想、树立正确的观念成为毛泽东劳动改造思想的一条主线。毛泽东的这一思想是基于马克思主义

---

① 中国现代史资料编辑委员会:《苏维埃中国》,现代史资料编辑委员会1957年编印版,第226页。
② 辛国恩:《毛泽东改造罪犯理论研究》,人民出版社2006年版,第28页。
③ 辛国恩:《毛泽东改造罪犯理论研究》,人民出版社2006年版,第28页。
④ 中国现代史资料编辑委员会:《苏维埃中国》,中国现代史资料编辑委员会1957年版,第226页。

关于无产阶级改造主客观世界,包括改造社会、改造人类的伟大任务的理论。这种理论后来在毛泽东的《实践论》中得到了系统性的论述,从而成为革命民主政府确立监狱工作方针政策和原则的全新指导思想,也成为后来我国监狱改造罪犯根本的方针和政策。例如,1954 年 9 月政务院颁布的《中华人民共和国劳动改造条例》第 1 条明确规定了改造犯人"成为新人"是新中国劳动改造工作的根本任务。1995 年制定的现行监狱工作方针是"惩罚与改造相结合,以改造人为宗旨"。

毛泽东在《实践论》中指出:"无产阶级和革命人民改造世界的斗争,包括实现下述的任务:改造客观世界,也改造自己的主观世界——改造自己的认识能力,改造主观世界同客观世界的关系。"他进一步指出:"所谓被改造的客观世界,其中包括了一切反对改造的人们,他们的被改造,须要通过强迫的阶段,然后才能进入自觉的阶段。"①"毛泽东关于对主观世界进行改造的思想,为对罪犯实行改造提供了直接理论依据。"②

毛泽东在《实践论》中详细论述了生产劳动对人的观念的形成、人的正确思想和伦理的形成和发展的重要作用,从而使罪犯劳动改造有了与马克思主义一脉相承的指导思想。毛泽东在《实践论》中说:"马克思主义者认为人类的生产活动是最基本的实践活动,是决定其他一切活动的东西。人的认识,主要地依赖于物质的生产活动,逐渐地了解自然的现象、自然的性质、自然的规律性、人和自然的关系;而且经过生产活动,也在各种不同程度上逐渐地认识了人和人的一定的相互关系。一切这些知识,离开生产活动是不能得到的。""马克思主义者认为人类的生产活动,是一步又一步地由低级向高级发展,因此,人们的认识,无论是对于自然界方面,还是对于社会方面,也都是一步又一步地由低级向高级发展,即由浅入深,由片面到更多的方面。""马克思主义者认为,只有人们的社会实践,才是人们对于外界认识的真理性的标准。实际的情形是这样的,只有在社会实践过程中(物质生产过程中,阶级斗争过程中,科学实验过程中),人们达到了思想中所预想的结果时,人们的认识才被证实了。"毛泽东指出:正确的认识来自全面的社会实践,"社会实践的继续,使人们在实践中引起感觉和印象的东西反复了多次,于是在人们的脑子里生起了一个认识过程中的突变(飞跃),产生了概念。概念这种东西已经不是事物的现象,不是事物

① 《毛泽东选集》(第 1 卷),人民出版社 1991 年版,第 296 页。

② 辛国恩:《毛泽东改造罪犯理论研究》,人民出版社 2006 年版,第 24 页。

的各个片面，不是它们的外部联系，而是抓住了事物的本质，事物的全体，事物的内部联系了。概念同感觉，不但是数量的差别，而且有了性质上的差别。循此继进，使用判断和推理的方法，就可产生出合乎伦理的结论来。”“重复地说，伦理的认识所以和感性的认识不同，是因为感性的认识是属于事物之片面的、现象的、外部联系的东西，伦理的认识则推进了一大步，到达了事物的全体的、本质的、内部联系的东西，到达了暴露周围世界的内在的矛盾，因而能在周围世界的总体上，在周围世界一切方面的内部联系上去把握周围世界的发展。”毛泽东总结说：“我们的实践证明：感觉到了的东西，我们不能立刻理解它，只有理解了的东西才更深刻地感觉它。感觉只解决现象问题，理论才解决本质问题。这些问题的解决，一点也不能离开实践。”①

（二）化消极因素为积极因素的思想

罪犯是消极因素和破坏因素，但罪犯又是社会重要的劳动力，组织罪犯参加劳动改造，是化消极因素为积极因素、为社会主义建设服务的重要形式。

毛泽东在井冈山革命根据地建立初期通过深入的社会调查工作，了解到“中国监狱全部腐败情形”②，从而彻底否定旧监狱制度。在土地革命中，毛泽东主张按人口分田，也给予地主一份不好于贫民的田地。反映出早期毛泽东对反动阶级也给土地、让其自食其力，化消极因素为积极因素的思想，是早期毛泽东最朴素的劳动改造思想。

随着毛泽东劳动改造思想的逐渐形成，化消极因素为积极因素的思想越来越清晰，并成为毛泽东劳动改造思想的重要组成部分。对于反革命、地主不杀，毛泽东提出一个重要理由，即保存劳动力，并将劳动作为对其改造的重要手段。毛泽东在《论人民民主专政》中明确指出：“对于反动阶级和反动派的人们，在他们的政权被推翻以后，只要他们不造反，不破坏，不捣乱，也给土地，给工作，让他们活下去，让他们在劳动中改造自己，成为新人。他们如果不愿意劳动，人民的国家就要强迫他们劳动，也对他们做宣传教育工作，并且做的很用心，很充分。”③

---

① 《毛泽东选集》（第1卷），人民出版社1991年版，第282－283页。

② 《毛泽东农村调查文集》，人民出版社1982年版，第16页。

③ 《毛泽东选集》（第4卷），人民出版社1991年版，第1475－1477页。

(三)把犯人当人看、给犯人以出路的思想

毛泽东关于改造犯人的基本思想是“把犯人当人看”,是客观世界中可以改造的那一部分人。毛泽东经常提到,要把犯人当人,“把犯人当人看”成为革命根据地监所的重要指导思想,“是古往今来监所对待犯人划时代的崭新观念”,①这与以往奴隶主、封建地主阶级视犯人为罪奴、非人,把刑徒作为祭坛牺牲品的思想截然不同。1941 年 5 月,陕甘宁边区主席林伯渠指明:“犯人之所以甘为犯人,主要是由于社会不把他当人,要恢复他的人格,必自尊重他是一个‘人’始。”②边区高等法院代院长王子宜:“犯人也是人,我们司法工作者,不能把犯人不当人看待。”边区高等法院院长马锡五:“把犯人看成人,是一件很重要的思想问题。”

通过劳动给犯人以出路是毛泽东劳动改造思想一贯的主张。毛泽东在 1956 年指出:“对一切反革命分子,都应当给予生活出路,使他们有自新的机会。”③他多次指出,要对罪犯实行革命人道主义,贯彻惩办与宽大相结合、劳动改造与思想教育相结合的政策。他提出“禁止一切不人道主义的待遇”。他赞扬:“苏维埃中央政府已经明令宣布废止肉刑,这便是历史上的绝大的革命”。民主政府对犯人实行劳动改造本身就是给其出路,使其改过向善。在劳动改造过程中,犯人学会生产技能,获得奖励或减刑,出狱后得以自谋生计或安置就业。《陕甘宁边区施政纲领》第 7 条规定:“除绝对坚决不愿悔改者外,一律实行宽大政策,争取感化转变,给以政治上与生活上之出路。”这种对犯人给出路的政策,是人道主义精神的体现,也成为新中国成立后罪犯劳动改造的重要精神实质。新中国成立后毛泽东劳动改造思想首先体现在作为国家大法的《中国人民政治协商会议共同纲领》中,该共同纲领第 7 条规定:“对于一般的反动分子、封建地主、官僚资本家,在解除其武装、消灭其特殊势力后,仍须依法在必要时期内剥夺他们的政治权利,但同时给以生活出路,并强迫他们在劳动中改造自己,成为新人。”

---

① 中国监狱工作协会编:《新中国监狱工作五十年(1949.10—2000)》,法律出版社 2019 年版。

② 林伯渠:《陕甘宁边区政府工作报告》(1939—1941)。转引自杨永华、方克勤主编:《陕甘宁边区法制史稿——诉讼狱政篇》,法律出版社 1987 年版。

③ 《毛泽东文集》(第 7 卷),人民出版社 1999 年版,第 39 页。

(四)关于劳动改造的重要政治、经济和社会意义的思想

新中国成立以后,毛泽东多次对劳动改造工作作出重要指示、批示,揭示出劳动改造重要的政治、经济和社会意义,成为社会主义革命和建设时期我国监狱工作的指导思想和制定监狱工作方针、政策和法律的依据。新中国成立之初,在新中国监狱工作一穷二白、困难重重的局面下,1951 年毛泽东亲自修改审定全国第三次公安会议决议时提出:“大批应当判刑的犯人,是一个很大的劳动力,为了改造他们,为了解决监狱的困难,为了不让判处徒刑的反革命分子坐吃闲饭,必须立即着手组织劳动改造工作。”“三个为了”是毛泽东为新中国的监狱工作作出的第一个重要决策。会议决议指出,劳动改造是改造罪犯的主要手段,劳动改造罪犯的目的是“三个为了”。1951 年罗瑞卿在第四次公安会议报告中指出:强迫罪犯劳动改造是消灭反革命阶级的一个重要手段,也是彻底改造犯人成为新人的一项基本政策,并科学地说明罪犯劳动改造工作包含着极端重要的政治意义、经济意义。

三、毛泽东劳动改造思想的重要贡献

(一)毛泽东劳动改造思想开创了中国特色社会主义的罪犯劳动改造理论

毛泽东的罪犯劳动改造思想具有独创性,对中国的罪犯劳动改造理论来说是开创性的。虽然罪犯劳动作为一种行刑活动在古今中外由来已久,但是,“赋予劳动以新的含义,将劳动与改造相结合,最终将罪犯改造成为新人,这其中所蕴含的基本原理是由中国共产党人所创建和实践的,是毛泽东改造罪犯理论的重要特色”①。最难能可贵的是毛泽东劳动改造思想是在中国革命开始的过程中,在革命战争年代,在旧的监狱制度没有消灭、新的社会主义监狱制度没有产生的条件下提出来的,他直接缔造了中国的罪犯劳动改造理论。毛泽东劳动改造思想,是毛泽东改造罪犯思想和理论的一条主线,直接指引了中国的罪犯改造工作的实践和理论的产生与发展。

(二)毛泽东劳动改造思想是最适合中国国情的改造罪犯的指导思想和理论

“刑罚的内在内容与它的外在表达一样,随着经济基础社会关系和上层建筑社

---

① 辛国恩:《毛泽东改造罪犯理论研究》,人民出版社 2006 年版,第 188 页。

会关系的变化而变化。社会经济形态的性质，社会的、政治的、文化的和道德的观点决定刑罚的内容，而这意味着，刑罚的目的及其相应的内容应该有多种多样的变化，就像社会生活的具体案件发生的变化一样。每个时代，每个国家都按自己的方式组织刑罚，追求某些专门的目的，选择达到目的的手段。因此，刑罚的内容不取决于立法者在法律中作出的规定，而是取决于客观社会生活的条件和刑罚所面临的任务。”①毛泽东无论是在革命战争年代对罪犯劳动改造思想的提出，还是在新中国成立后对罪犯劳动改造理论的运用和发展，始终扎根于中国的国情。毛泽东关于“人的正确思想，只能从社会实践中来”，“不劳动者不得食”“既改造人的主观世界，又改造客观世界”“改造要经过从强迫到自觉的阶段”，罪犯“是一个很大的劳动力，既改造他们，又要解决监狱的困难”，“改造第一，生产第二”，“劳动和改造相结合”的思想理论都完全适合中国国情和罪犯劳动改造规律。所以，毛泽东关于罪犯劳动改造思想是从中国国情出发，是把马克思主义基本原理同中国的实际相结合的结果。事实也证明，每每在中国监狱事业发展到最关键的时期，毛泽东的罪犯劳动改造思想都起了非常重要的思想指引和政策指引作用，我国的罪犯劳动改造工作在这一思想的指引下，战胜了无数次困难，取得了举世瞩目的成就。

（三）毛泽东劳动改造思想是对马克思主义理论的继承和发展

在毛泽东思想形成的过程中，毛泽东始终能够灵活地、创造性地把马克思主义和中国的具体实践相结合，从而不断实现了马克思主义在中国革命和建设中的继承和发展。“罪犯劳动改造的提出是对马克思主义关于劳动创造了人类、创造了社会的观点的创造性运用和发展。”毛泽东对劳动的认识、对人的认识、对实践和认识的关系的观点和马克思主义的基本原理是一脉相承的。毛泽东劳动改造思想最早把马克思主义基本原理和中国的改造罪犯实践相结合，把马克思主义劳动观和中国监狱工作的实际相结合，为中国的罪犯劳动改造理论研究奠定了一个很好的思想基础和理论基础，对中国的罪犯劳动改造理论研究起了直接的创造、指引和推动作用。

---

① ［苏］H. M. 拉吉莫夫：《劳动改造感化的理论与实践问题》，周兴泉、杨巍译，社会科学文献出版社1987年版，第18页。

第四节 习近平新时代中国特色社会主义思想对罪犯劳动改造的指导

习近平新时代中国特色社会主义思想,继承和发展了马克思列宁主义、毛泽东思想、邓小平理论、“三个代表”重要思想、科学发展观,凝结着党和人民的实践经验和集体智慧,以全新的视野深化了对共产党执政规律、社会主义建设规律、人类社会发展规律的认识,开辟了马克思主义中国化时代化新境界。习近平新时代中国特色社会主义思想是当代中国马克思主义、二十一世纪马克思主义,植根于新时代中国特色社会主义的伟大实践,是指导中国式现代化建设各项事业强大的思想和理论武器。

一、习近平新时代中国特色社会主义思想对罪犯劳动改造的方向指引

(一)坚持中国共产党领导是罪犯劳动改造的本质特征和政治优势

1. 中国共产党是中国特色社会主义各项事业的领导核心

习近平总书记指出:“中国特色社会主义最本质的特征是中国共产党领导,中国特色社会主义制度的最大优势是中国共产党领导。”中国共产党是中国特色社会主义各项事业的领导核心。罪犯劳动改造是政治性、思想性非常强的一项工作,是以马克思主义理论指导下的、以改造犯罪人思想、品德和行为为根本任务的一项重要活动,是我国监狱机关完成国家机器的职能、实现改造人根本目标的一种基本手段。坚持中国共产党的领导,是罪犯劳动改造工作正确方向的根本保证,是中国特色社会主义罪犯劳动改造工作的本质特征,是中国特色社会主义罪犯劳动改造工作的政治和制度优势。

2. 罪犯劳动改造工作必须不断坚持和完善党的领导制度

习近平总书记指出:“党的领导制度在中国特色社会主义制度体系中居于统领地位,中国特色社会主义制度的优势能不能发挥好,关键在党的领导制度能不能执行好。”党的领导是全面的、系统的、整体的。健全党的全面领导制度,必须完善党领

导各项事业的具体制度。坚持和完善党的领导制度，事关国家治理的根本。罪犯劳动改造工作虽然是基层的一项具体工作，却是中国特色社会主义法治体系重要的神经末梢，落实和完善党的领导制度，是确保罪犯劳动改造工作不忘初心、牢记使命的关键。

（二）坚持中国特色社会主义罪犯劳动改造制度是正确的发展方向

习近平总书记指出，只有社会主义才能救中国，只有中国特色社会主义才能发展中国，只有坚持和发展中国特色社会主义才能实现中华民族伟大复兴。中国特色社会主义是中国共产党和中国人民在长期实践探索中取得的伟大成就。罪犯劳动改造工作在中国共产党领导下，同样走过了一条中国特色社会主义的创建、发展之路，取得了举世瞩目的伟大成就。习近平新时代中国特色社会主义思想关于坚持和发展中国特色社会主义的理论，为新时代的罪犯劳动改造工作指明了方向和发展道路。

改革开放以来，我国取得的一切成绩和进步的根本原因是开辟了中国特色社会主义道路，形成了中国特色社会主义理论体系，确立了中国特色社会主义制度，发展了中国特色社会主义文化。中国特色社会主义道路是实现途径，中国特色社会主义理论体系是行动指南，中国特色社会主义制度是根本保障，中国特色社会主义文化是精神力量，四者统一于中国特色社会主义伟大实践。这是中国特色社会主义最鲜明的特色，必须坚定道路自信、理论自信、制度自信、文化自信。

对罪犯劳动改造工作来说，最重要的就是要坚定对罪犯劳动改造事业发展的信念和信心。改革开放以来，特别是社会主义市场经济体制确立以来，环境的巨大变化使罪犯劳动改造工作遇到了非常多的困难，出现了很多问题，以此为焦点的监狱体制改革也是一波三折。但是罪犯劳动改造工作几十年的发展历程和成就彰显了中国社会主义的特色和优势，不能因为暂时的困难和问题就丧失自信和裹足不前。在习近平新时代中国特色社会主义思想指导下，罪犯劳动改造必须始终坚定中国特色社会主义的道路自信、理论自信、制度自信、文化自信。

二、习近平新时代中国特色社会主义思想对罪犯劳动改造的工作指导

（一）全方位强调劳动的价值

习近平新时代中国特色社会主义思想强调劳动的价值和作用，将劳动视为人们

实现自我价值、促进社会发展的重要手段。习近平总书记关于劳动的重要论述多有体现，成为习近平新时代中国特色社会主义思想的重要内容，也是对马克思主义劳动观的重要发展。对倡导全社会热爱劳动，尊重劳动具有重要教育意义，对罪犯树立正确劳动观念也具有重要的指导意义。2015 年 4 月 28 日，习近平总书记在庆祝"五一"国际劳动节暨表彰全国劳动模范和先进工作者大会上的讲话中讲道："在我们社会主义国家，一切劳动，无论是体力劳动还是脑力劳动，都值得尊重和鼓励；一切创造，无论是个人创造还是集体创造，也都值得尊重和鼓励。""全社会都要贯彻尊重劳动、尊重知识、尊重人才、尊重创造的重大方针，全社会都要以辛勤劳动为荣、以好逸恶劳为耻，任何时候任何人都不能看不起普通劳动者，都不能贪图不劳而获的生活。"习近平总书记指出："劳动是财富的源泉，也是幸福的源泉。人世间的美好梦想，只有通过诚实劳动才能实现；发展中的各种难题，只有通过诚实劳动才能破解；生命里的一切辉煌，只有通过诚实劳动才能铸就。"在组织罪犯劳动改造中，要结合实践落实习近平总书记关于劳动的重要论述，使罪犯认识到劳动重要、劳动光荣、劳动者受人尊重，增强罪犯的劳动积极性，树立正确的世界观、人生观、价值观和劳动观。

（二）全面推动社会再教育和人的全面发展理念

习近平新时代中国特色社会主义思想强调推动全民教育和全面发展，这里面当然包括特殊公民的教育和全面发展。罪犯劳动改造不仅是为了使罪犯得到体力上的锻炼和技能培训，更重要的是通过劳动改造，提高罪犯的文化素质、道德修养和职业技能，实现全面发展和社会再教育。中国共产党人把马克思主义人的全面发展理论与中国社会具体实践相结合，继承和发展了马克思主义关于人的全面发展理论，这在党的历次重要会议文献中都有充分体现。2002 年党的十六大报告首次以党的代表大会文献的形式把人的全面发展规定为党的奋斗目标，并再一次强调了"促进人的全面发展"是社会主义本质的要求。在党的十九大报告中，习近平总书记强调"必须坚持以人民为中心的发展思想，不断促进人的全面发展、全体人民共同富裕"，赋予了人的全面发展理论以新的内涵，实现了马克思主义人的全面发展理论在新时代中国特色社会主义更加深入地实践和发展。习近平新时代中国特色社会主义思想强调以人为本，关注每个个体的全面发展和幸福。对此，在罪犯劳动改造工作中,要注意对这一思想的研究和落实,发挥罪犯劳动改造教育和改造罪犯的强大立体功能,调动罪犯劳动改造的积极性,帮助其克服消极思想,使其树立改造自己和自我发展的决心,帮助罪犯在劳动改造中实现全面改造和发展的效果。

(三)培养罪犯的社会责任感

习近平新时代中国特色社会主义思想强调个人与社会的关系,提倡每个人都应当担负起属于自己的社会责任。在罪犯劳动改造中,可以通过组织罪犯参加社会化的劳动,让罪犯认识到劳动的价值和意义,理解劳动对个人和社会的重要性,使罪犯意识到自己的犯罪行为对社会和他人的伤害;通过使罪犯在劳动中加强协作,每个人只有做好本职分工,才能完成整个生产任务;通过依法依规加强劳动管理,建立劳动奖惩机制,对罪犯在劳动中表现出的积极负责和取得的劳动成效进行表彰和奖励,同时对不负责任、不遵守规定的行为进行相应处罚,使罪犯明白劳动对一个人来说也是一种必须履行的责任,等等。罪犯劳动改造活动要通过各种活动着力培养罪犯的社会责任感。

(四)促进法治精神的传承和促使罪犯树立法治观念

习近平新时代中国特色社会主义思想强调法治建设和法治精神的传承。在罪犯劳动改造中,通过严格的法律管理和规范化的劳动操作,使罪犯深刻认识到违法犯罪的后果,并通过劳动改造引导罪犯树立正确的法律意识和法治观念。

三、马克思主义的社会理想在罪犯劳动改造中的运用

(一)马克思主义的社会理想的基本内涵

社会理想是人们对未来社会制度社会风貌的期望和追求,马克思主义的社会理想的最高理想,是推翻资本主义、实现社会主义和共产主义。而在社会主义运动的不同时期,我国的社会理想则是通过长期的远大理想和近期的具体理想,来统领人民为实现目标而奋斗。中国共产党第二十次全国代表大会报告指出,团结带领全国各族人民全面建成社会主义现代化强国、实现第二个百年奋斗目标,以中国式现代化全面推动中华民族伟大复兴,就是中国人民近期的共同理想和具体理想。党的二十大报告对中国式现代化进行了全面、系统的擘画和描述,其中既有中华民族伟大

复兴的社会理想,也有关于人民幸福和人的全面发展的具体理想。如中国式现代化是全体人民共同富裕的现代化,让现代化建设成果惠及全体人民。“中国式现代化是物质文明和精神文明相协调的现代化。物质富足、精神富有是社会主义现代化的根本要求。物质贫困不是社会主义,精神贫乏也不是社会主义。我们不断厚植现代化的物质基础,不断夯实人民幸福生活的物质条件,同时大力发展社会主义先进文化,加强理想信念教育,传承中华文明,促进物的全面丰富和人的全面发展。”①中国共产党正是靠远大的理想和坚定的信念,带领中国人民战胜了一个又一个困难,实现了一个又一个目标。正如习近平总书记指出的:“人民有信仰,民族有希望,国家有力量。实现中华民族伟大复兴的中国梦,物质财富要极大丰富,精神财富也要极大丰富。我们要继续锲而不舍、一以贯之抓好社会主义精神文明建设,为全国各族人民不断前进提供坚强的思想保证、强大的精神力量、丰润的道德滋养。”②总之,为人民谋幸福,为民族谋复兴,是党的初心使命,是党和政府的社会理想,也是中国共产党带领全国人民为之奋斗的强大动力。

(二)人生理想的重大指导和推动作用

社会理想贯穿于人的人生理想(包括生活理想、职业理想和道德理想)之中,人生理想的正确确立对于一个人的人生来说非常重要。习近平总书记指出:“广大青年一定要坚定理想信念。‘功崇惟志,业广为勤’。理想指引人生方向,信念决定事业成败,没有理想信念,就会导致精神上‘缺钙’。中国梦是全国各族人民的共同理想,也是青年一代应该牢固树立的远大理想。中国特色社会主义是我们党带领人民历经千辛万苦找到的实现中国梦的正确道路,也是广大青年应该牢固树立的人生信念。”③合理地将社会理想融入个人的生活理想、职业理想和道德理想才是好的人生理想,好的人生理想对人生发展具有重大的指导和推动作用。

1. 理想是人生航程的灯塔

理想作为人生向往和奋斗的目标,指引着人生前进的方向,特别是在人生的关

---

① 习近平:《高举中国特色社会主义伟大旗帜 为全面建设社会主义现代化国家而团结奋斗——在中国共产党二十次全国代表大会上的报告》(2022 年 10 月 16 日)。

② 习近平:《习近平在会见第四届全国文明城市、文明村镇、文明单位和未成年人思想道德建设工作先进代表时的讲话》,载《人民日报》2015 年 3 月 1 日,第 1 版。

③ 2013 年 5 月 4 日,习近平同各界优秀青年代表座谈时的讲话。

键时刻,理想就像灯塔的光芒一样指引着前进的航向。正如习近平同志所说的:“革命理想高于天。”

2. 理想是人生前进的动力

理想作为人生向往和追求的目标,它可以构成人们自觉行动的动机,成为实践活动的动力。理想在人们认识世界和改造世界的实践活动中,是一种极其强大的推动力量。

3. 理想是人生的精神支柱

人们的生活可以划分为物质生活和精神生活两大方面。物质生活对人的生存和发展固然重要,健康充实的精神生活同样不可缺少,而理想便是精神生活的支柱。一个人的精神生活如果没有理想的支撑,就会空虚、萎靡乃至崩溃。一个人有高尚的理想这个精神支柱,就可以使人生更充实,能在顺境中不骄不躁,在逆境中乐观豁达,不畏艰险,勇往直前。

(三)在罪犯劳动改造中加强理想信念教育的重要意义

罪犯是在监狱中服刑的特殊公民,对他们的改造,加强理想信念教育同样尤为重要。一方面,实现我国的社会理想,以中国式现代化推进中华民族的伟大复兴,建设社会主义法治国家,推进社会治理现代化,离不开对这一特殊群体的成功改造,使他们顺利回归社会,成为自食其力的守法公民。另一方面,教育帮助罪犯重新树立合理正确的人生理想,也是改造他们的人生观、价值观和世界观的重要步骤。因此,习近平新时代中国特色社会主义思想关于我国人民共同理想的理念和构想同样适用于对罪犯的教育和改造,要在罪犯劳动改造工作中加以很好地运用。

1. 理想信念教育可以引导罪犯树立正确的世界观、人生观和价值观

理想信念教育能够激发罪犯积极向上的动力,帮助他们认识到自己的错误,并为改过自新提供方向和动力,让他们认识到犯罪行为的错误性与危害性,从而增强对正义、法律和社会秩序的敬畏感。通过深入了解社会主义核心价值观和积极向上的思想理念,罪犯可以培养道德修养,追求美好生活和自我价值的实现。

2. 理想信念教育可以帮助罪犯明确自己的人生目标和追求

通过理想信念教育,可以培养罪犯良好的职业道德,可以使他们了解合法劳动的重要性和树立尊重劳动的态度。可以激发罪犯的内在动力和创造力,使他们积极

学习各种知识和技能,引导他们发展自己的才能,提高自身素质。同时,理想信念教育还可以帮助罪犯正确地建立人际关系,培养合作意识和团队精神。这样,罪犯在劳动改造中能够更好地融入社会,为自己的未来打下坚实的基础。

3. 理想信念教育可以帮助罪犯重建自我认同和自尊

通过积极引导罪犯认识到自身的优点和潜力,让他们相信自己可以改过自新、重返社会,从而树立起积极向上的心态。让他们相信自己有能力改变自己的生活,从而有助于提高罪犯的心理素质和抵御重新犯罪的能力。这样,罪犯就可以在劳动改造中更加坚定地走上正途,为他们出狱后更好地融入社会提供思想保障,为他们的未来奠定良好的基础。

总之,重视理想信念教育对于罪犯劳动改造的效果至关重要,对于罪犯的全面成长和重新融入社会至关重要。

四、全面推进依法治国方略在罪犯劳动改造中的落实

党的十八届四中全会对全面依法治国作出了顶层设计和重大部署,明确全面推进依法治国总目标是建设中国特色社会主义法治体系、建设社会主义法治国家;党的十九大提出到2035年基本建成法治国家、法治政府、法治社会;党的二十大强调在法治轨道上全面建设社会主义现代化国家。监狱是我国的刑罚执行机关,罪犯劳动改造是监狱执行刑罚的一项重要工作。罪犯劳动改造工作与全面推进依法治国有着密切的关系,应该从以下几个方面注重落实和讲求效果。

(一)法律规范的约束

依法治国意味着将法律作为治理国家的基本原则。在罪犯劳动改造中,依法治国起了明确规定罪犯行为的界限和准则的作用。法律规定了罪犯必须参与劳动改造,并规定了劳动改造的具体要求和程序。依法治国使罪犯劳动改造工作更具合法性和公正性。

(二)重塑社会秩序意识

依法治国使社会秩序更加健康有序,实现社会公平正义,习近平新时代中国特色社会主义思想倡导建设一个公平正义的社会。通过罪犯劳动改造工作,可以帮助

罪犯重新适应社会规范和价值体系，重新认识并体验社会的公平与正义，树立正确的人生观和价值观，促使他们积极融入社会。这有助于维护社会的稳定，增强社会安全感。

（三）增强罪犯法治意识

全面依法治国，推进社会主义法治化进程。罪犯劳动改造依据法律规定，通过合法手段对其进行改造和教育，使其意识到自身行为的错误，为他们提供改过自新的机会。在罪犯劳动改造工作中通过法律教育和法治宣传，提高罪犯的法治意识，了解法律的约束和法律权益，能够自觉遵守法律，有助于培养罪犯的公民意识和法治观念。

（四）加大社会监督和执法力度

依法治国要求加强对罪犯劳动改造工作的监督和管理，确保工作的合规性和合法性。通过加强执法力度，及时发现和纠正违法行为，保证罪犯劳动改造工作的效果和质量。

（五）推动罪犯社会回归法治化

依法治国要求依照法律规定和程序进行决策、管理和执行，推动罪犯社会回归法治化，在罪犯劳动改造过程中、在罪犯回归社会过程中必须依法依规进行，这需要不断完善和严格执行相关法律，依法规范落实罪犯劳动改造的目标、原则和程序，规范落实罪犯的职业技能教育培训、规范落实罪犯社会回归的支持和帮扶工作。

五、运用好马克思主义的立场观点方法

习近平总书记指出："马克思主义深刻揭示了客观世界特别是人类社会发展的一般规律，在当今时代依然有着强大生命力，依然是指导我们共产党人前进的强大思想武器。""习近平新时代中国特色社会主义思想坚持辩证唯物主义和历史唯物主义，进一步深化了对共产党执政规律、社会主义建设规律、人类社会发展规律的认识，为我们改造主观世界和客观世界提供了锐利武器。要把握好习近平新时代中国特色社会主义思想的世界观和方法论，坚持好、运用好贯穿其中的立场观点方法，更

好领会党的创新理论的精髓要义，使自己的思维方式和精神世界更好适应事业发展需要，使各项工作朝着正确方向、按照客观规律推进。”①在罪犯劳动改造理论和实践工作中，一定要把马克思主义哲学当作看家本领，掌握其基本的立场、观点和方法，自觉地把它作为行动的指南。在罪犯劳动改造工作中坚持和运用马克思主义的立场观点方法，主要注意以下几个方面：

第一，党的领导和思想引领。坚持以党的领导为核心，贯彻执行党的方针政策，使马克思主义立场观点方法在罪犯劳动改造工作中得到有效贯彻。同时，要加强对罪犯的思想引领，引导他们树立正确的世界观、人生观和价值观，从而推动他们的积极向上转变和全面改造。

第二，以人为本和关注整体。马克思主义强调以人为本的原则，即要关心罪犯的个人需要和发展，注重他们的人格塑造和自我实现。同时，也要关注罪犯所处的整体环境和系统，例如监狱制度、劳动改造机制等，以促进罪犯改造和社会融入。

第三，实事求是的态度。在罪犯劳动改造工作中，必须坚持实事求是的原则，即根据具体情况，客观分析罪犯的实际情况和问题，并采取科学有效的方法进行改造。不能盲目套用理论或经验，而应根据罪犯的具体情况进行有针对性的改造和教育。

第四，坚持阶级分析和历史唯物主义。基于马克思主义的阶级分析和历史唯物主义，对罪犯的社会背景和犯罪行为进行深入分析。要认识到罪犯的犯罪行为是社会、经济和文化等多种因素的综合结果，而不是单纯个体责任的问题。

第五，树立系统观念和运用系统科学方法。要从监狱系统整体出发，进行系统性谋划，整体设计，处理好罪犯劳动改造与监狱整体工作和其他改造手段的关系，认清罪犯劳动改造的特点和规律，严格依规办事，系统推进罪犯劳动改造工作科学发展。

第六，实践与理论相结合。马克思主义强调实践的重要性，罪犯劳动改造工作需要将理论与实践相结合。要运用马克思主义的基本原理指导具体的劳动改造工作，并在实践中不断总结经验和教训，进一步完善和增强改造的效果。

总之，在罪犯劳动改造工作中坚持和运用马克思主义的立场观点方法，可以有效地指导和推动罪犯劳动改造工作取得好的效果。

---

① 中共中央宣传部:《习近平新时代中国特色社会主义思想学习纲要》，学习出版社、人民出版社2023年版，第292页。

第三章

罪犯劳动的历史演进

罪犯劳动在人类社会历史上由来已久,并不断演变和发展。了解罪犯劳动产生和发展的历史及其规律,是研究中国社会主义特色的罪犯劳动改造理论和实践的重要历史背景资料,对总结和提炼我国罪犯劳动改造的本质、特征和规律,建设我国的罪犯劳动改造科学理论体系,具有重要的理论意义;对于指导我国的罪犯劳动改造工作、实现罪犯劳动改造在正确道路上科学发展,具有重要的现实意义。

第一节　罪犯劳动的起源和非教育刑主义下的罪犯劳动

一、罪犯劳动的起源

原始社会是人类历史上第一个社会形态,它存在了二三百万年,是截至目前人类历史上最长的一个社会发展阶段。生产力极其低下是原始社会发展缓慢的根本原因。社会生产力的主要标志是使用石器工具。劳动的结合方式主要是简单协作,人们之间的分工主要是按性别、年龄实行的自然分工。单个人的力量无力同自然界抗争,为谋取生活资料必须共同劳动,从而决定了生产资料的共同占有和平均分配。然而,随着社会的发展、文明的进步和氏族之间战争的难以避免,劳动朝着多样化、异化的方向发展,并且逐渐与刑罚、监狱结合起来。

原始社会后期,随着石器向金属工具过渡,生产工具和生产技术得到了极大发展,社会发生了深刻变化。氏族之间为争夺领地和生活资源的冲突不断、战争频发。

人类社会刑的起源与氏族战争有极为密切的关系，中国自古以来就有“兵刑同一”和“刑始于兵”的说法。所谓“兵刑同一”，是说战争与刑罚或刑法是一回事，二者在本质上相同。所谓“刑始于兵”，是说刑罚起源于远古的氏族战争。“刑也者，始于兵终于礼者也。”①上古的氏族战争是一氏族对另一氏族，或一部族对另一部族的战争，是一氏族对另一氏族的杀戮。同样，起源于氏族战争的刑，也是针对异族而非本族的。“大刑用甲兵”“大者陈之原野”，称为“大刑”，“陈之原野”的战争就是针对异族的。根据文献记载，上古时期针对异族的刑主要有死刑和肉刑。

随着五帝时期上古国家形态的形成，我国逐渐建立了以五刑为标志的刑罚制度，产生了中国监狱最早的起源。“象以典刑，流宥五刑，鞭作官刑，扑作教刑，金作赎刑。眚(sheng)灾肆赦，怙终贼刑，钦哉钦哉，唯刑之恤哉。”②这是说画像作为制裁，犯五刑罪的人，从宽处以流放，轻罪处以鞭笞，杖打作为教训，黄金可以赎罪，过失犯罪要赦免，故意犯罪要处罚。随着时间的推移和氏族界限的泯灭，刑罚制度的对象也不再进行本族犯罪者和异族俘虏的区分。

在原始社会后期，对待氏族战争中俘虏的方式取决于生产力的发展水平，起初人们所获取的生活资料不够或者仅够维持自我生存时，对待俘虏的方式只有一种，就是消灭；随着人们所获取的生活资料除了维持自身生存还有剩余，对待俘虏的方式也发生了根本变化，把俘虏变成奴隶，用强制劳动取代肉体消灭方式，人类历史上早期的罪犯(俘虏变成的奴隶和罪犯)劳动就产生了。马克思在《摩尔根〈古代社会〉一书摘要》中说：关于俘虏的处理经过了野蛮时期三个连贯的阶段：野蛮的第一期，俘虏被处以火刑；第二个时期，作为贡献神灵的牺牲；第三个时期，转变为奴隶。同样，危害氏族整体利益——犯罪的氏族内部成员也成为奴隶从事繁重的体力劳动。

二、非教育刑主义下的罪犯劳动

(一)奴隶制社会，报复刑主义下的惩罚性、残酷性、补偿性的囚犯劳动

人类社会形成的第一个国家类型是奴隶制国家，奴隶制国家普遍奉行报复刑主

① 《辽史·刑法志》。
② 《商书·舜典》。

义。报复刑主义下,刑罚是对犯罪人的报复、惩罚,极其野蛮、残酷,刑罚体系中占主导地位的是生命刑和肉体刑。报复刑时期,刑罚体系是由生命刑、肉体刑、耻辱刑、财产刑构成的,其中生命刑、肉体刑、耻辱刑占绝对支配地位,自由刑无足轻重,因为奴隶制社会整体上就是平民、奴隶没有自由的社会,把剥夺或限制自由作为对犯罪人的惩罚意义不大,而奴隶本身就必须从事繁重的体力劳动,所以让没有处以生命刑和肉体刑的、具有罪犯和奴隶双重身份的人从事繁重的体力劳动,就成为统治者必然的选择。这种劳动也充分反映了奴隶制社会罪犯劳动的报复性、惩罚性、剥削性和残忍性。

我国历史上的奴隶制商朝,创建了"苦役惩罚"思想,有了束缚自由的劳役刑的记载。如商纣王不听箕子正谏而把他囚禁为奴,强迫劳动。奴隶傅说"衣褐带索,庸筑于傅岩之城",[①]是说奴隶傅说戴着索之类的刑具参加筑城劳动,以防其逃跑。西周的"圜土之制"和"嘉石之制"对罪犯劳动还有了各种详尽的规定。圜土是周朝时期对监狱的一种称谓,具有拘禁教化和苦役惩罚两种功能。《周礼》载:"以圜土聚教罢民,凡害人者,置之圜土而施职事焉,以明刑耻之,其能改过,反于中国,不齿三年,其不能改而出圜土者,杀。"[②]"施职事"就是在监狱内强制服劳役,如果能够改过,释放以后可以往来于国中。"圜土之制"体现了西周时期"幽闭思愆,苦役惩罚"的刑罚思想,虽然不失奴隶制监狱的野蛮、报复和对人格尊严的践踏,但其所包含的教化思想比夏商时期的残害肉体、斩尽杀绝的刑罚制度无疑是一个巨大的进步,其创制的劳役制度开启了苦役惩治囚犯的先河。西周时期肉刑犯必须参加劳动。《周礼·秋官·掌戮》记载:"墨者使守门,劓(yì)者使守关,宫者使守内,刖者使守囿,髡[kūn,与毛发有关,兀(wù)声。本义:古代一种剃去头发的刑罚]者使守积(聚积物)。"[③]意思是说,处以墨刑者把守城门,处以劓刑者去戍守边关,处以宫刑者到王宫内服务,处以刖刑者去看守王的禁苑,处以髡刑者去看守粮草仓库。春秋时期,战争频繁、社会动荡,各国诸侯急需兵源与劳动力,众多囚犯便成为劳动力的主要来源。战国时期把刑徒同奴隶一样对待,让刑徒从事各种艰苦繁重的体力劳动,如修城、筑路,甚至一些"辱事"的低贱劳动。如清扫厕所之类的劳动,除了苦辱劳动,刑

① 《墨子·尚贤下》。

② 《周礼·秋官·大司寇》。

③ 转引自薛梅卿主编:《中国监狱史》,群众出版社 1986 年版,第 15 页。

徒还要受到髡钳黥劓等残酷刑罚。无论是在服刑期间还是被释放之后,他们的身份都是很低贱的。奴隶制社会,一般情况囚犯劳动直接由官方甚至军队组织管理,囚犯劳动产品也直接由官方或者军队直接控制并且消费,有些情况下则交给被害人作为补偿。

奴隶制社会的囚犯劳动都是无偿的、带有惩罚性的,奴隶主阶级的本质决定了其是一种报复主义的刑罚观和苦辱主义、奴役主义的劳动观合而为一的劳役制,是极其残酷、野蛮的,这也是世界范围内奴隶制建立时期的共同特征。西周时期的“圜土之制”带有一定的仁政感化色彩,但也是统治阶级统治术的高级化而已。况且从“五刑不入圜土”可知,真正危害统治阶级利益的重罪是连形式上的仁政和感化都没有的。西周对罪犯行刑的“圜土之制”较西欧惩治监的出现早 2650 年,这是中国文明史上的重要证据,对后世中外监狱学的研究都有着不可低估的借鉴意义。

(二)封建社会,威慑刑主义下惩罚性、折磨性的囚犯劳动

人类进入阶级社会发展进程中的第二个国家类型是封建制国家,封建制国家普遍奉行威慑刑主义。威慑刑主义下,刑罚是对犯罪人惩罚、威慑,极其野蛮残酷,刑罚体系中占主导地位的是生命刑、肉体刑、自由刑。

1. 我国封建制罪犯劳动指导思想的演进

我国战国时期基本完成了由奴隶制向封建制的过渡,封建制经历了秦汉三国两晋南北朝时期的发展,隋唐宋辽金元的完善,明清时期的衰落。我国封建制社会逐渐形成了笞(chī,用鞭杖或竹板打)、杖、徒、流、死的封建五刑,沿用至清朝。封建制的罪犯劳动也呈现了演变和持续发展的特色。

秦朝自商鞅变法后,推崇法家思想,在指导罪犯劳动中也明显地贯彻了重刑主义的理念。由于连坐、族诛两种“以有罪诛及无罪”重刑的实行,参加劳动的罪犯超过百万,万里长城的修建就是典型的事例。汉朝是我国儒家思想定于一尊的时代,鉴于“天下苦秦酷法久矣”,提出了“德主刑辅”“宽缓刑狱”的法律思想,公布废止了残害肢体的肉刑,改为“身体刑”,使罪犯劳动大规模增加。唐朝是我国封建制的完备时期,各种典章制度也得到相当高程度的发展。唐太宗延续了儒家的“仁政”思想,并借鉴了法家思想的合理部分,形成了“人本、刑末”的治狱理念,即德法并用、寓理于法,因此对罪犯劳动更是以体现这种“德”的精神为指导核心。但唐朝对罪

犯劳动的管理也与其政治历程相关联,存在另一种指导理念,即武则天的治狱思想,也就是"以威治天下"的观念,反映在罪犯劳动方面即以强制性劳动及随意性处置为原则。宋朝经历了五代的战乱,自身进程中也战火不断,因此其罪犯劳动与军事密切联系,带有军事化的意味。元朝作为我国历史上第一个少数民族贵族占统治地位的统一的多民族国家,对罪犯劳动的指导体现出强烈的民族优越感和狭隘的民族偏见。清朝前中期是统治阶级法治思想经长期发展后的完善时期,表现在对罪犯劳动的指导思想上以康熙为代表的严格治理狱吏、宽仁对待狱囚的制度。

2. 我国封建制罪犯劳动的组织

我国封建制罪犯劳动的组织源于刑徒制。在封建社会的发展过程中,新兴地主阶级认识到,既使犯罪者受到惩罚,又使其保持完整的身体能力,比单纯地施以肉刑更为有利,而且能为社会尽力。因此封建社会刑罚的执行,就以让囚犯在监管下劳动为主,这样一来劳役为主的徒刑、流刑占据了刑罚执行的主导地位。刑徒制是西周"圜土制"、秦朝"刑徒制"发展演变的结果,是既禁其人,又役其身,拘禁和劳役相结合的刑罚制度。刑徒制的兴起,是刑罚执行制度发展的反映,是人类社会文明进步的表现,对统治阶级的利益也有益,是封建制生产关系的要求。民国时期监狱学者孙雄在其所著的《监狱学》中概括了这种进步:"有犯罪之人,即从而杀戮之,或有不当杀戮者,亦必截手刖足,使成废人,不销顾恤,然杀戮有罪,究于国家社会,有何利益乎? 况截手刖足,使成废人,不惟无益,且坐耗衣食,于社会经济,更为有损,国家又何出此手段乎? 由斯言之,与其杀戮废弃有用之人,减少其生产能力,以竭经济之源,曷著不杀戮,不废弃,而剥夺其自由,使服国家劳役,以生易死,以劳偿罪,在人民可受宽刑之福,在国家亦可收劳役之利。"

春秋、战国时期兴起的刑徒制,到了秦朝已有了很大的发展,并形成了较为完整的管理制度,为以后的朝代所沿用。刑徒制罪犯劳动的方式多是修城筑路、土木工程、冶铜冶铁等冶炼工程,且刑徒制是带"钳钛(中国古代铁制刑具)"劳动,受司空管理和监督。秦朝罪犯劳动规模空前发展,北筑长城 40 万人,南戍五岭 50 万人,造阿房宫和骊山墓各 70 余万人,加上在官营手工业作坊、各地官府服各种杂役者,服劳役的人数在 300 万人左右。在这 300 万人当中,绝大多数是因犯罪而被判服劳役的刑徒,使本来要由农民承担的劳作改由刑徒这种无偿劳动力来承担。

汉朝因其罪犯劳动指导思想的转化而成为罪犯劳动趋于完善的一朝,体现了劳动内容的扩大化，劳动保护的产生，组织管理的制度化，且录囚、悯囚制度在罪犯中普遍实现，罪犯劳动出现了某种意义上的积极性。汉朝吸取秦朝速亡的历史教训，为加强和巩固中央集权君主专制的统治，提出了“德主刑辅”“宽缓刑狱”的法律思想，初步废除残人肢体的肉刑，发展了劳役监，刑徒有服刑、生产、戍边三重任务。

唐朝，罪犯劳动组织更加严密。徒刑和流刑是唐朝五刑中的重要刑种。就徒刑而言，建立了比较完备的徒刑制。唐朝的徒刑以三年为限，分为五等：徒一年、徒一年半、徒二年、徒二年半、徒三年等。据唐《狱官令》言：犯徒应配居作。居作就是强制劳动，居作时间与徒刑期限是相等的。就流刑而言，流刑作为仅次于死刑的严厉刑罚，不但要流放于荒原远僻之处，使罪犯遭受流离之苦，而且均加居作，即都要强制劳动。关于居作的年限，徒刑与刑期一样，流刑则有所不同。流刑分为三等，即流放二千里、二千五百里、三千里，均居作一年。囚徒劳动时要戴上钳或木枷等戒具，担负着沉重的劳动，已经出现了具体的劳动保护规定，如旬给假一日，但不准离开役所，有病可卸去戒具，得到治疗，但病愈后仍要补上因病所耽误的劳役时间。也对违反劳动组织规定给予严厉的惩罚：劳役期间逃亡的，一日笞四十，三日加一……劳役余日不满半年，不计逃日，而依逃之人数量刑。同时，唐朝也对管理罪犯的官吏设立了严格的管理制度，规定了“应禁而不禁，应役而不役”等具体条款。

宋朝罪犯劳动最有特色的是其刺配刑罚中的军事性组织方式，宋朝罪犯劳动直接由军事官吏管理，包括囚粮的配给等。所谓囚犯配地的本城和牢城，实际上是各州地方上的杂役厢军的一部分，即厢军中的一种兵营。

明清时期的罪犯劳动更加普遍。明朝在五刑之外增加了充军之刑，实际上是一种重刑苦役。这种罪犯劳动分为终身（犯人终身劳役）和永远（本人死后由子孙亲属接替）两种。明朝时期罪犯劳动普遍性还体现在另一更新，即参加劳动的对象不仅限于徒刑犯，而允许杂犯死罪及笞杖以劳役抵刑，为清朝向自由刑转变奠定了基础。清前中期罪犯劳动一如明朝，有一点不同的是清朝罪犯劳动的优礼满族制度，体现了清朝罪犯劳动具有阶级、民族双重压迫的本质。

3. 我国封建制罪犯劳动的意义

综观中国整个封建社会囚犯劳动，可以看出，一方面，统治阶级一直把劳动作为卑贱和低下的一种活动，因而统治阶级把劳动作为对罪犯进行惩罚、折磨的一种手段，从而达到巩固统治秩序的根本目的，是封建制度生产关系的重要体现。另一方面,随着政治、文化和法律制度的不断发展,以及社会文明的不断进步,统治阶级又认识到“杀之不如役之”,便通过强制苦役无偿劳动,为封建统治阶级创造大量经济价值和社会财富,也实现了对刑罚制度、罪犯劳动制度的促进和发展。我国封建制罪犯劳动的意义可概括为:(1)劳役和教化等罪犯劳动指导思想的提出,是中国监狱发展史上的进步,也是日后资产阶级监狱改良的前兆和准备。(2)参加劳动的罪犯人数增多,创造了巨大的社会财富,从某种意义上说推动了封建制的发展。(3)罪犯劳动的组织也因人数越多而更加系统化、制度化,由此开创了严密的居作制度、劳动保护制度、狱吏养成制度等,为后世罪犯劳动组织汲取丰富经验准备了源泉。

尽管封建社会罪犯劳动有诸多意义,但封建制罪犯劳动无论如何仍体现了统治阶级的刑以弼教及感化主义的思想,其实质仍是统治阶级为维护统治的一种花样手段,罪犯劳动受剥削、威慑的历史地位没变,因而封建制罪犯劳动仍是揭露封建社会阶级实质的重要素材。

4. 外国封建制惩罚性、折磨性的囚犯劳动

从国外来看,早在13世纪,英国政府就使用可想象的各种野蛮刑罚方法来应对贫民实施的犯罪,监狱里很少实施劳动计划。然而,从16世纪中期到后期,英国建起了贫民习艺所,开始将苦力劳动作为监禁囚犯的一种形式。随着生产力的发展和资产阶级启蒙思想的传播,西方一些法学家在抨击旧刑罚思想及行刑制度的同时,倡导人道主义、天赋人权主义,反对生命刑和肉体刑,主张罪刑法定、罪刑相适应,主张对犯罪人施以限制其自由的监禁。这些主张在许多国家的刑事法典中得到了体现,这样,以限制人身自由为目标的自由刑占主导地位的刑罚体系出现了。这一时期的自由刑分为惩役刑和禁锢刑两种,囚犯也相应地分为惩役犯和禁锢犯。禁锢犯只是单纯关押,只有惩役犯才进行劳动。而这种劳动经常是一种无社会效益和经济效益的无效劳动,目的就是惩罚罪犯。英国议会1791年颁布的国家《教养法》规定,劳动是惩罚犯人的一种手段。在教养所中,无论是男性或女性、年老体弱或身体强壮,都必须以自己体力所能及的最大限度,从事最艰苦、最具有奴役性的非生产劳动,如反复蹬踩转轮、推转磨盘、滚动石块、垒推墙壁等。

法国、德国及欧洲的许多国家在这一时期,也都有这种成文或不成文的规定。这一时期的罪犯劳动,以其艰苦性和奴役性使囚犯感受到劳动的威慑作用。同时,这一时期被判处惩役刑的罪犯在狱中的绝大部分时间是从事这种基本不创造经济

价值的劳动,也使苦役劳动成为对这类犯人刑罚的核心内容。

在美国,监狱的架构和起始功能,是一批具有改革思想的法学家们努力贡献的结果,如威廉·佩恩、切希尔、贝卡利亚、约翰·霍华德、查尔斯·孟德斯鸠和弗兰科伊斯等。当美国脱离英国获得独立的时候,宾夕法尼亚州教友派信徒建起了行刑机关,如1790年的沃尔纳特街看守所,该行刑机关的劳动计划以苦力劳动为核心,本质上,死刑让位给了苦力劳动方式。

5. 封建制威慑刑主义下我国罪犯劳动与外国罪犯劳动的异同

威慑刑主义下我国历史上的罪犯劳动与外国历史上的罪犯劳动,既有共同点也有区别之处,共同点在于都把劳动作为对罪犯进行惩罚、折磨、威慑的一种手段,从而达到巩固统治秩序的根本目的;区别在于我国历史上的各个朝代都比较重视利用和发挥罪犯劳动力资源的作用,由官府的相关衙门或者军队组织管理,囚犯劳动产品直接收归国有,官府的相关衙门或者军队直接控制并且消费,也不存在产品进入市场的问题。而在西方的封建国家里,普遍不重视利用和开发罪犯劳动力资源,罪犯劳动基本属于不创造经济价值的无效劳动,刑罚只是一味地追求威慑效能。

第二节 教育刑主义下的罪犯劳动

一、教育刑主义下第一阶段的罪犯劳动

(一)外国以矫正教育为目的的罪犯劳动的兴起

随着时代的发展,人类对刑罚的认识逐渐由经验过渡到了理性,对生命刑肉体刑的负面作用有了较为深刻的认识。把刑罚建立在人性基础之上,倡导刑罚观念的变革,从刑罚的惩罚性过渡到刑罚的矫正性,通过各种矫正措施,使罪犯不再犯罪;刑罚科学研究也突破了原有的狭窄视角,提出刑罚不再是对犯罪的机械式的法律规定,而是抗制犯罪,尤其是矫正罪犯的一种手段。以此为指导思想进行刑罚立法,自由刑居于刑罚体系的主导地位,并构成教育刑的基本框架。矫正和教育开始成为自由刑、教育刑主义下的主导思想。

从16世纪零星出现到20世纪50年代,教育刑主义逐渐在世界范围内被采用,

是教育刑主义下罪犯劳动的第一个阶段。教育刑主义指导监狱把罪犯劳动视为矫正教育罪犯的基本手段之一，并辅之以文化教育、职业培训、宗教教会等一系列矫正活动。西方国家自由刑的起源是1595年在荷兰阿姆特丹设立的第一个收容男犯的劳役场，以及第二年设立的女监，以纺织为生，兼作织布、缝纫。这在西方刑罚执行史上被认为是新辟了一代新风，是"以劳动疗法使犯人回归社会"的第一批现代监狱，是"首先实现现代自由刑思想"的先驱。但是这种现代自由刑思想的真正实现并非一帆风顺，而是经历了一个漫长曲折的历史过程，所谓的现代监狱其实经历了近300年的历史过渡才真正走上了教育刑的道路。

1. 劳役刑的漫长过渡

当时的自由刑主要包括苦役刑、监禁型和劳役刑。苦役刑又分为流放刑、修建城堡刑、舰船摇橹刑和推车运输刑。其实是将社会上最苦、最累、风险最大的事分配给罪犯去做，绝大多数罪犯由于劳累过度而死亡。美国在独立前，一直沿用英国的法律，即使建于1773年的康涅狄格监狱，罪犯在劳动的时候都用铁链锁起来，头上戴着铁项圈。古代日本的律令中规定刑罚的种类和徒刑，实际上也是劳役刑。在带刑具的情况下，从事修路架桥，女犯则从事裁缝舂米课。在驱逐刑中，犯人被送到偏远的乡村收容所开垦荒地。法国近代意义上的自由刑规定在1810年《法国刑法典》中，处徒刑的罪犯被送到沿海的船上服苦役。而惩役也是5年至20年不等的苦役。总之，在近代以前的外国监狱制度中，虽然有的也提出了对罪犯通过劳动加以矫正教育的积极主张，甚至在法国实行了工资制，但从总体上看，罪犯劳动是劳役性质的。

2. 以追求经济利益为目的的罪犯劳动的发展

以营利为目的的罪犯劳动，其中不乏对罪犯矫正进行评价的思想，但其主要价值倾向是追求罪犯劳动的营利性。英国近代监狱史上，在对罪犯实行苦役制时，开始注意到罪犯劳动应该是创造价值的劳动，必须为社会创造财富。早在1868年，英国贝德福德监狱的罪犯劳动利润达到600磅，比1864年增加250磅。这时的罪犯劳动除"第一等级"苦役外，其他完全是赚钱的劳动。至19世纪末，美国的监狱深受欧洲影响，罪犯劳动也获得了较好的经济效益。纽约新门监狱从1797年建成后的5年里，所有的开支都是用罪犯劳动的收入支付的。此后的奥本制，罪犯集中劳动也带来了较多的物质财富。囚犯出租制是19世纪初兴起的一种把囚犯出借到狱外做工的制度,监狱为此获得一笔租金。1828—1833 年,奥本监狱获得收入 25 万美元。因此,19 世纪监狱管理者最关心的是监狱安全和经济效益,各州政府注重利润,缺少罪犯矫正计划。20 世纪初,美国监狱的罪犯还生产了大量的军事物品。此外,还建立了许多监狱农场,包括犁地、除草等劳动。第二次世界大战期间,监狱又变成了军工生产车间,给监狱当局带来了巨额利润。此后,美国监狱工业持续发展。美国联邦监狱工业公司 1935—1970 年共创收 8.96 亿美元,1983 年销售额达 15.3 亿美元。从 1984 年开始,美国出现监狱私营化趋势。私营化监狱的营利目的更为直接。德国近代监狱也把追求利润摆在重要的位置,监狱与私人厂商签订合同,监狱与厂商高度一致的目标是用丰富而又廉价的罪犯劳动力获得高额利润。

3. 以矫正教育为宗旨的罪犯劳动的兴起

英国是老牌的资本主义国家,资产阶级革命胜利后,18 世纪下半叶后期,英国的学者主张通过劳动对囚犯进行矫正和教育,使他们养成劳动习惯。西方国家近代监狱历史中,19 世纪中期有了把罪犯劳动作为矫正教育手段的最早萌芽。如首创于澳大利亚的累进制,将罪犯劳动情况作为考察矫正表现的内容。19 世纪末 20 世纪初,西方资本主义国家发展到垄断阶段,犯罪率急剧增加。为此,刑事社会学派兴起,并引起了行刑目的向罪犯重返社会转变,罪犯处遇个别化、社会化趋向明显。从此开始,更加强调罪犯劳动的矫正作用,并通过劳动,掌握必要的技术,为重返社会准备条件。劳动与教育成为普遍采用的矫正罪犯恶习、使之重返社会的两项重要措施。

19 世纪,英国将劳动在矫正罪犯中的作用与宗教、监管并列。边沁①主张应把囚犯组织起来劳动,以达到矫正罪犯、预防犯罪的目的。同时,也要限制罪犯劳动,劳动的时间不宜过长,强度不宜过大,以免危害囚犯的健康和生命。英国现代监狱,把成年罪犯必须参加有关劳动作为重返社会的手段。罪犯劳动的情况与累进制的升级和减刑挂钩。监狱劳动包括了工业性、农业性劳动、手工、杂务、监外劳动及全日制劳动。同时,监狱对罪犯的劳动有严格的要求,如未经国务大臣的批准,罪犯不得为其他犯人或监狱官员干活,不得为任何人的私利服务。

以矫正教育为宗旨的罪犯劳动的兴起,使人们对罪犯劳动过度追求利润越来越

---

① 杰里米·边沁(1748 年 2 月 15 日—1832 年 6 月 6 日),英国法理学家、哲学家、经济学家和社会改革者。

质疑。美国的罪犯劳动曾一度繁荣,1935 年达到最高。20 世纪初,监狱劳动受到了劳工组织的强烈反对。为此,美国国会通过了控制和限制监狱生产的法律。到 1940 年,美国 33 个州通过法律禁止监狱产品在市场销售,生产价值从 1923 年到 1940 年也降低了 33% 。加之矫正领域中"医学模式"的兴起,罪犯生产出现衰退,一度只有 10% ~20% 的罪犯参加劳动。

日本明治五年《监狱规则》称罪犯劳动为"勉励营生之业"。规定让轻刑罪犯掌握"工业技术",职业技能会成为有效的社会复归能力、环境适应能力。监狱的罪犯劳动指导思想更明显地指向为罪犯更生改善和重返社会的一种处遇措施,主要有产业劳动、职业培训及个体经营的劳动。1984 年 3 月,自愿劳动的监禁罪犯占比为 84.6% 。还允许罪犯在一定条件下,利用业余时间做收入归己的劳动。

(二)我国半殖民地半封建社会罪犯劳动矫正职能的产生

从 1840 年鸦片战争开始,中国进入了半殖民地半封建社会,给中国带来了早期资产阶级思想家,法学家,适应统治阶级需要的中学为体、西学为用的政治法律观占据了清末政府监狱改良的统治地位,由此提出的自由刑的行刑目的论,即自由刑行刑的宗旨,非苦人辱人,而是感化人,成为指导清末罪犯劳动的核心思想。资产阶级革命胜利后,为了适应政治经济文化的需要,清末监狱改良的思想被推向高潮,罪犯劳动得到了强化,提出了罪犯劳动的教育论,罪犯劳动应以强调犯人教育、矫正,注重行刑合理化为核心指导。

拟就于 1910 年的《大清监狱律草案》是中国历史上第一部监狱法典草案,也是中国近代改良监狱的第一张蓝图。该草案提出了教育刑思想和赋予罪犯劳动矫正的职能,规定了详细的罪犯作业制度。其虽没有被清朝政府颁布实施,却为以后的北洋政府、国民党政府颁布的有关法律法规所沿用,自由刑的执行以劳动或称作业制度为内容之一,作业收入均归国库,监狱作业既可以教育罪犯,也可以为国家财政创造收入,解决监狱经费的来源。

半殖民地半封建社会的罪犯劳动在观念上比封建社会有重大历史进步,注重自由刑的执行,赋予劳动矫正的职能。但是资产阶级在举起人道主义、经济主义两面大旗,猛烈抨击封建狱制的残酷和人力资源浪费的同时,实质仍将强迫劳动作为惩役、苦辱罪犯的主要手段,所谓"矫正""教化"往往名不副实。这也是资产阶级三百年来“狱制改良”屡改屡败的根源之一,也表明了资产阶级是不能挽救中国狱制、使之走向光明和进步的。

二、教育刑主义下第二阶段的罪犯劳动

(一)监狱改良运动和行刑理论体系的探讨和重建

教育刑主义第二个阶段是从20世纪50年代至今。世界范围内的监狱改良运动中,各国普遍确立了监狱行刑教育的理论,并付诸实践,认为以此就可收到预防犯罪的最佳效果。然而,实际上累犯率不但没有下降,反而成倍增长。严酷的现实说明犯罪原因不仅有犯罪人的主观因素,还有社会客观原因,从而使人们认识到教育刑或者只有监狱的力量去预防犯罪是不够的,人们力图重建行刑理论体系,综合刑理论应运而生。综合刑理论即社会与监狱行刑教育综合论,又称作一体论、折中理论,是在教育刑范畴内提出的,吸收了历史上的刑罚理论与实践的合理因素,有意识地对刑罚理论研究的走向给予行政干预,主张在刑罚剥夺、威慑、教育功能的基础上把行刑矫正罪犯与社会参与结合起来。正如德国刑事社会学派的代表人物李斯特所说的“最好的社会政策,也就是最好的刑事政策”。因此,20世纪进入了监狱行刑矫正罪犯与社会参与的时代,监狱的开放式处遇、开放式监狱、社区矫正等取代了监狱行刑矫正罪犯的单一教育手段。一方面,基于已然的犯罪,通过根据罪犯所犯罪恶对犯人执行刑罚,并求得社会合作,使罪犯重返社会而不再犯罪;另一方面,也指向预防犯罪,通过刑罚执行,威慑潜在的犯罪人而预防犯罪。这一时期,国家要求收敛组织罪犯劳动的谋利目的,要着重于发挥组织罪犯劳动的矫治教育功能。

(二)教育刑主义对罪犯劳动性质、目的的认定

目的刑或教育刑思想成为占统治地位的行刑思想后,资产阶级刑罚学家对监狱犯人劳动问题进行了有益的探讨,认为现在的刑罚是教育刑,行刑的宗旨在于教育矫正罪犯,应注意行刑的人道化、合理化、教育化。资产阶级刑罚学家的探讨形成了对罪犯劳动的一个共识:监狱罪犯劳动是教育罪犯的基本手段之一,罪犯劳动是教育刑的本质要求。罪犯劳动可以培养犯人的劳动技能,职业技术,强化罪犯自食其力的观念,为其释放后谋生提供一技之长。监狱里犯人劳动是其最好的活动形式,不劳动则无事生非,导致道德的堕落、生理的衰弱和监狱秩序的败坏。

1955 年联合国预防犯罪和罪犯待遇大会在《囚犯待遇最低限度标准规则》《监狱劳动》等文件中规定“监狱的犯人劳动，不得具折磨性质，不应被视为附加刑罚，而是一种有利于恢复囚犯适应能力、为其从事某种职业做准备、培育他们良好的劳动习惯、防止游手好闲和放荡不羁的措施”①。

在联合国的大力倡导下，各国纷纷以立法的形式对罪犯劳动的性质、目的、组织方式等进行了详细的规定。例如，阿根廷 1958 年《监所法》规定：“监所的犯人劳动是一种处遇，而不是附加的惩罚。”②意大利 1977 年《监狱法》及《监狱法执行细则》规定：“监狱的犯人劳动不具有惩罚性并支付报酬，犯人劳动的组织和方式应采取自由社会的劳动组织和方式，使劳动者能够得到适合正规劳动条件的职业训练，以帮助他们掌握重返社会所需要的谋生技能。”③英国《监狱法规》规定：“犯人得从事身体力行的劳动，但目的不是惩罚。”④日本《监狱法执行规则》也把劳动作为囚犯日常生活中的一项重要内容加以规定。美国《模范刑法典》规定：“为有助于养成劳动习惯和责任感，应尽可能使受刑人从事积极多样的生产劳动。”⑤1982 年波兰《刑事执行法》规定：“劳动是使被判刑人形成社会所希望的行为、养成从事社会公益劳动的习惯、从而阻止其重新犯罪的改造手段之一，旨在使其养成劳动习惯、学会专业技能、为获释后开始正当生活做准备，同时也为了保持和发展其体力和智力。”⑥西班牙《监狱组织法》的规定最有特色：“劳动是犯人的权利和责任，是改造犯人的根本手段，劳动不得作为折磨和惩罚犯人的手段，不得作为侵犯犯人人格的手段，而应使犯人养成和保持犯人的人格。”⑦

（三）罪犯劳动制度的完善和发展

1955 年联合国预防犯罪和罪犯待遇大会在《囚犯待遇最低限度标准规则》《监狱劳动》《关于监狱劳动的建议》等文件中对罪犯劳动制度规定了以下内容。

---

① 中华人民共和国司法部：《外国监狱法规汇编》（一），法律出版社 1988 年版，第 41 页。
② 中华人民共和国司法部：《外国监狱法规条文分解》（下），法律出版社 1988 年版，第 368 页。
③ 中华人民共和国司法部：《外国监狱法规条文分解》（下），法律出版社 1988 年版，第 337 页。
④ 中华人民共和国司法部：《外国监狱法规汇编》（二），法律出版社 1988 年版，第 130 页。
⑤ 中华人民共和国司法部：《外国监狱法规汇编》（二），法律出版社 1988 年版，第 11 页。
⑥ 中华人民共和国司法部：《外国监狱法规条文分解》（下），法律出版社 1988 年版，第 321 页。
⑦ 中华人民共和国司法部：《外国监狱法规条文分解》（下），法律出版社 1988 年版，第 378－379 页。

1. 罪犯劳动的义务

凡服刑囚犯都必须参加劳动,但要以医生开具的体质和神经状况证明为度;对于不能依法强迫参加劳动的,组织应当允许和鼓励他们从事劳动;在符合正当选择职业方式和监所管理及纪律要求限度内,囚犯可选择愿意从事的工作种类。

2. 罪犯劳动的组织

罪犯劳动应在提高对劳动的安全和兴趣的条件下或环境中进行;监所内工作组织与方法尽量接近监所外类似工作的组织和方法,使囚犯对正常职业生活状况有所准备;在罪犯劳动安排上,应特别注意那些能够有效地接受职业培训的囚犯,尤其是青年罪犯进行职业培训。

3. 罪犯劳动的公平报酬制度

应对罪犯劳动支付报酬,罪犯劳动报酬应合理使用。囚犯可以花费部分收入,购买核定的物品,以供日用,并将部分收入交付家用;监狱应扣除部分收入,设立一项储蓄基金,在囚犯出狱时交给囚犯。

4. 罪犯劳动方式的探讨

应考虑建立或者在已经存在的情况下,发展选择一种制度:允许经过挑选的囚犯,尤其是判处长期监禁的囚犯,在出狱前几个月,每天离所去私人雇主或公共企业工作,最好是从事其在判刑前已经掌握或是在监禁期间学会的职业。

在此会议精神影响下,西方资本主义国家纷纷建立了罪犯劳动制度。

英国。无偿劳动作为一种刑罚是监禁刑的替代形式。1972 年的《刑事审判法》规定,无偿劳动的对象是 17 岁以下应判处监禁的犯人。罪犯劳动的组织方法是:罪犯在有关人员的监督下,12 个月内应完成 40 小时到 240 小时不等的无偿劳动,时间长短依罪犯所犯罪行轻重而定。如果犯人违反规定,可处以罚金或延长劳动时间,也可改判监禁。英国监狱法还规定为了执行刑罚并且帮助犯人重返社会,凡成人犯人都必须参加劳动。劳动时间每天不超过 10 小时。劳动的情况以分数的形式记载,以便在实行累进制中升级和减刑。英国的罪犯劳动分为工业性劳动、农业性劳动、手工劳动、杂务劳动、监外劳动和全日制教育(包括职业训练)。

法国。按照刑事诉讼法规定,只对判罪的犯人实行强制劳动。但是,逐步地临时在押被告也要求享受劳动权利。罪犯劳动分为两种制度:一种是由政府直接管理,犯人直接受政府机关雇用;另一种是特许制度,由某私人雇主为某个监狱的在押人犯提供工作。这种劳动报酬一般比政府高,但总体收入甚微。未决犯的工资30%应上交国家,已决犯人工资50%上交国家。至于给犯人留下的部分还被分为三部分:犯人可以自由使用的劳役金,作为司法费用和受害人赔偿金的保证劳役金,以及留作释放后使用所储蓄的劳役金。

美国。罪犯劳动制度种类较多。19世纪末20世纪初较为普遍的是合同制,即国家按合同将罪犯交给私人雇用,罪犯的衣、食、住等由雇佣者负责,强迫罪犯从事繁重的劳动。合同制后来逐渐被租用制代替,即出租被监禁者,国家负责监禁罪犯,提供衣食住,租用者提供给国家租金,犯人使用租用者的生产工具为其劳动。这也是一种野蛮残酷的劳动组织形式。经济核算制也是美国通常使用的一种制度。全部罪犯劳动由国家按经济核算制进行,在20世纪初相当盛行。计件劳动制,企业以劳动报酬获取监禁者的劳动,以提供一切生产资料换回成品。国家使用制度,即被监禁者的产品只在国家机关中使用。公用事业使用制度,被监禁者被使用于修筑道路或其他公共建设工程。

德国。罪犯劳动一般是廉价的和非生产性的,劳动的内容多半是简单操作的、流水作业式的、半机械化式非生产性和单调的体力劳动。

日本。日本罪犯劳动是为求得犯人更生改善和重返社会的一种处遇措施。按性质和目的,犯人劳动可分为产业劳动、职业培训以及个体经营劳动。工种有木工、印刷、制革、裁缝、金属机械加工等20多种。监外劳动分监外住宿的“外宿劳动”和在监内住宿的“通勤劳动”。罪犯劳动条件规定:每周工作14小时,周日休息,劳动中有休息时间。关于劳动环境、安全、卫生问题,均执行劳动法和劳动保护法规定精神。犯人劳动收入全归国库,但对从事劳动的犯人发给奖金。另外,还允许犯人在一定条件下,利用业余时间做收入归己的劳动。

当代资本主义国家企图以组织罪犯劳动来解决罪犯无所事事的问题及出狱后的职业问题,然而从一开始,资本主义社会制度就决定了这种罪犯劳动极其有限的范围和作用。资本主义国家的监狱仍然面临人满为患、监狱经费庞大、狱内犯罪严重等问题。

(四)现代教育刑主义下罪犯劳动的生产经营

随着世界范围的市场经济的发展与困扰,各国政策与法律对罪犯劳动的限制,许多国家监狱的生产经营都面临着市场受限、技术缺乏、设备落后、资金不足、罪犯劳动力过剩的局面。政府和监狱当局不得不总结经验教训,改变监狱生产经营战略。其中,美国监狱的生产经营战略尤为突出:生产经营多样化、尽量减少与社会行业的竞争;监狱生产经营有独特的经营目的,要为监狱实现犯人复归社会的使命服务、供给监狱犯人的消费、维护社会的安全、资助将要释放的罪犯,完成生产任务,提高经济效益以减少或弥补政府对监狱经营费的开支;监狱生产经营制定长、中、短期计划目标,充分考虑个人的技术专长,尽可能发挥犯人劳动力的作用,以实现经营目的。从国外监狱组织罪犯劳动生产经营的情况来看,监狱生产经营可大致分为狱内生产经营制和狱外生产经营制。

1. 狱内生产经营制

狱内生产经营制主要有三种形式。第一种是行政式,对监狱当局开办、设在监狱内的劳动生产单位的劳动生产进行组织经营,如意大利、日本、德国、阿尔及利亚、美国、英国、俄罗斯等国;第二种是合作式,对社会设在狱内的车间的劳动生产进行组织经营,如德国、土耳其等国;第三种是混合式,这是前两种形式的混合形式,对囚犯给监狱当局或给社会企业公司提供劳务进行组织经营。在狱内生产经营的经济问题上,1955 年联合国《囚犯待遇最低限度标准规则》指出:"对于囚犯及其在职业培训方面享有的益处,不得单从通过监狱劳动营利的角度来考虑。国家有责任使每个囚犯都有充分的适当的工作可做。最好通过国家的安排,在官方规定的市场上推销监狱劳动的产品。如有正当理由,亦可通过私营企业推销产品,但必须谨慎行事,勿使这种制度导致剥削犯人的劳动。同时要保护私营企业和自由劳动者的利益。"①这对世界各国监狱的生产经营以及制定相应的规定起了指引示范作用。美国《监狱与犯人》规定,由联邦政府及州政府机关购买监狱犯人的劳动产品,并实行专卖制度。② 意大利《监狱法》规定,监狱犯人的劳动产品按顺序满足监狱系统、其他国家行政机关、公共或私人组织的订货需要,在订货不足的情况下可自由销售,也可通过公共企业销售。③ 西班牙《监狱组织法》规定:"安排罪犯劳动,不得从经济利

---

① 中华人民共和国司法部:《外国监狱法规汇编》(一),法律出版社 1988 年版,第 41 页。

② 中华人民共和国司法部编:《外国监狱法规条文分解》(下),法律出版社 1988 年版,第 328 页。

③ 中华人民共和国司法部编:《外国监狱法规条文分解》(下),法律出版社 1988 年版,第 339 页。

益上考虑,劳动应与改造罪犯的目的相符。”①

2. 狱外生产经营制

狱外生产经营制主要有五种形式。第一种为合作式,监狱与当地劳工、商、农、手工业管理机构取得联系并征得同意,可与公共企业进行合作,如意大利、德国、阿根廷和西班牙等国,其特色在于产品由公共企业负责销售。第二种为行政式,监狱领导机构在农业、水产、建筑等行业内设立劳动单位,给囚犯提供劳动机会,如土耳其等国,其特色在于监狱只负责按计划完成任务。第三种为雇佣式,雇主企业与监狱建立雇佣法律关系,雇用囚犯劳动,其特色在于监狱只负责提供罪犯劳动力。第四种为自谋式,监狱允许囚犯到狱外自谋职业,如德国、美国等国,其特色在于监狱毫无生产经营的压力,但自谋式并不普遍且只限于少数特定的囚犯。第五种为保留公职式,服刑人在原单位劳动,如俄罗斯等国,同样,保留公职式并不普遍且只限于少数特定的囚犯。除了自谋式、保留公职式,狱外生产经营模式大体上属于合作经营,基本上不存在产品销售问题,监狱当局既摆脱了市场的角逐与风险,可集中精力抓行刑矫正工作,又达到了开发培养罪犯劳动力、减少国家对监狱财政开支的效果。

究竟采取何种经营制,各国都根据本国的国情而定,一般需要考虑经济形势、囚犯素质、国民素质、社会态度、就业形势、社会治安形势等因素,无论采取何种经营制都与国家的大力扶持是分不开的。国外大多数监狱在生产经营方面,由于自由市场的排斥,实施的是回避市场的战略,在政府的扶持下采取多种经营方式,其产品不直接进入市场,由合作经营者解决产品进入市场的流通事宜,这已成为监狱生产经营的世界性趋势。

从监狱生产经营的发展历程及现状与市场的关系来看,西方国家在处理监狱生产经营与市场的关系问题上,犹如治水一样既不能完全堵又不能完全放,只能采取堵疏结合的措施。基于不能放弃的理由,监狱生产经营不能禁止,鉴于监狱的性质及状况,监狱生产经营不能进入市场,国家必须给予调节扶持已成为实行市场经济的西方国家监狱生产经营的定式。我国在社会主义市场经济条件下,如何处理罪犯劳动与市场的关系问题,西方国家的做法值得借鉴。

教育刑主义第二阶段的开始,正好和新中国监狱工作的建立同步。此时,世界

---

① 中华人民共和国司法部编:《外国监狱法规条文分解》(下),法律出版社 1988 年版,第 378 页。

范围的监狱改良运动风起云涌，而新中国社会主义监狱制度一经建立，就创建了全国范围大规模的劳动改造工作，并实现了快速发展，取得了举世瞩目的成就。同时，中西方对"罪犯劳动"的表述在性质方面有根本的不同：西方称罪犯劳动是一种"矫正活动"，是"矫正教育罪犯的基本手段之一"，重于发挥罪犯劳动的"矫治教育功能"，罪犯劳动是"教育刑的本质要求"等。从中可以看出西方资本主义国家对"罪犯劳动"的目的和功能的主张是"矫正教育""矫治教育"。而同一历史时期的新中国提出了劳动改造的根本宗旨是"把罪犯改造成为新人"，实行"惩罚管制与思想改造相结合，劳动生产与政治教育相结合""改造第一，生产第二"的方针。把劳动作为改造罪犯的重要手段，根本宗旨是改造罪犯的思想和犯罪的本质，这是社会主义中国与资本主义国家乃至旧中国在罪犯劳动方针、政策、手段上存在的本质区别。这种不同通过历史的检验证明了中国社会主义监狱制度罪犯劳动改造的特色和优势，从而验证了我国监狱改造罪犯以马克思主义基本原理为指导的正确性和我国监狱罪犯劳动改造宗旨的正确性。

第四章

我国罪犯劳动改造的历史沿革

我国的罪犯劳动改造从中国共产党领导的革命根据地民主政权的监所中萌芽，新中国成立后，经历了社会主义监狱制度的创建、发展和改革，有一个漫长而又艰难曲折的发展历程。纵观其发展历史，既可以清晰地看到我国监狱劳动改造罪犯的初心使命，又可以分析总结我国罪犯劳动改造发展变化的规律，从而科学研判和把握罪犯劳动改造发展的方向。我国罪犯劳动改造的历史沿革可以分为新民主主义革命时期罪犯劳动改造的萌芽、新中国成立初期罪犯劳动改造的创建、改革开放前的计划经济体制下罪犯劳动改造的曲折发展、改革开放时期和社会主义市场经济体制下罪犯劳动改造的改革和发展几个历史阶段。之所以对新中国成立后按照国家经济体制的不同和改革前后来划分，是因为罪犯劳动改造深受国家经济体制改革影响，与社会经济发展规律存在紧密联系，是总结罪犯劳动改造规律的关键因素。

第一节　新民主主义革命时期罪犯劳动改造的萌芽

研究社会主义中国罪犯劳动改造的历史，必须追溯到新民主主义革命时期，因为“20 世纪中国新型狱制的产生和演进……经过了两个历史进程：从 1927 年至 1949 年，是革命根据地民主政权监狱制度的萌芽期；1949 年至今，是中华人民共和国监狱制度的创建和发展期。历史的承前启后决定了这两个时期不可分割，中华人民共和国的监狱工作、体系、制度，乃至事业的开展、前进，正是革命根据地孕育的胚胎为之奠定了性质和方向，提供了原则和经验”[①]。历史证明，我国的罪犯劳动改造是随着新民主主义革命政权的革命监所的建立而产生的。

一、革命监所罪犯劳动改造的产生

（一）劳动感化院是革命监所的最初形式

第二次国内革命战争时期，中华苏维埃政权最早的革命监所是以劳动感化院的形式出现的。1928 年初夏，赣东北革命根据地创建者方志敏领导、建立了弋阳县苏维埃政权，设立了“弋阳县劳动感化院”，主要收押妨害苏维埃政权的被判徒刑的土豪劣绅、坏分子，“集中在一起劳动改造，使他们悔过自新、重新做人[②]”。这是革命根据地民主政权建立的最早的革命监所，也是苏维埃政权首创的第一所劳改农场。1932 年，中华苏维埃共和国中央人民委员会常委会通过了梁柏台[③]提议的创办劳动感化院、对犯人实行感化政策的决议案，以及《劳动感化院组织法》，这是中华苏维埃共和国人民委员会正式创办劳动感化院、实行教育感化犯人政策的开始，并首次上升为法律，是苏维埃法制的一项创新。随后中央司法人民委员部在中央苏区陆续开办了多个直属感化院，其中第一劳动感化院创办于 1932 年夏，内设总务、劳动管理、文化等科，分为反革命犯、重刑犯、普通轻刑犯 3 个关押点，面积最大时约 3000 平方米，145 间房，最高时共关押罪犯 500 多名。1933 年 5 月 30 日，中央司法人民委员部在《对裁判机关工作的指示》中指出：“对于劳动感化院的工作，特别要注意生产与感化。感化犯人的工作，是劳动感化院的主要部分，应当要特别注意。”从 1927 年至 1949 年，从第二次国内革命战争，到抗日战争、解放战争，在艰苦的革命战争年代，革命根据地民主政权建立的革命监所形式还有自新学艺所、看守所及拘留所、监狱及监所、苦工队、回村执行、管训队、劳改队、劳动教育所等。[④] 可以看出，劳动感化院是后来人民民主专政的劳动改造机关和新中国监狱的雏形。

---

① 中国监狱工作协会编：《新中国监狱工作五十年》，法律出版社 2019 年版，第 3 页。

② 杨云：《方志敏创办的我党第一个劳改农场》，载《历史大观园》1994 年第 11 期。

③ 梁柏台（1899—1935 年），浙江省新昌县人，中国共产党建党初期的党员，人民法制和司法的开拓者，历任中华苏维埃共和国副司法人民委员、司法人民委员、司法人民委员部部长。

④ 中国监狱工作协会编：《新中国监狱工作五十年》，法律出版社 2019 年版，第 11 页。

（二）生产劳动是革命监所改造犯人最基本的方法并制定了相关政策

革命监所从劳动感化院、自新学艺所、劳动生产所、直到苦工队、劳改队乃至回村执行，还有监狱和看守所，无一不强调犯人必须参加劳动生产，作为他们学习和改造的过程与手段。① 1934 年 1 月，毛泽东在中华苏维埃共和国工农兵代表大会上的报告中确定了犯人必须参加强制性的生产劳动的原则，赞扬了劳动感化院的教育和感化，并指出，"苏维埃的监狱对于死刑以外的罪犯是采取感化主义，即是用共产主义的精神与劳动纪律去教育犯人，改变犯人犯罪的本质。而国民党监狱则是纯粹的封建野蛮的虐杀，法西斯的酷刑，劳动群众与革命者的人间地狱"②。1939 年以后，在边区军民开展大生产运动中，陕甘宁边区高等法院发布了第 1 号通令：为了克服抗战困难，也给犯人表现转变思想的机会，"全边区各县已判决人犯，均一致参加生产工作……并随时注意加紧教育"。1945 年陕甘宁边区司法会议报告具体规定了劳动和教育时间之比是"二流子犯，生产占百分之七十五，教育占百分之二十五；其他犯人，生产占百分之六十，教育占百分之四十"③。显然，组织犯人参加生产劳动是根据地监所的重要工作，并在实践中积累了丰富经验，取得了良好效果。民主政府的工作总结中，肯定了犯人参加生产劳动是改善犯人生活、减轻人民负担、改造犯人思想意识、减少社会犯罪行为的好方法；认为通过生产劳动教育可以收取改造犯人品质，树立劳动观点，养成劳动习惯，学得劳动技术，出狱后能成为自谋生计的健全公民的成效。④

（三）生产劳动成为革命监所的"三大手段"和"三大教育"之一

随着监所工作的实践成效和经验的逐步积累，革命监所基本形成了管理、教育和生产三结合的工作体系，这种体系到了抗日根据地和解放区民主政权阶段，被总结为监所改造犯人的紧密结合的"三大手段"，其中教育又是改变犯人思想的根本，因而初步构建了政治教育、文化教育、劳动教育"三大教育"机制，逐步孕育出监所

---

① 中国监狱工作协会编：《新中国监狱工作五十年》，法律出版社 2019 年版，第 13 页。

② 中国现代史资料编辑委员会：《苏维埃中国》，苏联外国工人出版社 1933 年版，1935 年翻印，中国现代史资料编辑委员会 1957 年版，第 266 页。

③ 王子宜：《在边区第二届司法会议上的总结报告》（1945 年）。

④ 中国监狱工作协会编：《新中国监狱工作五十年》，法律出版社 2019 年版，第 19 页。

改造罪犯重在教育,是"特种教育的学校"理念的最早萌生。从"三大手段"和"三大教育"来看,教育被放在最重要的位置,毛泽东曾指出"用共产主义精神和劳动纪律去教育犯人",着重强调的也是"教育"。监所无论是执行刑罚、管教犯人,还是强迫其劳动,都要通过思想教育去改造犯人。陕甘宁边区在1940年到1944年,就已提出"在生产中进行教育""寓教育于生产之中",并提出了"生产劳动与教育相结合"的方针。[①] 1946年太行区的司法工作报告指出:"有些地方曾把这三个工作并列起来,结果是生产、管理与教育脱节,工作上受到一些影响","应该明确,坚持生产、管理都是为了教育","进行思想的感化教育是监狱看守所工作的中心一环"。[②] 太行区政府工作报告也明确指出:"过去有些地方把生产放在第一位,或把生产和教育平列并重,都是不对的。"1948年中共中央社会部颁布的《监狱管理》规定:监所要"积极组织犯人生产,解决犯人生活需要,减轻公家负担(生产好的并可分红),建立犯人劳动观念"。通过劳动对犯人进行教育改造。从"三大手段"和"三大教育"不难看出,劳动生产被革命监所确定为改造罪犯的手段之一开始,始终以教育和改造犯人为根本宗旨。而且管理、教育和生产三大手段很早就成了革命监所的工作体系,为我国监狱"三大改造"手段的形成奠定了基础。

(四)革命监所的劳动改造政策

一是反对单纯经济观点,不许把增加经济收入作为主要目的。1944年,陕甘宁边区政府秘书处给高等法院院长的信函就批评了"各界只注意经济利益,不兼给以政治上文化上的教育……违背了新的司法精神";1946年太行区司法会议更明确指出:"做投机买卖,单纯以营利为目的,发展各种投机营业,对自新人的教育上,不仅无从考验自新人的思想,锻炼其劳动观念,而且相反的会助长其投机思想"。因此,要求在犯人参加的劳动生产中必须取消投机性营业。[③]

二是给犯人以出路的政策。民主政府对犯人实行劳动改造本身就是给其出路,使其改过向善。在劳动改造过程中,犯人学会生产技能,获得奖励或减刑,出狱后得以自谋生计或安置就业。《陕甘宁边区施政纲领》第7条确定:"除绝对坚决不愿悔

① 中国监狱工作协会编:《新中国监狱工作五十年》,法律出版社2019年版,第17、18页。
② 《太行区司法工作概况》(1946年),载《中国监狱史料汇编》(下册),群众出版社1988年版。
③ 《太行区司法工作概况》(1946年),载《中国监狱史料汇编》(下册),群众出版社1988年版。

改者外，一律实行宽大政策，争取感化转变，给以政治上与生活上之出路。”这种对犯人给予出路政策的规定，是富有人道主义精神的体现，也成为新中国成立后罪犯劳动改造的重要精神实质。

二、劳动改造概念的提出

劳动改造首先出现在苏联，传到东欧并获得了一定发展，然后通过早年留苏的共产党人带入中国。梁柏台在1921年曾与刘少奇、任弼时等人在莫斯科东方大学学习，正是他提议创办劳动感化院，并起草劳动感化院章程，其内容很多是对苏联模式的学习和照搬。由于主客观等条件的制约，劳动改造并没有得到广泛使用，认识上也不够深刻。当时对犯人的一些劳动惩罚和经济目的十分明显，劳动改造的概念并没有明确提出。

中国共产党领导的革命政府最早正式使用“劳动改造”概念是在1946年。1946年年初，太行区司法会议总结出“劳动生产是对自新人的一种改造教育”。同年，新解放地区为了缓解犯罪分子的增多或趋于复杂，羁管教育任务已超出监所承受能力范围，一方面吸取早年边区劳动生产所和自新学艺所组织犯人生产劳动的经验，另一方面借鉴苏联“劳动改造”的理念和制度，创建了“劳改队”这一新形式，在1946年年底在灵寿县山村建立了“劳动改造基地”。①

1949年1月，关东高等法院制定了《犯人劳动改造委员会组织条例》，是我国最早建立的劳动改造的地方性法规。陕甘宁边区《1949年下半年边区监狱工作总结》提道：“对犯人进行劳动改造，是改造犯人最有效的方法之一。”

这样，“劳动改造”成了中国监狱史和监狱学新生的专用术语，也是流传至新中国成立后的具有中国特色的“劳动改造工作”之滥觞。②

中国监狱工作协会编的《新中国监狱工作五十年》这样总结劳动改造在革命根据地监所的起源：“索之渊源：一是马克思主义关于劳动创造世界、劳动是人类之必需、劳动是人的权利的理论；二是根据地监所80%以上的在押犯原本是流氓、无赖、二流子、懒汉等各种寄生堕落分子，对他们采取劳动改造手段，使之转变人生意识、脱胎换骨，那是民主革命任务的目标和实际需要；三是开展大规模生产运动，干群上

---

① 中国监狱工作协会编：《新中国监狱工作五十年》，法律出版社2019年版，第10页。

② 中国监狱工作协会编：《新中国监狱工作五十年》，法律出版社2019年版，第19页。

下一律‘发展自给经济’以解决困难，监所组织犯人参加生产劳动就是一项重要的政治任务；四是国际共产主义运动的影响和俄国十月革命的经验，如《俄罗斯苏维埃联邦社会主义共和国劳动改造法典》中系统性的劳动改造机构和监管原则、制度等，为根据地监所工作提供了借鉴。”①

三、革命监所的生产经营和管理

（一）生产经营情况

革命监所在极其困难的情况下，从现实情况出发，克服根据地困难，打破敌人经济封锁，组织犯人生产，自给自足，支援前线，做到了改造犯人和发展生产两不误。劳动感化院组织犯人从事的生产项目从简单的农业、手工业发展到后期的一些工矿生产，如垦荒、种菜、砍柴、打草鞋、烧石灰、做缝工、篾工、木工、制香糊、信封、粉笔、毛笔、油墨等。按规定，劳动器具、原材料的购置、产品的出售都纳入感化院生产计划，并设有店铺经营犯人的产品。1939 年以后抗日政权监所实行犯人大生产和外役的劳动方式，总的是以农业生产为主，因地制宜，靠山吃山，靠水修滩。经过艰苦创业，农业生产基地初步形成，如太行区 34 个县监所，从一无所有到 1946 年年初拥有土地 2000 余亩，生产资金 141 万余元。1941 年成立的晋绥边区监狱，次年就开荒 30 亩，还成立了铁工组、缝纫组、织布组、瓦木工组、粉房、库房等，3 年内就拥有纺纱机 97 部、弹花机 5 部、打花机 2 部、打捻机 2 部，还开有毛织厂、炭厂、木板厂、畜牧场、农场等。解放区的监所除了以上农业等生产项目，还增加了矿井生产劳动。1948 年哈尔滨市监狱参加矿山劳动的犯人占在押犯的 55.75%，前后建立的双鸭子矿、岭东矿和松哈犯人劳改队等，都是从事矿井劳动的，弓长岭劳改队的犯人生产也是由矿务局直接安排指导的。

（二）生产劳动制度

革命监所在组织犯人生产劳动过程中摸索出一些适宜的管理办法和措施，并逐步形成制度，较为重要的有：

---

① 中国监狱工作协会编：《新中国监狱工作五十年》，法律出版社 2019 年版，第 20 页。

1. 企管会制

1933 年夏，中央工农政府为了加强劳动感化院生产的领导，使之纳入国民经济计划轨道，以发挥补充苏区物资供应的作用，设立劳动感化院企业管理委员会，由中央国民经济部直接领导，掌管感化院生产和销售事宜。

2. 奖惩制

苏区劳动感化院对犯人实行平时考核，每月总评一次，每半年院部召开全体大会一次，依据累计分数作出加刑或减刑的决定。累分则是以犯人学习、生产、生活等方面的表现为准，评成甲、乙、丙、丁，即最好、较好、装病不积极、抗拒改造四等，分别给予奖励或惩罚。抗日根据地和解放区监所在生产管理中，制定了生产奖惩的具体办法，建立了较严格的奖惩制度，定期检查评定，普遍进行了评选生产积极分子、劳动模范、模范班、模范组及评定应奖励人员的活动。陕甘宁边区高等法院曾先后公布《陕甘宁边区监狱劳动生产第一所(工业)奖惩办法》、《陕甘宁边区高等法院在押人犯服役奖惩暂行办法》(1942 年)，规定按服役成品纯收益比例给予 5% ~10%、20% ~40% 的奖金；生产技术有所创造、使生产特殊发展的，可奖给 100 元以上、3000 元以下的特别奖金，直至减刑、提前假释；惩罚则有批评、全体讨论斗争、停止或撤销奖金之一部或全部，还有打扫公共卫生或加班苦工和刑事处分。晋察冀边区行政委员会还制定将功折罪制：犯人在改造期间考试优良者，“记功一次可抵徒刑 1 个月，连记三功者可抵徒刑 6 个月，无期徒刑的改为有期徒刑 8 年”[①]。这种奖惩制度和办法把犯人的劳动态度、生产成绩与物质利益紧密结合起来，对犯人起了重要的鞭策作用。

3. 分红制

抗日民主政府总结了各地经验，实行了“分红制”，即其收入分配权由政府掌握，其生产收入主要归政府和监所支配，参加生产的犯人可按劳“分红”，也就是以监所开支为主、犯人“分红”为辅的分配办法，晋察冀边区又叫作“公私兼顾的分红制”。实行这种分配办法，取得了良好效果。首先，大大激发了犯人的生产积极性和劳动光荣感，如陕甘宁边区高等法院监狱木板厂实行分红前，每两人每月锯木板 8 丈，实行分红后，剧增到 85 丈；晋察冀边区平山县犯人韩某，分红制激励他成了劳动

① 《晋察冀边委会规定囚犯参加生产成绩优良者将功折罪》，载《解放日报》1942 年 5 月 7 日，第 3 版。

先锋,在监所的费用无须家中供给,在回村执行时还驮走了100多斤小米。其次,使贫困的犯人积累了一定的生产资金,获释后走上了以劳动为生的道路。最后,减轻了人民负担和政府的财政开支,改善了监所条件和犯人生活。

4. 安置制

根据地监所认真执行给出路的政策,对刑满释放人员的安置主要采取三种措施:一是留狱生产。赣东北劳动总院曾将不能回家的刑释人员安排在总院劳动就业;陕甘宁边区高法监狱也根据刑释人员要求,留在狱内继续生产。二是地方安置。边区监狱把刑释人员介绍给当地政府,由当地安排就业或在家种地务农,也可到机关从事伙夫等勤杂工。三是自行就业。

四、革命监所罪犯劳动改造的主要成就

(一)确立了罪犯劳动改造的宗旨和指导思想

革命根据地政权从一开始就从根本上确立了通过生产劳动改造犯人思想、改变其犯罪的本质的指导思想。“革命战争时期的各根据地、解放区民主政权也制定了一些监所工作法规制度和规范性文件,特别是在监所工作实践中逐渐确立了的罪犯劳动改造的指导思想,都是早期法治建设的初步成果。”①

(二)形成了我国罪犯劳动改造工作的雏形

革命监所虽然条件简陋,困难重重,但是却创建并形成了彰显我国罪犯劳动改造性质的一整套罪犯劳动改造工作体系。在指导思想上,明确了改造犯人思想的主旨;在方针政策上,制定了劳动感化和教育、反对单纯经济观点和给犯人以出路的政策;在立法上,出台了《劳动感化院组织法》,这是我国最早的劳动改造方面的法律;在工作体系上,形成了管理、教育和生产三大教育和三大手段,为我国监狱“三大改造”手段的形成奠定了基础;在生产经营和罪犯劳动制度上形成了从实际出发、切实可行的罪犯劳动管理模式。所以,革命监所的罪犯劳动改造工作是我国社会主义性质的罪犯劳动改造的渊源,是我国社会主义制度下罪犯劳动改造工作的雏形。

---

① 中国监狱工作协会编:《新中国监狱工作五十年》,法律出版社2019年版,第86页。

(三)证明了罪犯劳动改造是中国共产党的伟大创造

虽然早期的中国共产党人从苏联学习并借鉴了劳动改造的经验,但是由于当时条件的局限,并未得到很好实施。实际情况是毛泽东考察了中国旧监狱的各种腐败情形,把马克思主义与中国实际相结合,提出了符合当时情况的感化和教育罪犯及反动阶级的劳动感化措施。各个时期的革命政府在司法工作实践中,以马列主义和毛泽东思想为指导,从实际出发,因陋就简,因地制宜,创建了符合中国革命和国情的劳动改造工作,积累了许多宝贵的劳动改造和管理经验,为新中国成立后开展社会主义罪犯劳动改造工作奠定了基础。历史充分证明,劳动改造是中国共产党在革命战争年代,领导中国革命的过程中成功创造的符合中国国情的改造罪犯的重要手段,这应该成为我国在罪犯劳动改造中坚定“四个自信”的重要历史根源。

第二节　新中国成立初期罪犯劳动改造的创建

新中国成立初期,接管改造旧监狱的同时,开始了新型罪犯劳动改造和场所的建设工作。1951 年 5 月,刚刚执政的中国共产党作出的第一个关于监狱工作的重大决策,就是大规模地组织罪犯劳动改造工作。

一、组织劳动改造①的决策

(一)劳动改造决策提出的背景

新中国成立后,人民政府面临旧中国残留下来的国民党匪特、娼妓烟毒、地痞流氓等罪恶势力和各种遗毒,中央人民政府在全国范围内大张旗鼓地开展了镇压反革命运动和反贪污、反浪费、反官僚主义的斗争,开展了反对行贿、反对偷税漏税、反对

① 本章关于计划经济时期的内容中主要使用“劳动改造”的称谓而非使用“罪犯劳动改造”的称谓,是为了与当时的语境和史料保持一致,是与《监狱法》颁布前广义的“劳动改造”和狭义的“劳动改造”并行使用的情形相适应的需要。其实《监狱法》颁布前理论上就已经对广义的“劳动改造”和狭义的“劳动改造”进行了区分。1983 年 1 月公安部批准成立的“劳改专业教材编辑部”,着手建设劳改学系列教材,其中就有专门研究狭义“劳动改造”的《罪犯劳动改造学》,“罪犯劳动改造学”第一次正式从广义的“中国劳改学”中分立出来,被列为“中国劳改学的骨干学科”。

盗骗国家财产、反对偷工减料、反对盗窃国家经济情报运动。由于镇反和“三反”“五反”运动的开展，人民政府抓捕了大批反革命分子和刑事犯罪分子，除了不杀不足以平民愤被判处死刑者，大部分犯罪分子被依法判处死刑缓期二年执行、无期徒刑和有期徒刑。监狱押犯从1949年的6万余名，至1952年已激增至100万名以上，人民政府接管过来的旧监狱本身就困难重重，特别是当时外要进行抗美援朝，内要稳定政治财经局面，不可能拿出更多的财力建造大批关押犯人的监狱。因此，如何解决百万犯人的关押改造问题，就成为摆在新成立的人民共和国面前一个必须迅速解决的紧迫问题。

1949年10月1日中央人民政府委员会颁布了《中国人民政治协商会议共同纲领》，第7条规定：“中华人民共和国必须镇压一切反革命活动，严厉惩罚一切勾结帝国主义，背叛祖国，反对人民民主事业的国民党反革命战争罪犯和其他怙恶不悛的反革命首要分子。对于一般的反动分子、封建地主、官僚资本家，在解除其武装，消灭其特殊势力后，仍须依法在必要时期内剥夺他们的政治权利，但同时给以生活出路，并强迫他们在劳动中改造自己，成为新人。”这条规定实际上从国家大法上确定了中国监狱或徒刑制度是劳动改造制度。①

（二）劳动改造决策的提出

基于上述历史背景、现实状况和国家政策，吸取根据地和苏联劳动改造罪犯的经验，大规模组织劳动改造的决策就孕育而出了。

1951年5月10日至15日，在毛泽东主席和中共中央直接指导下，公安部在北京召开了“三公”会议。会议通过了毛泽东亲自修改和审定的《第三次全国公安会议决议》即《关于组织全国犯人罪犯劳动改造问题的决议》（以下简称《决议》），指出“大批应判徒刑的犯人，是一个很大的劳动力。为了改造他们，为了解决监狱的困难，为了不让判处徒刑的反革命分子坐吃闲饭，必须立即着手组织罪犯劳动改造的工作”。这就是“三个为了”的决策。② 将“三个为了”称为组织劳动改造罪犯的决策是中国监狱工作协会编的《新中国监狱工作五十年》的最新称谓，而在此书出版之

① 孙晓雳：《中国劳动改造制度的理论与实践——历史与现实》，中国政法大学出版社1994年版，第21页。

② 中国监狱工作协会编：《新中国监狱工作五十年》，法律出版社2019年版，第47页。

前一般均称“三个为了”为新中国成立后的“第一个劳改工作方针”。《决议》关于罪犯劳动改造的规定基本内容如下：

1. 规定了劳动改造的组织和管理体制。“由县一级、专署一级、省市一级、大行政区一级和中央一级共五级分工负责”。

2. 规定了劳动改造队（以下简称劳改队）的类型。劳改队按犯人刑期长短设置4种类型：一是判处5年以上徒刑的犯人组成劳改大队，由省以上各级政府负责管理，按照国家建设的需要，随时调动，从事大规模的水利、筑路、垦荒、开矿等生产事业；二是判处2～5年徒刑的犯人，由专属管理，必要时可由省以上政府调用；三是判处2年以下1年以上徒刑的犯人，原则上在本市本县参加各种劳动，不调往远地，以免劳民伤财；四是判处1年以下徒刑的犯人，在当地群众和原告同意的条件下，交由群众管制，从事公共工程或为军属或孤寡老弱代耕及打零工等，这种犯人原则上自食其力，不领囚粮。

3. 规定了劳改队的编制。按劳改队所从事的生产情况和需要定编：专区以上的劳改队，100人为1队，1000人为1大队，对于所有从事劳动改造的犯人，一律采用军事管制的办法，强迫其劳动。

《决议》对劳动改造组织的详细规定，是新中国成立后第一次以会议文件形式明确的，是开创新中国监狱工作的指导性文件。根据“三公”会议的决议，罪犯劳动改造工作迅速在全国展开。

二、劳动改造初创时期的规划、部署和总结

（一）“四公”会议对劳动改造工作的性质、意义的明确

1951年9月11日至17日，公安部召开了“四公”会议，这是新中国成立以来，第二次把监狱工作作为重要议题的全国公安会议，也是组织劳动改造工作开展数月后召开的一次重要会议。

“四公”会议的决议明确指出了劳动改造工作的性质和意义：“对罪犯实行强迫劳动，是消灭反革命分子的一个重要手段，还是彻底改造犯人成为新人的一项基本政策，这是包含着极端重要的政治意义和经济意义的一项工作，必须十分重视。”时任公安部部长罗瑞卿在会议报告中指出，“劳动改造工作是政治改造与劳动改造相结合。要把罪犯改造成为新人，就要一方面在政治上、思想上铲除他们反革命的立

场、观点,另一方面在生产技能上也锻炼他们成为一个熟练的劳动者,使他们以一个罪犯身份进去,以一个熟练的劳动者出来。因而,这个任务虽是很艰巨的,但又是很光荣的”。

“四公”会议从生产的角度,使用了犯人生产的概念,初步明确了犯人生产的指导思想和调整劳动场所的方针,提出必须适应国家经济建设的需要,必须纠正和预防单纯营利、与民争利,或与国家经济建设计划脱节的错误倾向,劳动场所实行因地制宜、集中领导、分散经营、由小以大、由分散到集中的方针。

(二)“一劳”会议对劳动改造工作的部署和总结

在中央决策的正确指导下,新中国成立初期的罪犯劳动改造工作很快收到了明显效果。为了检查对“三公”会议决议和“四公”会议部署的执行情况,为了总结一年来全国的罪犯劳动改造工作,1952 年 6 月 23 日至 30 日,第一次全国劳改工作会议在北京召开,“一劳”会议是新中国监狱史上由中共中央最高领导批准的首次监狱工作会议。

1. 充分肯定了劳动改造工作的成绩

“一劳”会议充分肯定了“三公”会议关于劳动改造的决议和开创一年来取得的重大成绩。一年来投入生产劳动的犯人占押犯总数的 62% 强,其中 1/3 做到了生产自给,为国家节省了开支,创造了进一步开展劳动改造工作的条件;全国先后创立劳改农场 640 所,开垦荒地 127.9 万余亩,其中押犯 1000 人以上的大农场有 56 所。新建了与国家经济建设紧密结合的煤、铜、钨、锡、金等各种矿场 217 所。一年来的经验证明,组织大规模的农场、工程队,进行集中的劳动改造,无论是对犯人的改造教育,还是对国家的经济建设都是有利的,也是适宜于当时大多数押犯特点的。

2. 确定了劳改生产的性质、发展方向和管理体制

“一劳”会议首次用劳改生产概括罪犯劳动改造的生产活动,并明确了劳改生产的性质和发展方向。《决议》第 5 条指出:劳改生产从政治上看属于改造罪犯成为新人的一项重要政策;从经济上看,则属于国营经济性质的特殊企业,应列入国家生产建设总计划内,在各级财委的统一领导下进行。必须在现有基础上,实行长远打算,重点投资,有计划有步骤地,逐步走向集中的方针。这一方针的确立,对此后劳

改生产的选择、场所的布局具有指导意义，计划性、长远性、大规模、重点投资、走向集中逐渐成为以后劳改生产的主要特点。

3. 初步确定了劳改工作的方针、政策和制度

“一劳”会议确定了劳改工作的方针政策、管教工作的原则和制度，提出对罪犯的改造工作本着“政治改造与劳动改造相结合”“惩罚与教育相结合”的方针；“要经常地系统地在罪犯中进行认罪服法教育、劳动创造世界教育、时事教育、罪犯前途教育和生产知识教育，以启发罪犯劳动改造自己、重新做人的自觉性”；对有科学技术的犯人，“可给予适当的物资照顾，以发挥他们在生产中的作用”；“建立严格的财务管理制度”，“明确划分事业费与行政费的收支，建立与健全审计、会计、统计机构和工作”；“实行有功必奖、有过必惩的严明奖惩制度”，建立罪犯“档案、登记、考核”制度；严格纠正“忽视教育、打骂体罚”等做法。

4. “一劳”会议的重要意义

“一劳”会议初步确定了劳改工作的方针、政策和制度，开始使用并建立了以“劳改”为称谓的全国劳改工作体制，完成了新中国劳动改造工作的创建。“一劳”会议是新中国监狱工作、中国特色刑罚执行制度创建的第一个里程碑，对中国特色监狱工作的创建作出了重要贡献。

三、《中华人民共和国劳动改造条例》的颁布

1954 年 9 月 7 日颁布实施的《中华人民共和国劳动改造条例》（以下简称《劳改条例》），是新中国初创时期最重要的劳动改造立法，“在 1994 年《监狱法》颁布以前的 40 年间，《劳改条例》实际上起了罪犯劳动改造法典的作用”。

（一）《劳改条例》对劳动改造工作的历史意义

《劳改条例》从立法上标志着新中国罪犯劳动改造工作的正式创建。《劳改条例》的起草从 1950 年春就开始着手，历时 4 年半，经过 4 次重要会议，经历了新中国罪犯劳动改造工作创建的全过程，以立法的严肃性宣告了我国罪犯劳动改造工作的建立。

《劳改条例》的颁布说明了罪犯劳动改造在我国监狱工作中的重要地位和特色。《劳改条例》是一部包括劳动改造工作的部门法，标志着新中国监狱立法活动

的新起点,但是,却以“劳动改造条例”冠名。在起草过程中,关于法名问题,有“监狱法”“行刑法”“罪犯劳动改造法”“矫正法”“改造罪犯法”等主张,最终根据法律调整的范围、方法与当时立法实际、改造罪犯实践的要求,特别是新中国成立初期改造罪犯的特色,采用了“劳动改造条例”之称,足以说明罪犯劳动改造一直以来在我国监狱工作中的重要地位和特色。

(二)《劳改条例》对劳动改造工作的规范

《劳改条例》明确规定了劳动改造的根本任务。第1条明确规定了改造犯人,“强迫他们在劳动中改造自己、成为新人”是新中国劳动改造工作的根本任务,是劳改机关一切活动的出发点和最终归宿。

《劳改条例》首次以法规形式规定了新中国的劳改(监狱)工作方针,明确了劳动改造在改造罪犯工作中的地位以及和其他改造手段的相互关系。《劳改条例》规定劳动改造机关的工作方针是“惩罚管制与思想改造相结合,劳动生产与政治教育相结合”。该方针第一次从法规上提出了具有中国特色的改造罪犯的手段体系,即监管、劳动和教育三大改造手段。“两个结合”的提法明确了三者之间的相互关系,“惩罚管制与思想改造相结合”是指劳改机关承担的两项根本任务及其相互关系,惩罚管制既是刑罚的重要属性,也是改造犯人的前提条件,思想改造则是劳改机关一切活动的最终目的。“劳动生产与政治教育相结合”是指改造罪犯的两项主要手段,必须紧密结合、互相促进、相辅相成。正如时任公安部部长罗瑞卿在《关于中华人民共和国劳动改造条例草案的说明》中所强调的,“对罪犯惩罚管制、强迫劳动生产和实施政治思想教育,三者必须紧密结合,不可偏废”。

贯彻“两个结合”方针,劳动改造主要实现两个目标:第一,是让罪犯转变犯罪思想;第二,是让他们在改造中学会生产技能,成为自食其力的新人。在“两个结合”方针指导下中国成功地改造了大批罪犯,使他们在刑满释放后成为遵纪守法、自食其力的劳动者,为巩固新生政权,保障社会主义革命和建设作出了贡献。

《劳改条例》明确提出了作为改造手段的罪犯劳动改造(狭义的劳动改造),并把它与广义的劳动改造工作(监狱工作)区分开来。第三章专设“劳动改造和教育改造”,使劳动改造和教育改造一并成为监狱改造罪犯的两大基本手段。

《劳改条例》从立法上对罪犯劳动改造和罪犯劳动改造生产进行了区分,分别设章规定。《劳改条例》专设了第四章“劳动改造生产”，这是“劳改生产”和后来的“监狱生产”提法的源头。《劳改条例》明确规定了劳动改造生产的目标、管理体制、管理机构、发展方向、安全生产制度等内容，规定了“劳改生产应当为国家经济建设服务，应当列入国家生产建设总计划之内”。这就使劳动改造这种以改造人为宗旨的活动和劳动改造生产这种以经济效益为目的的活动区别开来。这样的规定，为我国起步阶段的罪犯劳动改造所依托的劳改生产进行了一个经济功能的基本定性。这反映了早在新中国罪犯劳动改造起步阶段政策制定者就认识到了罪犯劳动改造和劳改生产既有联系又有区别的运行规律。《劳改条例》的这些规定也大大地促进了劳改生产的发展，也从体制上留下了改造和生产这一对基本矛盾的隐患。

四、劳动改造工作的开展

（一）劳动改造工作指导思想的形成

开展大规模劳动改造工作的指导思想，有一个形成发展过程，发端于革命根据地民主政权创立时期，形成于新中国成立后全国监狱工作的初创阶段，随着“一劳”会议决议的贯彻逐步明确。

1. 坚持自力更生

新中国成立之初，百废待兴，国家财政经济处于十分困难的状况，监狱机关的经费必须靠自筹自给，不能让犯人坐吃闲饭，解决的办法就是大规模组织罪犯从事生产劳动，从中转变思想，重新做人，同时减轻国家财政负担，这是新中国监狱工作创业的基本指导思想，这一指导思想在“三个为了”的决策、“三公”“四公”会议提出“生产自给”的决议，以及“一劳”会议提出的“以犯人养犯人的工作原则”中，都有明确的体现，从而将其归结为自力更生的原则予以贯彻。

2. 坚持与国家经济建设紧密结合

新中国成立之初，国家进行了为期 3 年的国民经济恢复工作，有重点地进行经济建设。在这一时代背景下，“一劳”会议除了强调劳改生产应列入国家生产建设总计划内，还明确了劳改生产与国家的经济建设密切结合的指导思想，集中力量建立大规模的农场、水利工程队、筑路工程队和各种工矿窑业生产队，以适应国民经济建设的需要。

3. 坚持不与民争利

这是我国监狱工作从创业之初就秉承的一切为了人民的利益、为人民服务的宗旨,“四公”和“一劳”会议决议都提出,犯人生产必须预防和纠正单纯营利或与民争利,凡属商业性的、与民争利的或违反政策的做法均应严肃处理。

坚持自力更生、与国民经济建设密切结合、不与民争利的指导思想为新中国劳动改造工作和劳改生产指明了正确方向,成为长期以来我国监狱罪犯劳动改造工作中一直遵循的原则。

(二)场所由分散到集中的调整

各地按照规定,从实际出发,因地制宜,有步骤地对场所进行了调整、转产和集中,调整范围和对象是没有发展前途和发展前途不大的分散零星生产,处于国防要地、大城市附近以及人口稠密、耕地不足的场所,属于商业性的与民争利和违反政策的生产项目。据统计,1951 年全国共有劳改单位 2452 个,到“二劳”会议后的 1953 年已调整为 1771 个。

(三)大型劳改工作基地的建立

到 1953 年年底,第一代监狱工作干部带领犯人完成了劳改工作基地的创建任务,创建了一大批劳动改造农场和工、矿、窑等生产单位和场所,其中全国万亩以上的农场 108 个,千人以上的工、矿、窑等生产单位 43 个,其中包括若干个大型劳动改造基地,基本满足了不让犯人坐吃闲饭、接受劳动改造的需要。

1. 北京清河劳改农场

为了改造一大批特务分子和各类反革命分子,1949 年 2 月,遵照北平市军管会主任聂荣臻、市委书记彭真的指示,在城郊成立了清河训练大队。随着管训人员的增加,清河训练大队需要解决他们坐吃闲饭的问题。从维护首都安全和北平没有闲散土地的实际情况出发,清河训练大队选择了在北平至山海关铁路茶淀车站以西地区的盐碱荒滩建场,经聂荣臻和罗瑞卿呈报周恩来批准后,开始了筹建劳改农场的工作。经过 3 个月的勘测、规划,于 1950 年 2 月,在河北省宁河县(今属天津市)茶淀地区建立了共和国第一个大型劳改农场——北京市清河劳改农场。农场干部带领 1600 余名犯人,在白茫茫的盐碱滩上摆开了战场,第一年就垦荒种稻 7000 亩,收获水稻 269 万斤，实现了当年开荒、当年受益的设想，同时规划建设了 7 个监区，一所医院，造屋 2288 间，共开垦荒地 84084 亩。1951 年 6 月，毛泽东赞扬“清河农场对反革命分子的劳动改造已获得很大成绩，这是你们艰苦工作的结果，希望在已有的工作基础上继续努力”①，给予了清河劳改农场创建者极大的鼓励。1952 年 8 月，清河劳改农场接收了天津市公安局下属的新生农场，规模进一步扩大，把十几万亩荒滩建设成了初具规模的农、林、牧、副、渔、工综合经营，全面发展的大型劳改农场，为后来其他劳改农场的创业提供了宝贵经验。

2. 浙江乔司劳改农场

作为全国最早创建的大型劳改农场之一的乔司农场，原是钱塘江冲积而成的江涂，最早建成于 20 世纪初，开发前是“晴天白茫茫，雨天水汪汪”的一片盐碱荒滩，并受钱塘江潮影响，主航道多变，有“十年江南，十年江北”之称。1950 年 11 月，8 名干部押着犯人从杭州步行到乔司正式开始建场。初创时条件十分艰苦，住的是稻草、茅草搭的草棚，工具向群众借或发动犯人打造，一个干部管 200 名左右犯人，缺人少钱，到“一劳”会议时已开荒 10493 亩，改良土壤 4050 亩，筑堤挖河 105 万立方米，修建道路 12.7 千米。几年后，乔司农场生产已实现了机耕、机播、机修、机脱生产，是全省第一个机械化农场，成了向群众示范社会主义集体农业优越性的样板，在改造、生产、队伍建设等多项工作方面，一直居于先进行列。

3. 湖北沙洋劳改农场

沙洋劳改农场建于 1952 年 8 月，是新中国成立初期建立的全国规模最大、押犯人数最多的劳改农场。新中国成立初期，沙洋是一片方圆百里的荒滩野洼。1952 年 7 月，湖北省“二劳”会议召开时，决定将原计划调往西北地区的数千名罪犯集中到沙洋，建立农场，以袁兴明、王嘉善等为代表的一批老红军、公安干部、战士率领 5000 名犯人踏上了这片荒滩，同年 8 月 13 日沙洋劳改农场正式建立。1953 年 2 月 5 日，湖北省人民政府作出决定，将湖北省当时的 6 万余名中的 5 万名罪犯投入该场劳动改造。沙洋劳改农场的建立，凝聚着第一代沙洋人的心血和汗水，当年创业者们遵照农场党委提出的“边安置，边开荒，边生产，边建设，勤俭建厂”的方针，在人烟稀少的芦苇地里开荒种稻田、修路、架桥、建房。到 1954 年年底，农场开发了 39 万余亩耕地，8

① 北京市监狱管理局清河分局编印：《北京市清河农场建场四十周年纪念文集》，1990 年版，第 10 页。

个分场,29个作业区,分布在汉江中游两岸,成为集生产、加工及生活福利设施于一体的、集中5万多名罪犯劳动改造的大型综合性劳改农场。数年后,时任水利部部长傅作义带领农业水利专家来沙洋视察,盛赞沙洋农场是"高速度、高标准的创业典型"。

同时期建成的还有安徽白湖劳改农场、宁夏潮湖劳改农场、黑龙江北大荒农场群等大型劳动改造基地。

五、劳动改造工作管理体制的形成

(一)劳动改造工作管理体制的建立

新中国的劳动改造管理体制、劳改生产管理体制与劳改(监狱)工作管理体制是高度合一、相伴相生的,可以说,新中国的监狱工作体制是以劳动改造管理体制为主体建立起来的。"三公"会议决议规定了劳动改造管理体制,"关于犯人劳动改造的组织和管理工作应由县一级、专署一级、省市一级、大行政区一级和中央一级共五级分工负责"。《决议》规定,"为了迅速并切实有效的组织劳动改造工作,在各级公安部门内应设专门管理的机构"。照此决议,基本形成了集中统一领导下的"五级"管理体制。但是"五级"管理体制随后暴露了一定的弊端,隶属于县、专署两级的劳改场所占92%以上,[①]生产摊点多而分散,生产缺乏周密计划和长远打算,出现了单纯盈利、与民争利和与国家经济计划脱节及违反政策等现象,不利于集中统一领导。后经"四公"会议、"一劳"会议决定,公安部提出中央和省级劳改机构必须尽力加强对劳改生产特别是企业经营管理的集中统一领导,专区和县级劳改机构应该撤销的意见,多地撤销了专署、县级的管理机构,逐渐形成了"三级""四级"双轨运行的管理体制。1954年6月,中央决定撤销大行政区一级政府机构,公安部随之撤销大行政区劳改工作领导管理机构,使"三级""四级"双轨体制又改变为"二级""三级"双轨运行的管理体制,省(区、市)和中央两级领导管理体制基本形成,从而强化了中央和省(区、市)对监狱、劳改队的集中统一领导,统一了罪犯的调拨、劳改场所的建立和撤销以及劳改生产项目的筹划。在这一过程中,1952年12月25日,中央成立了以薄一波为主任委员、罗瑞卿为副主任委员的中央劳改生产管理委员会,1953年3月29日公安部根据中央劳改生产管理委员会的决定,成立公安部劳动改造工作

① 参见司法部监狱管理局编:《当代中国监狱概览》(统计资料卷),法律出版社2000年版,第3页。

管理局,序列为公安部十一局,作为管委会日常办事机构。此后各省(区、市)相继成立了劳改生产管委会,加强了对劳改生产的领导与管理。

(二)劳动改造执行机构的演变

新中国劳改执行机构建立之初,名称很不统一,除称"监狱""劳改队"外,有叫"改造所""劳教院""劳教所""监犯教育所"的,也有保留"自新所""习艺所""自新院"之称的。据此司法、公安两部于1951年7月21日联合发出指示,规定各地劳改执行机构统称监狱、劳改队、看守所,并冠以各级行政地名如"某某市监狱""某某省××劳动改造队",以便区别。1954年10月,公安部就劳改执行机构对内对外名称作了统一规定。各级劳改单位,对内称谓以省市为单位,统一编序,如某省人民政府公安厅第×劳改队,有的生产分量较大的监狱,内部也改称劳改队。水利、筑路、房屋建筑等工程队,另起番号,称某省第×劳改队。各级劳改生产单位,对外冠名使用戳记可前冠"地方国营"字样,例如"浙江省地方国营杭州铁工厂""北京市地方国营清河农场"。由于监狱、看守所、少管所对内对外一律前冠某省(区、市)人民政府的字样,甚至劳改生产单位前也冠政府字样,不甚妥当,公安部于1955年年初又发出补充通知,具体规定:一是水利、筑路、房屋建筑等工程队,以省(区、市)为单位进行编队,称为某省、市第×劳改队;二是劳改生产单位和监所称谓不再冠以某省(区、市)人民政府或公安厅字样;三是看守所按照领导隶属关系,前冠某省(区、市)或专县之名;四是各劳改执行机关,可采用对内、对外两个名称和两套印鉴。① 上述称谓规定一直沿用至今。

1. 监狱

监狱主要监管不适宜在监外劳动的以及判处死刑缓期执行、无期徒刑的反革命犯和其他重要刑事犯。监狱实行党委领导下的监狱、大队、中队三级或两级管理体制,监狱设监狱长一人、副监狱长1~2人,下设行政(总务)、管教、生产、财务等业务机构。此类机构建制规格按押犯数目及从事生产性质分为两种:押犯500人以上、从事机械工业生产的单位为科级建制,干部按押犯总数的13%配备,其中行政管理管教干部占4%,医务、总务人员各占0.5%,生产管理人员占8%;押犯500人以下,从

---

① 参见《劳改工作文件汇编》(第5册),1982年编印,第511页。

事手工业生产的单位为股级建制，干部按押犯总数的7%配备，其他人员比例不变，只有生产管理人员由8%降至2%，无论押犯多少，政治工作人员均按干部总数的3%配备。

2. 劳改队

监管已判决的适宜在监外劳动的反革命犯和其他刑事犯，从事农业、工业、建设工程等生产项目，结合劳动生产进行政治教育。劳改队根据押犯数目和生产需要设置总队、支队，下设大队、中队和小队。机构设置按押犯数目和生产规模分为以下三类：5000人以上设劳改总队（大型农场），3000人以上、5000人以下且从事水利、筑路、开矿等生产任务的设劳改支队，押犯1000人左右的设劳改大队（小型农场）。

3. 看守所

主要羁押未决犯及判处有期徒刑2年以下，不便送往劳改队执行的罪犯，对代为监管的已决犯分开关押，并强迫他们参加劳动生产和接受教育。

4. 少管所

管教13周岁以上未满18周岁的少年犯，负责对少年犯着重进行政治教育、道德教育和基本的文化与生产技术教育，并在照顾他们生理发育的同时，使之从事轻微劳动。

（三）劳改生产计划统计、财务管理制度的制定

鉴于劳改生产是国营经济的组成部分，劳改生产单位又分布在全国各地，与地方经济建设联系极为密切，“二劳”会议决定将劳改生产划归地方国营，列入地方生产计划之内，明确规定了劳改生产计划统计体制，并逐渐形成了劳改生产计划统计制度，劳改生产计划、统计工作的基本要求是必须结合劳改生产实际情况，认真贯彻国家在过渡时期计划统计方针任务，劳改生产计划统计工作必须采取由“部分到全部，由低级到高级，掌握重点，照顾全面，逐步建设，逐步提高”的方针，既要防止操之过急、要求过高的倾向，也要防止过分强调劳改生产的特殊性和客观困难而不积极进行业务建设的倾向。这使劳改生产逐步纳入国家计划经济的轨道，在一定程度上克服了发展生产的盲目性，为加强劳改生产管理创造了条件。

除了劳改生产计划统计制度，劳改生产财务管理制度也在创建之初开始建立，“一劳”会议决议要求，一切劳改生产事业均必须立即建立严格的财务管理制度。

后经过几年的探索，公安部劳改局于1954年7月制定了《关于劳改生产财务管理的暂行办法（草案）》（以下简称《暂行办法》），《暂行办法》规范了劳改生产财务管理的全部活动，是新中国第一部较完整的劳改生产财务行政法规，是完成劳改财务工作任务的重要保证，《暂行办法》的很多内容一直沿用到改革开放后新《监狱法》颁布施行前。如《暂行办法》规定的劳改生产财务预算管理办法，针对劳改企业生产条件不同、生产分布不平衡、经济效益高低不同等情况，《暂行办法》规定，国家对全国劳改生产财务预算采取超额管理办法，也就是以其一切收入抵拨其一切开支后，其差额列入地方预算，凡收入超过支出数字列入地方预算收入，支出超过收入数字列入地方预算支出，各省（区、市）年度差额控制指标由中央统一规定，随同整个地方预算控制指标下达，但是已经实行经济核算制的生产单位，仍按地方国营企业财务管理制度执行。《暂行办法》规定了犯人假定工资和奖金的计算处理办法，犯人假定工资是指劳改单位对于参加生产劳动的犯人按当地同类型地方国营企业同工种、同技术、同等级、同劳动能力的基本工资标准，计算和提取工资的一种特殊工资制度，由于所提取的工资并不直接发给参加生产劳动的犯人，而是集中起来部分用于他们的生活消费、部分用于劳改业务费开支，所以称为犯人假定工资，目的在于使劳改企业更好地开展经济核算考察经营效果。《暂行办法》还规定凡已实行经济核算制的生产单位，按国家规定提出奖励基金，建立奖励基金制度；未实行经济核算制的生产单位，依照评奖制度规定物质奖励时，列入预算开支报销，还明确规定了职工和犯人之间企业奖励基金的分配比例，以及奖金的使用范围。

六、新中国成立初期劳动改造创建的主要成就

（一）作出了组织劳动改造的重大决策，明确了劳动改造的政策法律地位

组织起了全国大规模的罪犯劳动改造工作，解决了新中国监狱工作的困难，使各种罪犯得到了劳动改造。《劳改条例》明确提出了作为改造手段的罪犯劳动改造（狭义的劳动改造），并把它与广义的劳动改造工作（监狱工作）区分开来。专设“劳动改造和教育改造”一章，使劳动改造和教育改造一道成为监狱改造罪犯的两大基本手段。

（二）制定并健全了劳动改造的方针、政策和法律

明确了劳动改造的性质、方针和指导思想。“四公”会议的决议明确指出了劳

动改造工作的性质和意义："对罪犯实行强迫劳动，是消灭反革命分子的一个重要手段，还是彻底改造犯人成为新人的一项基本政策，这是包含着极端重要的政治意义和经济意义的一项工作，必须十分重视。"颁布施行了具有劳动改造法典作用的《劳改条例》，规定了劳动改造机关的工作方针是"惩罚管制与思想改造相结合，劳动生产与政治教育相结合"。明确了劳动改造主要实现两个目标：第一，让罪犯转变犯罪思想；第二，让他们在改造中学会生产技能，成为自食其力的新人。

（三）明确了劳改生产的性质和发展方向

"一劳"会议首次用劳改生产概括罪犯劳动改造的生产活动，并明确了劳改生产的性质和发展方向，劳改生产从政治上看属于改造罪犯成为新人的一项重要政策，从经济上看，则属于国营经济性质的特殊企业，应列入国家生产建设总计划内。《劳改条例》从立法上对劳动改造和劳动改造生产进行了区分，分别设章规定。

（四）建立了劳改生产和劳改工作高度合一的监狱工作体制

新中国的监狱工作体制是以罪犯劳动改造管理体制为主体建立起来的，并在实践中不断健全、完善，形成了罪犯劳动改造管理体制、劳改生产管理体制与劳改（监狱）工作管理体制是高度合一、相伴相生的监狱工作管理体制。

（五）为以后的罪犯劳动改造工作奠定了基础，积累了经验

在新中国一穷二白的条件下，开创了全国的劳动改造工作，建设了遍布全国的劳动改造生产项目和一些大型的劳动改造基地，形成了自力更生、与国家经济建设紧密结合和不与民争利的指导思想，为开展中国特色的劳动改造工作开创了局面，奠定了基础。同时，在实践中积累了宝贵的经验，如以毛泽东同志为核心的党中央的高度重视、正确指引是劳动改造一经建立就取得巨大成功的根本保证，第一代监狱工作者从实际出发，克服困难，艰苦创业是劳动改造得以创建和取得举世瞩目成就的根本条件。

第三节　改革开放前的计划经济体制下劳动改造的曲折发展

经历了新中国成立初期的创建，劳改生产逐步纳入了国民经济总计划中，步入了计划经济发展的轨道。在计划经济体制下，劳改生产在各个产业领域取得了全面发展，成为国民经济的一支重要力量，为国家经济建设作出了重要贡献。劳动改造采用了各行各业的劳动手段，使成千上万的罪犯得到了改造。但是生产与改造这对矛盾在计划经济背景下，在大力发展经济建设中也日益暴露出来。我国的劳改工作方针也在处理这对矛盾中调整和变化。所以，这一时期罪犯劳动改造在全面发展的同时，也经历了很多曲折，特别是在"文化大革命"中，罪犯劳动改造工作受到了更为严重的冲击，走了一段相当长的曲折发展历程。

一、"三劳"会议对劳改生产的全面规划

随着第一个五年计划的顺利进行和国家工业化步伐的加快，国家对农业、手工业和资本主义工商业的社会主义改造于 1955 年拉开序幕，标志着中国进入社会主义制度初步建立和有计划发展国民经济的历史阶段。与这一历史时期相适应，以《劳改条例》的颁布实施为标志，新中国的监狱工作开始进入巩固和初步发展时期。[①] 在这一历史背景下，公安部于 1955 年 9 月召开了第三次全国劳改工作会议。

"三劳"会议确定的劳改生产发展的方针是在今后一段时间内劳改生产的发展应以农业为主，并在供产销平衡的原则下适当地发展一些工业，结合国家各项建筑工程组织水利、筑路等工程队。同时，对现有劳改单位进行全面规划、整顿和巩固，提高并发展生产，支援新建的单位。为了落实劳改生产方针，"三劳"会议提出了 6 个方面应注意的问题：必须和国家经济建设密切结合；工农业生产应保持一定比例，注意专业化和适当的建厂规模；生产安排与犯人劳动力尽可能达到平衡；生产建设应和狱政管教业务建设密切结合；地区分布应注意安全；计划必须积极可靠。根据

① 中国监狱工作协会编：《新中国监狱工作五十年》，法律出版社 2019 年版，第 105 页。

发展方针,“三劳”会议制订了1955年至1957年劳改生产计划。

“三劳”会议对劳改生产方针和计划的部署,符合当时的国情和国家经济建设的需要,延续了“一劳”会议以来关于“劳改生产属于国营经济性质的特殊企业,应列入国家生产建设总计划内”的方针。自此,劳改生产在我国社会主义计划经济体制下,走上了一段快速发展的历史时期,从农业逐渐拓展到工业、矿业等多产业领域,逐渐建立起一大批门类比较齐全、设备比较先进的国营性质的农业和工矿企业。

二、“大跃进”运动对劳动改造的影响

(一)高指标、浮夸风对劳改生产的影响

1958年全面展开的“大跃进”运动,一个重要的表现就是高指标、浮夸风。1958年1月25日,公安部劳改局制定了《一九五八年劳改工作计划》,提出了“争取实现大跃进”的口号。1958年2月公安部劳改局召开的全国农业会议和4月召开的12省、区、市劳改工作座谈会上,开始出现急于求成的苗头。同年5月,公安部劳改局在沈阳召开的监狱机电工业参观座谈会,出现了浮夸风。公安部劳改局在这次会议的情况报告中说:“有些成批生产的产品质量,已经赶上或超过了英国、美国,有的达到了苏联标准。”“初步估算,1958年的总产值大约可以翻一番”,“到1962年多数省、市预计可以翻四五番,少数省、市则预计翻十几番”。① 在“人有多大胆,地有多大产”“不怕做不到,只怕想不到”的口号下,有的地区和单位相继放出高产“卫星”。

(二)“大跃进”运动对劳改生产的促进

“大跃进”运动对劳改生产造成了很多浮夸冒进的影响,但是“大跃进”运动“鼓足干劲,力争上游”的做法,事实上也促进了很多地方、很多劳改生产项目的发展。公安部劳改局在《1958年劳改工作基本总结》中说:劳改机电工业,原来虽有一些基础,但小厂较多,设备较差,一般只能生产简单、小型的产品,主要搞修配。去年以来(1958年),各地大大解放了思想,自己装备自己,由修配发展到制造。有些单位开始可以生产某些精、尖、重、大范围的产品,如制造多种重型机床、拖拉机、载重汽车、

① 《劳改工作文件汇编》(第6册),1982年编印,第104-105页。

6000 千瓦发电机、7500 千伏安变压器等。①

辽宁省监狱系统在“向高级、精密尖端技术进军”的号召下，机械工业由过去仅能生产水暖管件、铁路器材、电器元件和工矿设备配件，发展到制造、矿山、水利、冶炼、化工配套设备和锻压、橡胶专用设备、电器成套设备。其中锦州劳改支队生产的真空感应电炉、真空自耗电极电弧炉、电子轰击炉和旅大劳改总队新生石英玻璃制品厂生产的光学石英王面玻璃，均属国家重大的尖端产品，为中国真空冶金和国防尖端科技的发展作出了贡献。浙江省监狱系统在“大跃进”中，仅十里丰农场就建成中小型水库 4 座，蓄水量 754 万立方米，自流灌溉渠 60 多千米，为该场的农业发展奠定了基础。福建省监狱系统在福州繁华地段东街口，承担完成了当时全市最高层建筑——福州邮电大楼。负责此项工程设计施工的工程师（刑满留场人员）受到副省长的接见和赞扬，这座大楼到 21 世纪初仍为当地的标志性建筑。不少劳改企业在此期间研制投产了一批新产品、新产业。1958 年 7 月，上海市第一劳改队制造成功国内第 1 台无缝钢管穿孔机。

1958 年，劳改生产工业总产值达到 17 亿元，工业单位普遍由小厂变大厂，由修配发展到制造，由单一生产发展为钢铁、机电联合企业，并开始发展到一些高、精、尖产品，如重型机床、炼钢、轧钢设备、拖拉机、载重汽车等。正如第九次全国公安会议决议指出：劳改生产取得了显著成就，对于国家发展工农业生产和开发边疆起到了积极作用，已经成为社会主义建设事业中一支不可忽视的重要生产力。

三、“改造第一，生产第二”方针的确立

在罪犯劳动改造工作中，改造和生产的矛盾一直是劳动改造工作的基本矛盾。由于劳改生产列入国家生产建设总计划内，与国家经济建设紧密结合，许多地方的劳改单位出现了“重生产、轻改造”的倾向，甚至在指导思想上存在单纯生产观点。在组织犯人参加修建鹰厦铁路和湖北四湖排水工程中，由于时间要求紧迫、生产任务繁重，出现了超时间、超体力劳动现象，加上劳动环境艰苦、供应紧缺、医疗条件差，鹰厦铁路建设和四湖排水工程中发生了犯人死亡事故。1956 年年初，中共中央政治局听取鹰厦铁路建设和四湖排水工程的情况汇报后，毛泽东指出：“要阶级斗争

---

① 《劳改工作文件汇编》（第 2 册），1982 年编印，第 273－274 页。

和人道主义相结合。”刘少奇提出:“劳改工作的方针,第一是改造,第二是生产。”周恩来也一再强调:“我们是劳动人民的政权,是要把罪犯改造成为新人,这就是人道主义精神。”“劳改的目的,是要把犯人改为新人,政治教育是第一,使他觉悟,劳动是增强他的劳动观点,而不是从犯人身上生产出来的利润办更多的工厂,这还是第二。”①对中央领导的指示,公安部迅速传达贯彻,罗瑞卿在会议上强调:“劳改要搞好,方针是:第一是改造,第二是生产。”1958 年 8 月“九公”会议决议通过的《关于劳动改造工作的决议》明确指出:劳改工作必须继续坚持“惩罚管制与思想改造相结合、劳动生产与政治教育相结合”的方针,在执行这一方针中,必须正确贯彻“阶级斗争与人道主义相结合”“改造第一,生产第二”的原则。1964 年 8 月 11 日,中共中央批转的“六劳”会议的情况报告中,正式确立了劳改工作方针是“改造与生产相结合,改造第一,生产第二”。这一方针的基本含义是把改造犯人成为新人放在第一位,把生产劳动、获取经济效益放在第二位,分清了监狱工作中的主要矛盾和次要矛盾、政治任务和经济任务的辩证关系,比“两个结合”方针进了一步。这一方针在指导劳改工作 30 多年的实践中发挥了重大历史作用。

四、“文化大革命”时期劳动改造工作的挫折

1966 年 5 月至 1976 年 10 月开展的“文化大革命”运动中,全国监狱机关和监狱工作遭受了极大的干扰和破坏,大批劳改单位被下放,甚至被撤销,劳动改造秩序受到严重破坏,无论是工业还是农业生产都受到严重冲击。广大监狱警察在复杂困难局面下,坚持组织犯人劳动改造,特别是在恢复整顿过程中加强管理,落实区别对待和“给出路”政策,调动了犯人的积极性,使劳改生产仍有了一定的发展。从全国范围来讲,1966 年至 1976 年劳改工农业企业年利润总额一直处于 2.4 亿~4.2 亿元,1975 年达到 4.458 亿元,比 1965 年增长了 2.7342 亿元。②

---

① 《劳改工作文件汇编》(第 1 册),1982 年编印,第 22－23、25 页。

② 参见司法部监狱管理局编:《当代中国监狱概览》(统计资料卷),法律出版社 2000 年版,第 17 页。

五、改革开放前的计划经济体制下劳动改造工作的主要成就

（一）劳改生产实现了全面快速发展

劳改生产纳入计划经济体制，与国家经济建设紧密联系，得到了全面快速发展，从农业到工业、矿业等多产业领域，逐渐建立起一大批门类比较齐全、设备比较先进的国营性质的农业和工矿企业，为国家经济建设作出了贡献。

（二）劳改生产的发展支持了劳动改造工作

劳改生产的全面大规模的快速发展，使劳动改造工作得到多产业领域和多样化的劳动手段的支持，罪犯得到了更多的劳动改造机会。劳改生产与社会主义经济建设紧密结合和同步发展，罪犯在生产活动中学到了各种生产技能，绝大多数罪犯被改造和培养成了社会主义建设的有用之才。

（三）进一步健全完善了劳动改造制度

随着劳改工作的不断发展，在历次劳改工作会议的安排部署下，劳改工作管理体制不断健全和完善，劳动改造制度也不断得到健全和完善，形成了计划经济体制下中国特色的监企合一的监狱管理体制和劳动改造制度。

（四）劳改工作方针调整为“改造第一，生产第二”

改造与生产是劳动改造工作中既对立又统一的一对基本矛盾，始终伴随我国的罪犯劳动改造工作。随着把劳改生产纳入社会主义计划经济体制，并与国家经济建设紧密联系，被视为国家经济建设的一支重要力量，重生产、轻改造的现象越来越严重，受到了中央高层的高度重视并不断作出指示，最终在1964年8月“六劳”会议上确定了“改造和生产相结合，改造第一，生产第二”劳改工作方针，充分表明我国的监狱工作及劳动改造工作把改造人放在第一位的主导思想。该方针沿用了30年，一直到1995年新的监狱工作方针出台，成为目前（2023年）为止使用时间最长的监狱工作方针，长期指导了我国的监狱工作，并不断纠正着劳动改造中偏离劳动改造目标和方向的错误。

（五）初步形成并总结了罪犯劳动改造的基本规律

在长期的劳动改造工作中，形成了一些罪犯劳动改造的基本规律，并为人们所认识。如罪犯劳动改造必然与国家经济状况和生产力发展水平相适应的规律；人是可以改造的，劳动生产是改造人的思想观念，培养社会新人的最好方法和手段；改造客观世界和改造人的主观世界相统一的规律；生产与改造既对立又统一的规律；罪犯劳动改造是我国社会主义制度的特色和本质要求的规律等。同时，在计划经济背景下，罪犯劳动改造也积累了许多宝贵的经验，如党中央的高度重视、党和国家领导人及时作出重要的指示；坚持把改造罪犯放在一切工作的首位；坚持罪犯劳动改造的法律化、制度化、正规化；坚持全面抓改造、抓劳动、抓生活；依靠广大干警，坚持发扬艰苦奋斗的优良传统和作风等。

第四节　改革开放时期和社会主义市场经济体制下罪犯劳动改造的改革和发展

经历了改革开放和社会主义市场经济体制改革的不断深化，罪犯劳动改造受经济、社会、政治、法治体制全面改革的影响非常大，成为监狱改革的焦点和难点。监狱系统进行的一系列改革探索都与罪犯劳动改造密切相关。随着市场经济环境给当时的监狱生产及监狱经济造成的压力越来越大，改造和生产的矛盾不断加剧，监狱工作体制的深层次矛盾和经济发展的不平衡性对罪犯劳动改造的影响日益显现。1995 年，监狱工作方针调整为“惩罚与改造相结合，以改造人为宗旨”，并开始系统性地进行监狱体制改革。在监狱和监狱企业关系的体制改革中、在“全额保障”新的监狱经费保障体制下，罪犯劳动改造从管理体制上、产业结构上、经济功能上发生了巨大的变化，逐步走上了“以改造人为宗旨”的正常化发展道路。

一、改革开放初期劳改生产秩序的整顿

为了整顿“文化大革命”时期对劳改生产秩序和劳动改造工作的严重破坏，1980 年，公安部连续下发了关于整顿劳改生产秩序的三个文件，即《劳改农业生产座谈会

纪要》《关于切实加强劳改单位安全生产工作的意见》《关于劳改机械工业企业管理整顿现场会座谈纪要》,提出要搞好全面规划,落实"调整、改革、整顿、提高"的方针,各地按照文件精神,大力整顿生产秩序,调整干部力量,修订各项规章制度,加强企业管理,逐项进行验收,使整顿落到实处。

二、"八劳"会议对劳动改造工作的历史性评价、总结和推动

为了总结历史经验,规划今后劳改工作的发展,1981 年 8 月 18 日至 9 月 9 日,在北京召开了"八劳"会议。这次会议是加速劳改工作改革开放、开创新局面的一次重要会议,是劳改工作实现历史性转折、进入新历史时期的标志性会议。会议提出和解决了一系列重大问题,在新中国劳改工作发展史上具有深远的现实意义和历史意义。

(一)会议全面总结了新中国成立 30 年来劳动改造的基本经验

会议认真总结回顾了新中国监狱工作的历史,对新中国成立 30 年来的基本经验进行了全面总结和理论概括,总结的 6 项内容有 5 项与劳动改造有关。

1. 正确执行"改造第一,生产第二"的方针

强调教育改造与劳动改造是相辅相成的,不可偏废,只有这样才能把罪犯改造成为拥护社会主义制度的守法公民和对社会主义建设的有用之才。

2. 采取正确的政策和方法

强调惩罚管制与思想改造相结合,劳动生产与政治文化技术教育相结合,严格管理与教育、感化、挽救相结合。而采取单纯惩罚和不给出路的办法,是改造不好罪犯的。

3. 组织好劳改生产,进行科学的生产管理

既不让犯人坐吃闲饭,也不能搞超体力劳动。每天劳动一般不要超过 8 小时。要通过生产劳动,使犯人养成劳动习惯,学会生产技能。

4. 各方面的力量密切配合

罪犯劳动改造工作要充分依靠人民群众,在监管、教育、生产和刑满安置等方面必须取得有关部门的支持和配合。

5. 加强劳改工作干部队伍的建设

根据劳改工作的性质和任务,劳改工作干部必须有高度的政治觉悟,有专业知

识,懂政策,懂法律,会做教育改造工作,会管理生产。①

(二)科学确定劳动改造工作的社会地位和历史使命

1. 劳动改造工作是我们党和国家改造人、改造社会的伟大、光荣事业的一部分

中共中央历来重视劳动改造工作。会议要求,要摆正"改造"和"生产"的位置。会议指出:把罪犯改造成自食其力的新人,为社会主义现代化建设造就有用之才,是劳改工作的根本目的,是属于第一位的。通过组织罪犯参加工农业生产劳动,为国家创造物质财富,是属于第二位的。要防止单纯追求经济利益和口头上强调改造的重要而不积极组织罪犯生产劳动两种偏向。

2. 劳动改造的理论和方针政策是正确的,在实践中取得了巨大成就

从 1951 年组织劳动改造开始,至 1981 年基本完成了对历史反革命罪犯的改造任务,经过改造,他们养成了劳动的习惯,走上了自新道路,成千上万的罪犯被改造成为自食其力的新人,化消极因素为积极因素,为国家输送了有用之才。据"文化大革命"前对一些地区的典型调查,罪犯刑满释放后重新犯罪的占 1% ~3% 。就是在"文化大革命"期间,刑满释放人员干坏事、重新犯罪的也只是极少数。从经济上看,将罪犯组织起来进行劳动改造,为国家创造了大量财富,支援了社会主义建设。据统计,30 年来,共开垦荒地 1100 多万亩,建设工厂、矿山、农场 800 多个;累计生产粮食 300 多亿斤,工农业总产值 646 多亿元,修筑了大量铁路、公路,治理了边远地区。事实说明,中国共产党的劳动改造理论、方针和政策是正确的,并在实践中取得了巨大胜利,受到了人民群众的普遍赞扬,得到了罪犯本人及其家属的衷心感谢,也博得了国际舆论的高度评价。

(三)推行新的劳动改造政策和方法

1. 对罪犯构成变化进行了分析

党的十一届三中全会以后,我国进入了改革开放的历史新时期。罪犯改造工作也出现了许多新情况和新问题,主要表现在罪犯的构成与 20 世纪 60 年代前相比,出现了历史性的变化。罪犯构成呈现"三多"的特征,即刑事罪犯多、青年罪犯多、

---

① 参见《第八次全国劳改工作会议纪要》,1981 年 12 月 11 日。

劳动人民家庭出身的罪犯多。20 世纪 60 年代前犯罪的主要根源是反动政权制度下的产物，许多人仍妄想变天复辟，思想顽固，不易改造。20 世纪 70 年代后的罪犯，绝大多数是年轻刑事犯，与政府和人民没有敌对根源。尤其是“文化大革命”后期入监的罪犯，受无政府主义和帮派流毒影响，缺乏正确的人生观，为了追求吃喝玩乐而走上犯罪道路。服刑中，他们对劳动拈轻怕重，不服管教，不守监规。考虑到上述罪犯情况的变化，如果继续沿用以往管教反革命犯的方法显然不行，必须依据罪犯的实际情况，采用新的改造教育方法。

2. 加强教育改造工作，办好特殊学校

“八劳”会议首次提出创办特殊学校的工作要求，对办学原则、办法、学习内容以及检查考核等方面作出规定，比如技术学习考核合格的，发给毕(结)业证和技术等级证书。

3. 完善生产管理体制

关于生产管理体制，提出劳改生产单位是特殊的地方国营企业，列入地方经济建设计划。生产体制的调整必须适应罪犯劳动改造的需要，取得当地经济管理部门的支持，在计划、投资、生产项目的改建、扩建等方面给予照顾。积极推行各种经济责任制。也可以参加企业之间的产供销联合体，将其纳入地方同类企业产业链中，加快企业发展。关于劳改企业的困难，提出要切实解决企业指标过高、生产任务过重、利润效益过低的问题。

4. 加强队伍建设

“八劳”会议确定和推进了一系列从优待警和加快队伍建设的决定和措施，在加强干部培训工作方面，各省(区、市)都要创办劳改工作干部学校，招生指标列入地方统一招生计划，同时有计划、有步骤地开展培训工作，提高干警的政治、业务素质。提出补充干部编制，以适应工作需要。规定劳改单位的干部编制，工业单位按罪犯人数的 20%、农业单位按罪犯人数 16% 配备。

三、办“特殊学校”对劳动改造工作的促进

早在 20 世纪 50 年代开始，新中国各地的监狱就继承革命根据地工作经验，根据监狱生产发展的需要，在罪犯中开展了技能培训性质的生产技术教育。毛泽东在 1960 年 10 月接见斯诺的谈话中，提出了“我们的监狱不是过去的监狱。我们的监

狱其实是学校,也是工厂,或者是农场”的战略构思①。1981 年 12 月,由中共中央办公厅、国务院办公厅转发的“八劳”会议纪要首次提出:“要加强对罪犯的教育改造工作,把劳改场所办成改造罪犯的学校。”1982 年 1 月,中共中央在《关于加强政法工作的指示》中进一步强调:“劳改、劳教场所是教育改造违法犯罪分子的学校。它不是单纯的惩罚机关,也不是专搞生产的一般企业、事业单位。”1982 年 2 月公安部下达了《关于对罪犯教育改造工作的三年规划》,明确规定“组织罪犯学政治、学文化、学技术”“需始终如一的坚持下去,真正当作学校来办。对罪犯进行的政治教育、文化教育和技术教育,应当以政治教育为重点,三者密切结合,不可偏废”。1985 年召开的全国司法厅、局长会议提出,争取在三五年内基本上把全国劳改、劳教场所办成特殊学校。为落实这一要求,1985 年 6 月 11 日,司法部、教育部、劳动人事部联合发出《关于加强对劳改劳教人员文化、技术教育的通知》,首次将劳改场所的办学工作纳入当地教育、劳动部门的统一规划之中。随后召开的全国劳改场所办特殊学校经验交流会明确了特殊学校办学的指导思想是“改造思想,造就人才,面向社会,服务四化”,并提出了特殊学校办学的 5 条标准,指出“三课”教育要以政治教育为核心,以文化教育为基础,以技术教育为重点。1994 年 12 月 29 日颁布施行的《监狱法》也对再教育进行了规定:“监狱对罪犯应当依法监管,根据改造罪犯的需要,组织罪犯从事生产劳动,对罪犯进行思想教育,文化教育,技术教育。”

三课教育之一的技术教育本身就是罪犯劳动改造的重要内容,由于办学指导思想的正确和三课教育有机结合,技术教育得以在改造思想为首位的前提下,成为罪犯劳动改造的得力措施。技术教育除了“干什么、学什么”、在劳动中边干边学,各监狱还开设了各种不同类型的职业技术培训班,如服装剪裁、家电维修、机动车修理、电脑操作、美容美发、植物栽培、养殖等。技术教育使许许多多的罪犯学到了劳动技能,甚至成为劳动能手。到 2000 年,有 317.2 万余人次获得各类技术等级证书,取得发明专利项目 130 个。一批又一批学有所成的刑释人员成了自食其力的守法公民,有的还成为建设和发展社会主义市场经济的有用之材。

① 参见《劳改工作文件汇编》(第 1 册),1982 年编印,第 37 页。

四、劳动改造纳入改造、生产百分考核制度

(一)罪犯改造考核奖罚制度的探索

20世纪80年代开始,山东等省的一些监狱、劳改队试行罪犯行为"日准则",进而发展为改造、生产百分考核制,作为对罪犯考核的一项重要改革很快在全国推行。1985年1月,山东省潍坊劳改支队为适应改革开放的新形势,促进监狱工作进一步纳入法制、科学的轨道,提高改造质量,在推行罪犯"日准则"的基础上,以改造、生产两大任务为基点,对罪犯实行了"联改联产考核奖罚责任制",开始对罪犯的考核奖罚制度实行改革。考核的办法是对罪犯的思想改造和劳动改造实行指标分解,逐项定分,按照奖优罚劣、奖勤罚懒的原则,以分计奖。将思想改造和劳动改造两部分,分解为认罪服法、遵规守纪、三课学习、生活秩序和产量、质量、消耗、文明生产等8项指标。按各项指标的作用和功能,逐项定分,共计100分,作为基准线。具体规定了156个控制点和应奖应罚的分数线,以便相机处置罪犯改造好坏的各种表现。围绕"百分基准线"向上浮动是受奖条件,向下浮动是受罚条件。对有重大立功表现和触犯刑律的,按有关法律规定呈报重奖或重罚。通过对法律、行政、经济三种奖罚的统一化、计量化和规范化,让罪犯能够自己计算思想改造和劳动改造所得的积分,掌握改造前途和命运的主动权,把他们最关心、最迫切的减刑假释问题,变成可以"算得出、盼得到"的希望,从而充分发挥法律对改造罪犯的威力,有效地、持久地调动罪犯的改造积极性。

(二)《司法部关于计分考核奖罚罪犯的规定》

通过一段时间的试行,在认真总结各地的成功经验和不足之处的基础上,司法部于1990年8月制定下发了《司法部关于计分考核奖罚罪犯的规定》,对计分考核奖罚办法进行了改进和完善。将计分考核统一为百分制,规定思想改造满分为55分,劳动改造满分为45分。规定对罪犯实施记分考核工作的原则:"必须坚持合法的原则,注重思想改造的原则,积分考核与管理教育相结合的原则,调动罪犯改造积极性的原则,干部直接考核的原则,严肃认真、实事求是的原则。"针对罪犯服刑改造中最为关心的问题,第23条规定:"计分考核应与行政奖罚挂钩,依据罪犯悔改表现的事实给予加分,并依据加分的多少,分别给予表扬、记功、授予劳改积极分子称号;

依据罪犯抗拒改造、违规违纪的行为给予扣分,并依据扣分的多少,分别给予警告、记过、记大过。"

2016 年 7 月 22 日,司法部在 1990 年的《司法部关于计分考核奖罚罪犯的规定》的基础上又重新修订下发了《司法部关于计分考核奖罚罪犯的规定》,计分考核内容修改为教育改造和劳动改造两部分,每月基础分为 100 分,教育改造基础分为 65 分,劳动改造基础分为 35 分。对劳动改造考核的内容有:"1. 劳动态度端正,服从调配,按时出工劳动,参加劳动习艺;2. 按时完成核定的劳动任务,达到劳动质量要求,无劳动定额的,认真履行岗位职责;3. 遵守劳动操作规程和安全生产规定,爱护劳动工具和产品;4. 其他接受劳动改造的情形。"

从"日准则"到"联改联产考核奖罚责任制",再到《司法部关于计分考核罪犯的规定》,把生产劳动中的表现量化为积分,并将此作为对罪犯进行行政奖励和减刑、假释的重要考核指标,让罪犯能够自己计算教育改造和劳动改造所得的积分,把他们最关心、最迫切的减刑、假释问题变成了"看得见、盼得到、算得出"的现实,使罪犯能够自己掌握改造前途和命运的主动权,有效地、持久地调动了罪犯的劳动改造积极性。这种计分考核改革是对罪犯改造及管理办法的创新,特别是对罪犯劳动改造进行计分考核,能够很大程度上反映罪犯在生产劳动中的表现、生产劳动成果与劳动改造效果之间的内在联系,是劳动改造制度的一大进步。

五、《监狱法》的颁布施行对罪犯劳动改造的规范

1994 年 12 月 29 日,第八届全国人大常委会第十一次会议通过了新中国历史上首部《监狱法》。《监狱法》的颁布实施,是新中国监狱史上一座里程碑,标志着中国刑事法律体系的进一步完善,具有划时代的意义。《监狱法》对罪犯劳动改造工作从法律层面上进行了重要的调整和规范,奠定了社会主义市场经济条件下罪犯劳动改造工作规范、科学发展的法律基础。

(一)从法律上确定了罪犯劳动改造是改造罪犯的三大基本手段之一

《监狱法》第 4 条规定:"监狱对罪犯应当依法监管,根据改造罪犯的需要,组织罪犯从事生产劳动,对罪犯进行思想教育,文化教育,技术教育。"第 69 条规定:"有劳动能力的罪犯,必须参加劳动。"第 70 条规定:"监狱根据罪犯的个人情况,合理组

织劳动,使其矫正恶习,养成劳动习惯,学会生产技能,并为释放后就业创造条件。”这就从法律上确定了劳动改造是监狱改造罪犯的三项基本手段之一。

(二)对监狱生产(劳改生产)的性质和地位有所调整

《监狱法》第 2 条规定“监狱是国家的刑罚执行机关”,不仅阐明了监狱的性质、任务,而且赋予了监狱明确的法律地位。《监狱法》根据马克思主义关于军队、警察、法庭、监狱是国家机器重要组成部分的原理,把监狱定义为国家的刑罚执行机关,表明中国监狱既不是一般的国家行政机关,更不是专门从事生产的企业,而是国家的刑罚执行机关,与公安、检察、法院共同完成保护人民、打击敌人、惩罚犯罪、改造罪犯的任务。1954 年《劳改条例》虽然规定了“中华人民共和国的劳动改造机关,是人民民主专政的工具之一,是对一切反革命犯和其他刑事犯实施惩罚和改造的机关”,却专门设立了一章“劳动改造生产”,规定了“劳改生产应当为国家经济建设服务,应当列入国家生产建设总计划之内”,说明劳改生产不仅是劳动改造罪犯的手段,还是国家经济建设的一支重要生产力。长期以来,劳改机关既是刑罚执行机关,又是生产单位,是特殊的国营企业,不仅要承担执行刑罚的职能,还要完成一定的经济任务,导致监狱把大部分精力用于组织犯人生产,参与市场竞争,影响了刑罚执行和改造罪犯职能的正常发挥。《监狱法》明确了监狱作为人民民主专政机关的性质及其职能,对生产劳动的有关规定基本上是基于罪犯劳动改造的需要提出的,不再强调监狱生产的经济功能,是对监狱工作认识的历史性进步,对罪犯劳动改造也是一大支持和促进。

(三)确立了罪犯劳动生产经费保障体制

《监狱法》第 8 条规定:“国家保障监狱改造罪犯所需经费。监狱的人民警察经费、罪犯改造经费、罪犯生活费、狱政设施费用及其他专项经费,列入国家预算。国家提供罪犯劳动必需的生产设施和生产经费。”这项规定确立了监狱经费的财政保障体制和罪犯劳动改造所需生产经费的投资保障体制。1995 年 2 月 8 日国务院下发的《关于进一步加强监狱管理和劳动教养工作的通知》(国发〔1995〕4 号)指出:监狱生产性建设投资和技术改造投资列入中央和地方的固定资产投资计划,单立户头,视财力情况逐步有所增加。从《监狱法》到国发〔1995〕4 号文件所建立的监狱生产性投资保障体制,是对罪犯劳动改造的根本性、体制性的支持和保障,从经济意义上讲,是中国监狱工作又一个重要里程碑。虽然由于我国经济发展水平的不平衡,这一规定的真正实现还要经历较长时期,但从法律上澄清了监狱生产或监狱企业与其他市场主体的根本不同,监狱企业是为罪犯劳动改造提供手段的特殊企业,是需要国家投资保障其顺利运行的。这一规定也扭转了监狱办企业和监狱企业负担监狱经费的体制性弊端,对监狱改造罪犯职能的正常发挥有重要的作用。

六、监狱工作方针的调整

进入20世纪80年代,改革开放不断深入,监狱工作进入了新的历史发展时期。在认真总结中国监狱工作40多年历史经验的基础上,依据《宪法》《监狱法》基本原则,遵循"改造人"的根本任务,1995年2月国发〔1995〕4号文件提出了"惩罚与改造相结合,以改造人为宗旨"的监狱工作方针,取代了"改造第一,生产第二"方针。这一方针的基本精神,是坚持监狱的刑罚执行职能,以对罪犯依法实施惩罚为前提,在依法严格文明科学管理的基础上,运用各种有效形式,实现惩罚与改造的有机结合,加大对罪犯的改造力度。这一方针把改造人作为监狱工作的根本任务,突出改造工作。新监狱工作方针与历次监狱工作方针有一点不同的是没有直接提劳动,但是"以改造人为宗旨"的表述科学严谨,准确地诠释了劳动要同其他手段一样,要"以改造人为宗旨",从而彻底明确了罪犯劳动改造不能再承担国家经济建设的重任,不能再以经济效益为目标。

新的监狱工作方针比原来的"改造第一,生产第二"方针对罪犯劳动改造的指导性更明确。无论是劳动生产项目的选择、经营、管理等,还是对经济效益与改造效益关系的处理,都要以有利于改造人为宗旨。按照马克思主义劳动学说和毛泽东实践论的观点,劳动本身具有改造人的功能,改造与生产是既对立又统一的关系,二者相互依存、相互制约、相互促进,符合对立统一规律,"以改造人为宗旨"的方针既明确了主要矛盾,又尊重了这一关系和规律,比"改造第一,生产第二"方针更加科学,更易于把握。

七、监狱系列改革推动罪犯劳动改造工作的发展

1978年,党的十一届三中全会召开,我国进入了集中精力搞好社会主义现代化

建设的改革开放时期。随着改革的深入,我国的经济体制从高度集中的计划经济体制发展到社会主义市场经济体制。罪犯劳动改造所依托的监狱生产与监狱企业受经济体制改革和市场经济环境的影响越来越大,为了适应新经济体制环境,为了探索监狱适应市场经济环境的监狱管理体制机制和罪犯劳动改造模式,监狱相继进行了改造生产双承包责任制改革、"统一领导、双轨运行"改革、"监企分开"改革和以"全额保障、监企分开、收支分开、规范运行"为总体目标的监狱体制改革。

(一)"双承包责任制"的实行

中国经济体制改革是从农村实行联产承包、家庭承包责任制开始的,嗣后,国家又开始了以国有企业改革为中心的城市经济体制改革,国有企业改革也是从承包经营责任制开始,并很快取得了调动积极性、提高经济效益的重大成就。监狱机关实行的双承包责任制,是在学习借鉴地方上实行经济责任制的基础上,结合监狱工作的实际开展起来的。1984 年 6 月召开的全国劳改、劳教工作会议,下达了《关于在劳改、劳教单位进一步推行经济责任制的意见》,要求监狱系统必须推行双承包责任制。到 1985 年,双承包责任制在全国监狱系统普遍推行,促进了改造秩序的稳定和劳动生产的发展,全国监狱系统完成工业生产总值比上年增长 15%。1988 年 12 月召开的全国劳改、劳教工作会议,肯定了全国监狱系统推行双承包责任制所取得的成绩和经验。会议认为双承包责任制是监狱工作的基本责任制度,要在全面推行的基础上不断完善和发展,在内容上包括管教、生产承包指标和政治工作承包指标。

应该说双承包责任制对提高改造质量和经济效益起了重要的历史作用。是在改革开放之初调动两个积极性特别是调动生产积极性的重要改革措施。但是,承包责任制是在没有彻底改革监狱工作体制的前提下,进行的一项着眼于调动各方面积极性的措施,首先,没有解决体制上的问题,也没有解决监狱企业办监狱的经济困难问题。这些问题在社会主义市场经济体制建立起来以后就彻底暴露出来。其次,生产承包责任制的着力点放在生产和经济效益上,而不是罪犯劳动改造上,虽然这种改革是改造、生产双承包,而且是二者结合进行的,但是生产承包的硬性指标在实际运行中实实在在地、经常不断地将"改造第一,生产第二"变成了"生产第一,改造第二",从而不仅没有解决改造和生产的矛盾,还进一步使生产冲击了改造。

(二)监狱体制改革的渐进过程

承包制解决不了监狱工作的根本问题,而随着市场竞争日益激烈,许多监狱企业亏损破产,罪犯劳动改造的生产手段难以为继。在20世纪90年代前后,监狱工作中出现了很多严重影响监管改造秩序的问题。要实现《监狱法》规定的监狱职能,要真正落实“以改造人为宗旨”的监狱工作方针,就必须正确认识社会主义市场经济条件下监狱的地位和作用,就必须处理好监狱和监狱企业的关系等关键的体制问题。为此,监狱主管部门进行了一系列的改革探索,直至国家最高决策层作出了关于监狱体制改革的决定。

1993年年初,司法部就劳改单位的管理模式提出了“统一领导,双轨运行,强化改造,搞活经营”的改革思路,在全国监狱系统施行“改造工作依法办事,生产经营放权搞活”的改革,这一改革在体制不变的情况下实际上是很难推行的。1997年全国监狱经济工作会议提出了以“监企分开”为主题的改革。这项改革试图变革监企合一的体制、但因并不具备解决监企合一体制的条件而没有实行。

2003年1月国务院下发《国务院批转司法部关于监狱体制改革试点工作指导意见的通知》,提出了“全额保障、监企分开、收支分开、规范运行”的监狱体制改革目标,先试点后铺开,从2003年起在黑龙江、上海、江西、湖北、重庆、陕西6个省市先行试点;2004年8月,在监狱体制改革第二次部际联席会议上确定辽宁、吉林、湖南、广西、海南、甘肃、宁夏、青海为8个第二批试点省区;2007年11月,国务院出台《国务院批转司法部关于全面实行监狱体制改革指导意见的通知》,要求从2008年起,在全国范围内全面实行监狱体制改革。此次监狱体制改革的主要内容是实行全额保障,建立适合监狱工作性质的新型经费保障体制;实行监企分开,建立规范运行的监狱刑罚和监狱企业管理工作新体制;实行收支分开,建立相对独立的监狱和监狱企业财务管理新体制;实行监社分开,分离监狱办社会职能;实行规范运行,做到“六个规范:规范监狱管理、规范监狱企业运行、规范监狱与监狱企业关系、规范收支分开、规范监狱警察管理、规范工人管理,建立具有中国特色,与国际惯例接轨的新型监狱制度。

(三)改革对罪犯劳动改造的推动作用

监狱体制改革是对长期以来形成的监狱工作体制进行的一次全方位的深刻变

革，对我国监狱推动罪犯劳动改造的发展发挥了重要作用。

1. 建立了监狱经费财政保障体制，监狱经费不再依靠监狱企业生产经营所得，罪犯劳动改造不再担负沉重的经济负担，从而真正实现“以改造人为宗旨”的刑罚功能。

2. 建立了监企分开的监狱管理体制，组建负责生产经营的监狱企业，监狱长不再为生产经营事务所困扰，监区一线管理者不再直接面对市场，可以专心致志地组织罪犯劳动改造。

3. 打下了监狱和监狱企业规范运行的基础，有利于在监狱工作方针的指导下，探索形成罪犯劳动改造规范运行的良性运行机制。

4. 监狱体制改革与监狱布局调整、监狱企业产业结构调整同时推进，实现了罪犯劳动改造生产项目从室外转向室内、从农业、矿业转向工业项目、从自主品牌转向劳务加工项目，降低了罪犯劳动中的各种危险，尽可能地结合了罪犯职业技能的培养。

八、罪犯劳动改造历史经验的总结

（一）始终以马克思主义基本原理、毛泽东劳动改造思想为指引

我国的罪犯劳动改造工作有正确的理论支撑，始终坚持以马克思主义基本原理、毛泽东劳动改造思想为指引，思想、理论的先进性从根本上保证了方向的正确性和发展的科学性。

（二）始终坚持党的领导

我国的罪犯劳动改造工作只有始终在党的坚强领导下，在党中央、国务院的正确决策和指引下，才能做到守正创新，不断改革发展。事实证明，每当罪犯劳动改造工作出现问题，需要调整、改革，甚至拨乱反正的时候，都是党和国家的最高层作出了正确的决策，指引我国的罪犯劳动改造工作朝着正确的方向不断前进。

（三）始终以改造人为根本宗旨

我国的罪犯劳动改造工作以改造人为宗旨，抓住了社会主义制度下监狱工作的根本任务，实现了无产阶级既改造客观世界又改造人的主观世界的伟大理想，是我

国罪犯劳动改造从本质上区别于其他社会制度下罪犯劳动的一大特色，充分体现了社会主义制度的优越性。

（四）始终发扬艰苦奋斗、艰苦创业、无私奉献的精神

我国的罪犯劳动改造工作是在一代又一代的监狱工作者努力拼搏中特别是新中国第一代监狱工作者艰苦创业中发展起来的，广大监狱工作者的无私奉献、艰苦奋斗精神是我国监狱工作宝贵的精神财富。

（五）始终与国家社会经济发展水平相适应

我国的罪犯劳动改造工作紧贴不同历史时期的社会经济发展状况，因地制宜，因时制宜，进行创业和发展。既有革命根据地时期自给自足、寓教育于生产之中的应对之策，又有新中国成立初期“三个为了”的英明决策，也有社会主义建设时期从政治上把劳改生产作为改造罪犯成为新人的一项重要政策，从经济上把劳改生产列入国家生产建设总计划内的指导方针。随着经济的发展和国家财力的增强，我国也逐渐建立起监狱经费财政保障体制和罪犯劳动生产的投资保障体制，罪犯劳动改造工作必将在没有沉重经济负担的条件下健康发展。

（六）始终在改造与生产的矛盾运动中向前发展

改造与生产是罪犯劳动改造工作中的一对基本矛盾，二者的既对立又统一是我国罪犯劳动改造工作的特殊运动方式。所以，改造与生产的矛盾从革命根据地时期开始，就与我国的罪犯劳动改造工作相伴相随，我们党的监狱工作管理者们从一开始就认识到了这对矛盾，并多次有针对性地正确处理这对矛盾，使罪犯劳动改造工作不断健康发展，特别是在这对矛盾异常尖锐的时候，也作出了调整监狱工作方针这样的重大决策。对改造和生产的矛盾的处理彰显了我们的执政者认识规律、处理矛盾和解决问题的能力。

第五章

罪犯劳动改造的性质、目的和意义

罪犯劳动改造是我国监狱机关以生产劳动为手段改造罪犯的一项基本活动和手段。罪犯劳动改造的目的是改造罪犯犯罪的思想本质,使其养成劳动习惯,培养劳动能力和职业技能,回归社会后成为能够自食其力的守法公民。我国的罪犯劳动改造是对马克思主义理论的验证、传承和发展,成功地改造了成千上万的各类罪犯,形成了具有中国特色社会主义制度优势的罪犯劳动改造制度,为我国刑罚制度的科学发展、治理和防范犯罪,作出了重大贡献。

第一节　罪犯劳动改造的性质

罪犯劳动改造的性质是罪犯劳动改造学最基本的理论问题之一。正确认识和科学界定罪犯劳动改造的性质,对于准确把握罪犯劳动改造的发展方向,科学运用罪犯劳动改造手段,合理发挥罪犯劳动改造的功能和作用,实现罪犯劳动改造的目标,具有重要的意义。

一、罪犯劳动改造的性质

罪犯劳动改造的根本性质是我国监狱机关依法运用生产劳动方式改造罪犯的一种基本手段,与监管改造、教育改造并列为我国监狱改造罪犯的三大基本手段。“罪犯劳动改造是中国特色社会主义监狱以改造人为宗旨、以生产劳动为形式、组织罪犯参加的一项学习和改造的活动和手段。”①

事物自身特殊的矛盾性决定事物的性质。罪犯劳动改造是生产和改造的矛盾统一体，改造和生产既对立又统一形成了罪犯劳动改造特殊的矛盾属性，从而决定了罪犯劳动改造成为我国监狱改造罪犯的基本手段的本质。罪犯劳动改造必须以改造为目的，以生产为载体和手段，改造依赖于生产的经济、教育、约束、转变、矫正、锻炼等功能，生产服务于监狱改造罪犯的需要和目的。在这里，改造是主要矛盾和矛盾的主要方面，生产是次要矛盾和矛盾的次要方面，二者既相互区别，又相互联系；既相互对立，又相互统一；既相互冲突，又相互依存和促进。生产和改造的矛盾运动产生了罪犯劳动改造，决定了罪犯劳动改造与别的改造手段的区别，也决定了我国的罪犯劳动改造与西方资本主义国家的罪犯劳动的本质区别。罪犯劳动改造一旦偏离了改造人的目的和宗旨，片面地追求生产的经济功能就不再是罪犯劳动改造本身了，国家创建罪犯劳动改造这一活动自始就明确了改造人的目的和方针，历史上罪犯劳动改造每次偏离这一性质都得到了强有力的纠正。

罪犯劳动改造的性质表现为以下几个基本属性：思想政治属性、法律属性、实践属性、社会属性、人本属性。

（一）以思想改造为根本的思想政治属性

罪犯劳动改造以马克思列宁主义、毛泽东思想、邓小平理论、“三个代表”重要思想、科学发展观、习近平新时代中国特色社会主义思想为思想指南，这与中国共产党领导的各项社会主义事业的理论依据和指导思想是同根同源的。罪犯劳动改造以马克思主义劳动学说、毛泽东劳动改造思想为指导，以人类最基本的实践活动——生产劳动为载体改造罪犯，符合人类社会的发展规律，是无产阶级改造人类、改造社会的基本内容。罪犯劳动改造科学地运用辩证唯物主义实践论、认识论，旗帜鲜明地讲政治，旗帜鲜明地讲通过生产实践改造罪犯思想，使其树立正确的世界观、人生观、价值观，将罪犯改造成为尊重劳动、热爱劳动、热爱祖国、认同中华文化、认同中国共产党、认同中国特色社会主义的守法公民和合格劳动者。罪犯劳动改造是中国社会主义国家机器——监狱执行刑罚的基本手段之一，承担着改造罪犯，预

① 中国监狱工作协会编：《新中国监狱工作五十年》，法律出版社 2019 年版，第 13 页。

防和减少犯罪、维护国家社会秩序、安全稳定的基本任务。罪犯劳动改造以改造罪犯思想为根本，与西方资本主义国家对待罪犯的教育与矫正手段有本质不同，取得了举世瞩目的伟大成就，彰显了我国社会主义法治和国家治理体系的本质特色和优越性。

（二）依法组织罪犯劳动改造的法律属性

罪犯劳动改造是我国法律明确规定的改造罪犯的手段，是以刑事法律为依据的刑罚执行活动，这在我国不同历史时期的法律体系中都有明确规定。1939 年以后，在边区军民开展大生产运动中，陕甘宁边区高等法院发布了第 1 号通令：为了克服抗战困难，也给犯人表现转变思想的机会，“全边区各县已判决人犯，均一致参加生产工作……并随时注意加紧教育”。1946 年年初，太行区司法会议总结：“劳动生产是对自新人的一种改造教育。”1949 年 1 月，关东高等法院制定了《犯人罪犯劳动改造委员会组织条例》，这是我国最早制定的罪犯劳动改造地方性法规。1954 年政务院公布的《劳改条例》明确规定，“为惩罚一切反革命犯和其他刑事犯，并且强迫他们在劳动中改造自己，成为新人”，并确定了劳动改造机关的工作方针是“惩罚管制与思想改造相结合，劳动生产与政治教育相结合”。这是新中国首次以法规形式规定的监狱工作的根本任务和工作方针。《刑法》第 46 条规定：“被判处有期徒刑、无期徒刑的犯罪分子，在监狱或者其他执行场所执行；凡有劳动能力的，都应当参加劳动，接受教育和改造。”《监狱法》对罪犯劳动改造作了更全面的法律规定，不仅在总则中第 3、4、7、8 条对罪犯劳动改造作了一般的规定，而且在分则中第 58、64、69、70 条等都作了较为具体的规定。如《监狱法》第 4 条明确规定了罪犯劳动改造是改造罪犯的基本手段之一：“监狱对罪犯应当依法监管，根据改造罪犯的需要，组织罪犯从事生产劳动，对罪犯进行思想教育、文化教育、技术教育”；第 8 条规定了罪犯生产劳动经费的保障机制：“国家提供罪犯劳动必需的生产设施和生产经费”；第 69 条规定了罪犯参加劳动的强制性：“有劳动能力的罪犯，必须参加劳动”；第 70 条规定了罪犯劳动改造的具体目标：“监狱根据罪犯的个人情况，合理组织劳动，使其矫正恶习，养成劳动习惯，学会生产技能，并为释放后就业创造条件”；第 64 条对罪犯进行职业技术教育进行了具体规定：“监狱应当根据监狱生产和罪犯释放后就业的需要，对罪犯进行职业技术教育，经考核合格的，由劳动部门发给相应的技术等级证书。”

(三)以生产实践为手段的实践属性

罪犯劳动改造是改造自然或劳动对象的生产实践活动,这使之区别于教育改造、监管改造,也区别于心理矫正或矫治,更区别于西方国家单纯的劳动矫正和职业技能教育。生产实践是三大社会实践中最基本的实践活动,是人的认识、观念形成、发展和转变最基本的源泉和动力,是改造罪犯思想最现实的、最基本的实践手段。罪犯劳动改造所依赖的生产劳动是真正的、与社会一般劳动者所从事的生产实践无本质区别的生产活动,具有一般社会生产所具有的各种功能和作用,这与西方国家单纯的习艺劳动和劳动教育是不同的;罪犯劳动改造是创造价值和使用价值的生产劳动,是需要付出辛勤劳动和汗水的,罪犯通过这样的劳动能够认识到劳动是生存之道,是财富之源,美好生活和幸福生活是要靠劳动创造的;罪犯劳动改造是融入社会化大生产的实践活动,是能够让罪犯感知社会经济环境、不脱离社会的实践活动;罪犯劳动改造要求每个罪犯接受上岗前的岗位技能培训和安全生产教育,取得相应的职业资格或技能证书或者出师出徒才能独立上岗劳动;罪犯在服刑期间必须习得一种或多种生产劳动技能,使之回归社会后拥有自食其力的本领;罪犯劳动改造是在特殊的监狱环境下组织的生产劳动,既有一般生产劳动所要求的各种生产工艺要求和规章制度约束,又有监狱针对这一特殊劳动者群体所规定的罪犯劳动管理规范,从而使他们的违法违纪行为和各种不良恶习,在日积月累的规范化劳动中得到矫正;罪犯劳动改造的实践属性还表现在科学地运用了生产劳动全方位的量化考核功能,对罪犯劳动的产量、质量、进度、成本、效率等进行精准的考核,甚至可以有效地考察罪犯的劳动态度以及参加和接受改造的积极性、主动性,从而科学地对罪犯实施激励惩罚措施,这与社会上对普通劳动者考核奖惩的原理是相同的,但也有罪犯劳动考核的特殊之处,从而非常有效地增强罪犯参加劳动改造的积极性,这也是其他罪犯改造手段无法比拟的。与实践属性密切相关的是罪犯劳动改造的经济属性,对社会来说,罪犯劳动改造会创造一定的经济效益,并以合理的渠道、方式融入社会化大生产中;对监狱来说,长期地解决了监狱一定的经费困难;对罪犯来说,罪犯劳动改造还给他们带来了一定的劳动报酬。总之,罪犯劳动改造特有的实践属性和强大的实践体验功能使之在我国监狱改造罪犯事业中发挥着无可替代的作用。

（四）以回归社会为立足点的社会属性

罪犯劳动改造的立足点是以生产劳动实践改造罪犯，最后还给社会一个社会化的、能够自食其力的劳动者。罪犯劳动改造的劳动是融入社会化大生产中的生产劳动，使罪犯体会到自己虽身在监狱服刑，但也是社会的一分子，也能从自己生产的产品中体验到自身价值，也能在参与社会化的生产劳动中融入社会，不脱离社会，培养自己的社会化人格。我国革命战争年代的革命监所最早采用的就是劳动感化和改造制度，最早的罪犯劳动改造制度采用的就是给出路的政策，让犯人在劳动中学习本领，在劳动中改造自己。这一政策贯穿我国监狱罪犯劳动改造制度的整个发展历程，革命战争年代是这样，国家困难时期是这样，国家经济实力大大增强了还是这样。这一属性不仅不会变，还会随着国家的经济发展水平的不断提高，不断改进和加强以回归为宗旨的罪犯劳动改造方式，为罪犯创造越来越好的劳动改造环境和条件。在社会主义市场经济体制下，罪犯劳动改造的社会化条件遇到了种种困难，面临许多新的情况和问题，在这种情况下，我国仍然坚持给罪犯提供社会化的生产活动手段，即使在受到西方国家所谓人权无理攻击的情况下，我们也会清醒地认识到，罪犯劳动改造的社会属性是我国的特色和优势，只能保持和加强，不会改变。

（五）以人为本的人本属性

罪犯劳动改造的根本点是改造人，而且是以最符合人的本质的途径和方式改造人。马克思主义劳动学说是罪犯劳动改造的基本哲学依据，也奠定了罪犯劳动改造的人本属性。马克思主义劳动学说认为，劳动创造了人，劳动是人类社会形成和发展、社会历史进步的根本原因。劳动是整个人类生活必须的第一个条件，没有劳动就没有人类生活。劳动是人的本质的体现。有否自觉的目的性和能动性是人类与动物世界的重要区别，而有目的性的、能动性的劳动决定了人的本质。马克思主义劳动观点说明，罪犯劳动改造是以人为本的改造罪犯的手段，因为让人在劳动中改造自己是最符合人的成长和发展规律的。西方国家以所谓强制劳动、改造思想、剥夺人权来攻击我国的罪犯劳动改造既是因为立场完全不同，更是因为其所谓人权的虚伪性、狭隘性所致。恰恰相反，我国的罪犯劳动改造是帮助那些迷失了人性、迷失了人生方向的人，通过最适合人的方式，也是人若为人必须劳动的方式，让他们回归人性,重树世界观、人生观、价值观。不如此,不给罪犯以恰当的劳动实践机会,恰恰是违背了人的本质。我国的罪犯劳动改造,是自始至终把犯人当人看,以人道主义的方式改造人。而且,随着我国社会、文明、法制的不断发展和进步,我国越来越高度重视和尊重罪犯劳动的权利与义务,在法律上予以规定,在实践中更加严格地落实。罪犯劳动改造是被我国长期实践证明了的以人为本的改造罪犯手段。

二、我国的罪犯劳动改造与其他社会制度的罪犯劳动的本质区别

一些教材或学术著作往往这样描述罪犯劳动改造:“关于罪犯劳动改造的提法,多见于社会主义国家。”问题的实质不在于罪犯劳动改造是哪个国家的提法,一些西方国家在讲到罪犯劳动时有的也会用到“改造”一词,问题的关键在于社会主义国家特别是社会主义中国的罪犯劳动改造与其他社会制度国家的罪犯劳动是有本质区别的,而且这种区别从中国共产党领导的革命监所时就是有的。“组织生产劳动的职能,是民主政权监所工作的又一特色……这种职能同古代单纯的惩役有别,也与西方国家采取不强调不强制主义相异。”①

(一)我国的罪犯劳动改造与其他社会制度下的罪犯劳动在惩罚性上是根本不同的

我国的罪犯劳动改造是在马克思主义理论的指导下,为了预防和减少犯罪,维护社会安全稳定,推动社会文明、发展和进步,以劳动生产的方式改造罪犯成为新人的一种基本手段。惩罚虽然是刑罚的基本属性和职能之一,但从来不是我国社会主义监狱的性质和目的。我国的罪犯劳动改造无论是在初创的革命战争时期,还是在新中国各个时期,都不以惩罚罪犯为目的,而是以改造人为根本目的。我国监狱工作的方针是“惩罚与改造相结合,以改造人为宗旨”,“这一方针的基本精神是坚持监狱的刑罚执行职能,在依法、严格、文明、科学管理的基础上,运用各种有效形式,实现惩罚与改造的有机结合,加大对罪犯的改造力度”。“惩罚与改造相结合,即在严格管理前提下,通过一系列教育改造措施,达到改造人的根本目的。”②2000 年国

① 中国监狱工作协会编:《新中国监狱工作五十年》,法律出版社 2019 年版,第 13 页。
② 中国监狱工作协会编:《新中国监狱工作五十年》,法律出版社 2019 年版,第 270－271 页。

务院新闻办公室发布的《中国人权发展50年》报告中明确指出："中国政府反对将劳动作为惩罚罪犯的手段，反对用繁重的劳动折磨、虐待罪犯。将劳动作为改造罪犯的手段而不是作为惩罚罪犯的手段，在中国改造罪犯的实践中得到贯彻执行。"而其他社会制度下的罪犯劳动，尽管经历了从野蛮走向文明、从落后走向进步，但由于其社会制度的不同、统治阶级的不同、指导理论和思想的不同，与我国社会主义监狱罪犯劳动改造的性质是有着本质区别的。奴隶社会的囚犯劳动是奴隶主阶级报复、惩罚、侮辱、奴役罪犯的手段，是极其残酷、野蛮的，这是世界范围内奴隶制社会罪犯劳动的共同特征。封建社会的罪犯劳动是封建统治者为了达到巩固统治秩序的根本目的对罪犯进行惩罚、折磨、威慑、剥削的一种手段。尽管到封建社会的末期罪犯劳动体现了统治阶级的刑以弼教及感化主义的思想，但其实质仍是统治阶级维护统治的一种花样手段，罪犯劳动受剥削、威慑的历史地位和性质没有变。

（二）我国的罪犯劳动改造与西方国家罪犯劳动矫正在根本宗旨上是有本质区别的

1. 我国的罪犯劳动改造和西方的罪犯劳动矫正的根本宗旨和思想理论依据是不同的

我国的罪犯劳动改造的根本宗旨是改造人，依据的是马克思主义基本原理，强调运用生产劳动手段，彻底地改造罪犯错误的世界观、人生观、价值观和劳动观，最根本的要义是从根本上，也就是从思想上改造罪犯，当然我国的改造也包含矫正。

西方国家的劳动矫正主要是通过劳动手段矫正罪犯的心理和行为，依据的是教育矫正原理，从性质上看是随着教育刑主义的兴起而推行的教育矫正活动。在教育刑主义下，"监狱犯人劳动是教育罪犯的基本手段之一，可以培养犯人的劳动技能、职业技术、强化罪犯自食其力的观念，为其释放后谋生提供一技之长"①。可以看出，教育刑主义下的罪犯劳动只指向矫正活动，不指向改造活动。夏宗素所著的《罪犯矫正与康复》中这样概括罪犯矫正："罪犯矫正是指纠正罪犯不良心理倾向和行为习惯的行刑制度。矫正制度源于西方国家，主要指通过监禁隔离、教育感化、心理治疗和技术培训等措施，使罪犯逐步适应社会生活而进行的活动。"②"矫正与改造

① 贾洛川主编：《罪犯劳动改造学》，中国法制出版社2010年版，第21页。

② 夏宗素：《罪犯矫正与康复》，中国人民公安大学出版社2005年版，第11页。

具有不同的内涵,二者是有区别的,前者侧重行为;后者则包括思想、行为、心理等多种内容。”[①]这种区别也是我国罪犯劳动改造与西方国家罪犯劳动的本质区别。

2. 我国的罪犯劳动改造自始至终以改造人为宗旨,西方国家自教育刑以来才确定了罪犯劳动教育矫正的目的

我国的罪犯劳动改造的根本宗旨始终是通过劳动改造罪犯,主要在于改造罪犯的思想,使其树立正确的世界观。这一宗旨从罪犯劳动创建伊始就有,而且至今未变。如1954年政务院颁布实行的《劳改条例》第1条“开宗明义规定了改造犯人‘成为新人’是新中国劳动改造工作的根本任务,是劳改机关一切活动的出发点和最终归宿”。第4条规定:“应当贯彻惩罚管制与思想改造相结合,劳动生产与政治改造相结合的方针”,其中“惩罚管制与思想改造相结合”是指劳改机关承担的两项基本任务及其相互关系,“思想改造则是劳改机关一切活动的最终目的”。[②] 如1994年颁布的《监狱法》第3条规定:“监狱对罪犯实行惩罚和改造相结合,教育和劳动相结合的原则,将罪犯改造成为守法公民。”第4条规定:“……根据改造罪犯的需要,组织罪犯从事生产劳动,对罪犯进行思想教育、文化教育、技术教育。”

当代西方资本主义国家自教育刑主义以来把罪犯劳动作为“教育罪犯的基本手段之一,可以培养劳动技能、职业技术”,但是其社会制度决定了其从来不会追求改造人的思想,最多上升到“强化罪犯自食其力的观念”。[③] 他们把我国社会主义监狱改造罪犯思想当成其攻击中国人权的借口,其实是两种社会制度在监狱对待罪犯劳动的本质区别所在。而我国的罪犯劳动改造既有最先进的理论作指导,又反映了人的本质和内在需求,而且被举世瞩目的罪犯劳动改造成就所证明。

3. 我国的罪犯劳动改造比西方国家罪犯劳动的措施更加丰富全面

(1)我国的罪犯劳动改造既包含通过劳动改造人的思想,也包括通过劳动培养罪犯的职业技能和通过劳动矫正人的心理和行为等方面的内容。西方国家的罪犯劳动主要是指职业技能教育和劳动矫正。

(2)我国的罪犯劳动改造科学地对待罪犯劳动改造与劳动矫正的区别与联系,努力追求并实现了罪犯劳动全部的意义,西方国家的劳动矫正只是片面地发挥劳动

① 贾洛川主编:《罪犯劳动改造学》,中国法制出版社2010年版,第21页。
② 中国监狱工作协会编:《新中国监狱工作五十年》,法律出版社2019年版,第84－85页。
③ 贾洛川主编:《罪犯劳动改造学》,中国法制出版社2010年版,第21页。

矫正的作用,不可能实现罪犯劳动全部的意义。首先,从二者的区别中要看到罪犯劳动改造是我国社会主义制度的特色和优势,有先进的理论指导,有完备的工作体系可以实现劳动改造的强大功能。其次,从二者的联系中要看到,改造人的思想是基础和前提,矫正人的心理和行为只是表现和结果,只有立足于改造人,才能更好地矫正人,只有改造人才能真正消除犯罪的思想根源,这也是我国的重新犯罪率要远低于西方国家的根本原因,也是我国罪犯劳动改造的制度优越性和特色。在实践中,必须首先坚持从思想上改造人,也要运用矫正的技术和手段,综合性地改造和矫正罪犯。

三、罪犯劳动改造的性质在我国监狱工作历史上的传承

罪犯劳动改造自始就是中国共产党创建和领导的刑事司法机关改造罪犯的重要手段,并直接影响了我国教育改造罪犯工作的发展方向和脉络。革命根据地时期从最初的劳动感化院到后来的监狱和看守所,新中国成立后从计划经济时期的《劳改条例》到市场经济时期《监狱法》,无一不明确规定劳动改造是改造罪犯的重要手段。需要说明的是,罪犯劳动改造虽然首先创建于第一个社会主义国家苏联,我国在革命根据地时期以及新中国成立后都借鉴过苏联的经验,但是必须明确这是在我党我国创建和发展罪犯劳动改造的过程中的借鉴,我国基于国情创造性地建立并发展了具有中国特色的罪犯劳动改造事业,这是毋庸置疑的。

第二节　罪犯劳动改造的目的

罪犯劳动改造的目的是监狱机关组织罪犯劳动改造期望达到的目标和理想效果。罪犯劳动改造的目的是监狱工作目标的重要组成部分,作为监狱改造罪犯的重要手段之一,罪犯劳动改造的目的对实现监狱工作目标具有重要意义。罪犯劳动改造的目的是罪犯劳动改造学的一个基本理论问题,也是监狱工作中的一个重要实践问题。由于罪犯劳动改造的复杂性和特殊性,理论上和实践中对这一问题非常容易出现认识不清、判断不准的偏差和错误,所以,也是一个非常需要加强理论研究的重大问题。对此,一方面要坚持我国监狱工作长期以来形成的制度性特色和优势,对

罪犯劳动改造制度保持道路自信、理论自信、制度自信和文化自信;另一方面要加大理念创新、理论创新、工作创新的力度,推动我国的罪犯劳动改造工作不断创新和发展。“中国进入新时代,新时代在监狱领域就是体现为改造时代,改造成为中国监狱的时代命题,更是体现监狱治理现代化的内涵要求。实现这一突破和转型,需要构建符合当前罪犯特征的改造体系,使行刑期间罪犯改造目标化定位、定量化推进、精准化评价。”①

一、罪犯劳动改造的目的

罪犯劳动改造的目的是由监狱的性质和罪犯劳动改造的性质决定的,是国家专政机关设立监狱的目的在罪犯劳动改造手段中的体现,罪犯劳动改造的目的要与监狱工作的方向、方针和目标保持一致。我国《监狱法》第3条规定了监狱工作的目标:“监狱对罪犯实行惩罚和改造相结合、教育和劳动相结合的原则,将罪犯改造成为守法公民。”1995年2月8日国务院下发的《关于进一步加强监狱管理和劳动教养工作的通知》中确定了我国的监狱工作方针是“惩罚与改造相结合,以改造人为宗旨”。根据我国的监狱工作方针和《监狱法》的规定,结合罪犯劳动改造的功能、作用和特点,应该将罪犯劳动改造的目的确定为:以改造人为宗旨为总目标,以将罪犯改造成为守法公民为基本目标。总目标以监狱工作方针为依据,包含了罪犯劳动改造目的的根本性和层次性。基本目标体现了《监狱法》的规定。所谓根本性是从思想上到行为上达到改造人的根本目的,所谓层次性是要基于罪犯的个体差异和犯因差异去认识改造目的和效果的差异性。也就是说,在监狱工作方针的指导下和《监狱法》的具体要求下,罪犯劳动改造的目的要在以改造人为宗旨的根本目的下,认可并追求改造人的目的和效果的层次性和差异性。所谓基本目标,就是无论个体差异如何必须保证实现的最低目标,即将罪犯改造成为守法公民。总体来说,就是个体条件好的追求高目标、高质量地改造人,个体条件差的则追求基本目标。

对罪犯劳动改造的目的可以从以下几个层次把握。

(一)培养劳动能力和职业技能,为回归社会做好准备

改造罪犯归根结底要看罪犯回归社会能否靠自己的劳动实现自我生存、生活

---

① 张庆斌:《论新时代改造罪犯体系的重构》,载《中国监狱学刊》2022年第1期。

甚至是人生发展，否则改造罪犯就是不成功的。所以，罪犯劳动改造目的的一个重要内容是培养罪犯的劳动能力和职业技能，培养他们回归社会后能够适应社会的就业或创业的本领，培养他们能够自食其力甚至实现更大人生目标的本领。这个目的是现代监狱工作理念的重要内容，无论是我国还是西方国家都非常重视的一个内容。

（二）矫正罪犯恶习，养成遵纪守法和劳动习惯

许多罪犯身上有着各种各样的不良习惯，这些不良习惯有很多与社会公共秩序、法规法纪、单位规章是相违背的，很多人犯罪就是由这些恶习造成的，所以改造罪犯身上的种种恶习也是改造罪犯的重要目标之一。罪犯劳动改造本身是通过严格的劳动管理来进行的，需要参加劳动的人日复一日地遵守各种劳动制度规范，罪犯劳动改造因此有很强的助人养成良好行为习惯的功能和作用，所以，我国监狱把矫正罪犯恶习作为罪犯劳动改造罪犯的基本目的之一。

（三）改造罪犯错误思想，树立正确思想观念

改造罪犯思想在罪犯劳动改造的目的中居于根本地位和终极地位。罪犯思想转变了，正确的世界观、人生观、价值观、劳动观树立起来了，罪犯才能真正地被改造，罪犯改造的积极性、主动性才能真正被调动起来，罪犯才能真正地化改造的客体为主体、变被动改造为我要改造。所谓改造罪犯思想并不是一个简单的过程，而是一个从简单到复杂、从初级到高级、由浅到深的层次和过程。这个层次基本上可以分为培养正确的世界观、人生观、价值观，树立劳动观念，树立热爱祖国、热爱社会主义、拥护中国共产党的思想观念等。对于这样一个多层次性的思想改造目标，不可能对所有的罪犯一视同仁，要视罪犯个体的思想基础情况确定不同的改造目标和分阶段的改造目标，对少数罪犯可能只适合简单的、初级的思想改造目标，对大多数罪犯可能要分阶段地确定并实现从简单到复杂、从初级到高级的目标。

1. 培养树立正确的世界观、人生观、价值观

世界观、人生观、价值观是一个人对世界、对社会、对人生、对事物、对行为的根本的看法和判断标准。树立正确的世界观、人生观、价值观是使罪犯逐渐改变对人生、对社会、对他人错误的、消极的、负面的思想观念和认识，逐渐树立起正确的、积

极的、向上的、正能量的思想观念。树立正确的世界观、人生观、价值观是基本的、初级层次的思想改造要求和目的,应当说经过强迫的罪犯劳动改造到自觉地接受罪犯劳动改造,罪犯的世界观、人生观、价值观均会逐渐地、程度不同地、有快有慢地发生改变,这一层次的目的应该是对所有罪犯的改造目标和要求。

2. 树立劳动观念

让罪犯树立劳动观念包括改变其不劳而获的思想,使其树立自食其力的观念,改变其懒惰无度、厌恶劳动的思想,使其树立热爱劳动、勤于劳动的观念,改变其不尊重劳动的思想,使其树立劳动光荣的观念。正确的劳动观念包括劳动是人生存、生活、人生发展的基本途径的观念,劳动是财富的源泉和幸福的源泉的观念,在劳动中还应该逐渐树立诚信意识、纪律意识、责任意识、协作意识、节约意识、学习意识、创新意识、进步意识等,从而做一个尊重劳动、热爱劳动、积极劳动、靠劳动自食其力的人。培养劳动观念是基本的罪犯思想改造,是对所有有劳动能力的罪犯进行劳动改造的基本目的,也是对一个有劳动能力的守法公民的基本要求。

3. 树立热爱祖国、热爱社会主义、拥护中国共产党领导的思想观念

这是一个更高层次的目的和要求,不能强求所有的罪犯都能达到,但是有思想基础的罪犯经过积极劳动改造,配合思想教育、文化教育等教育改造手段,也是可以达到的。

实践是认识的源泉和动力,生产实践是改造罪犯思想最现实的、最基本的实践手段,人的正确的思想认识必须在实践中去体会、去改变、去形成,这是马克思主义改造罪犯理论的基本思想,也被我国各个历史时期罪犯劳动改造的伟大成就所印证。所以,将转变罪犯思想确定为罪犯劳动改造的根本目的,有着科学的理论依据和实践依据。

改造罪犯思想在我国监狱中是罪犯劳动改造、教育改造、思想教育、劳动教育、心理矫正综合施策、协同作用的结果,是我国监狱改造罪犯的特色,体现了我国罪犯劳动改造工作与西方国家劳动矫正的本质区别。

二、罪犯劳动改造目的的二重性

(一)主观性

罪犯劳动改造的目的是监狱对罪犯劳动改造的主观愿望和期望达到的最终效

果。从根本上说,目的是由监狱设立者确定的,是存在于主体的主观意识中的,罪犯劳动改造是专政机关设立监狱的一项活动。从政治上来说,罪犯劳动改造目的来源于国家统治者的政治意识形态,受其所在的阶级意识决定,所以,罪犯劳动改造目的不是某个人的主观意识,而是国家的专政阶级的,这个阶级的指导思想和理论也会成为设定罪犯劳动改造目的的主导思想。从这个角度也可以说,罪犯劳动改造是一项具有阶级性的活动。从立法上来说,监狱的性质和罪犯劳动改造的目的也体现着国家的意志。从罪犯劳动改造的目的来看,我国始终以改造人为根本目的充分彰显了我国社会主义的国家意志在罪犯劳动改造中的体现。

（二）客观性

罪犯劳动改造的目的具有主观性,并不意味着罪犯劳动改造的目的是绝对意志自由的产物,其目的也不是凭空想象的结果,其在具有主观性的同时还具有客观性。其客观性体现在:首先,观念是对存在的反映。罪犯劳动改造的目的作为一种观念形态的东西也是对客观存在的反映。“作为一种社会意识形态,罪犯劳动目的是社会上占统治地位的阶级或阶层对罪犯发展做出的符合其阶级利益的设计,是对客观社会存在的反映,有什么样的社会存在,就会有什么样的罪犯劳动目的。不同社会,不同国家组织罪犯劳动的目的不尽相同,甚至还有本质的差异。”①这种社会存在对罪犯劳动的目的影响在各个社会制度下都有所体现。其次,罪犯劳动改造是通过改造客观世界来改造人的主观世界的,离开了对客观世界的认识和改造就不可能改造主观世界。最后,罪犯劳动改造目的的达成,是通过罪犯在劳动中反复实践,使罪犯劳动改造目的在罪犯身上不断地客观化、现实化,从而达到改造罪犯思想和行为目的的。

罪犯劳动改造的二重性告诉我们,一是罪犯劳动改造以马克思主义基本原理和中国特色社会主义监狱理论、改造罪犯理论为指导,是中国特色社会主义监狱制度的特色和优势,我们要有理论自信和制度自信。二是罪犯劳动改造是以罪犯劳动生产为载体和手段,而生产又必然会受到国家特定历史时期的经济发展水平和生产力发展水平的制约,这就导致我国在经济发展水平低下、监狱工作困难的时期,把罪犯

---

①　柯淑珍:《论罪犯劳动的目的》,载《犯罪与改造研究》2016 年第 2 期。

劳动作为改造手段的同时,也作为解决监狱困难的手段,甚至在计划经济时期被作为社会生产力的重要组成部分,以至于在我国相当长的历史时期存在生产和改造的矛盾激化,生产冲击改造这一根本目的的现象。但是党和国家一直高度重视这一问题,并确定了"改造第一,生产第二"的劳改(监狱)工作方针,及时指导协调实际工作中的矛盾。对此,我们一定要认识到这一矛盾深刻的历史根源和现实表现,既要正确面对社会经济条件的客观影响,也要牢固把握罪犯劳动改造目的的精神实质,要在复杂的客观现实中坚持罪犯劳动改造的根本目的,以正确的理论指导实践,以坚定的理论自信和制度自信坚持罪犯劳动改造的发展方向。

三、认识罪犯劳动改造的目的应注意的问题

(一)罪犯劳动改造的目的是一个基本理论问题

罪犯劳动改造的目的是罪犯劳动改造学的一个基本理论问题,也是罪犯劳动改造理论的一个科学判断。只要以马克思主义理论、毛泽东劳动改造罪犯思想为指导,只要以罪犯劳动改造基本理论、基本性质、基本概念为理论基点,就能对罪犯劳动改造的目的得出正确的结论。这一结论是指导罪犯劳动改造理论体系建立、指导罪犯劳动改造实践正确发展的基础理论。偏离了罪犯劳动改造的指导理论、偏离了罪犯劳动改造的正确目的,就会得出错误的结论,更会在实践中偏离正确的方向。

(二)罪犯劳动改造的目的是一个重要的实践问题

监狱组织罪犯劳动改造的任务是"完成党和国家赋予监狱劳动改造罪犯,使罪犯成为合格社会劳动者和守法公民的重要使命"①。衡量罪犯的劳动改造成果,一是看罪犯在接受改造后世界观、人生观、价值观、劳动观的转变程度,二是看他们在走出监狱回归社会后,自我价值的实现和社会对他们的认可度。罪犯劳动改造在实践活动中,要面对很多具体甚至复杂的生产问题,本章所述罪犯劳动改造的性质和目的,明确了基本问题,也论证清楚了改造生产的对立统一关系,就像指路的明灯,照亮我们工作的行程。

---

① 杜雨主编:《罪犯劳动改造学》,法律出版社2002年版,第102页。

（三）罪犯劳动改造的目的与相关概念的区分

科学的基本概念是准确揭示理论问题、界定实践问题的基础，基本概念混淆必然导致一系列理论和实践问题的混乱。首先，我国的罪犯劳动改造的目的与其他西方国家罪犯劳动的目的是根本不同的。罪犯劳动是人类各个社会制度下和当代世界各国监狱普遍存在的现象，在我国，罪犯劳动是改造罪犯的手段，我们称为罪犯劳动改造；在当代西方国家，罪犯劳动是教育矫正罪犯的手段，他们只有罪犯劳动矫正，没有罪犯劳动改造。西方国家的罪犯劳动以矫正为目的，我国的罪犯劳动改造则以改造人为宗旨。其次，监狱生产是我国在特殊历史时期为解决监狱经费不足的困难和支援国家经济建设的产物和概念，其本质是罪犯劳动改造的载体和手段，也是为改造罪犯服务的。但是，随着我国监狱工作的科学化、规范化、法治化的发展，也由于监狱生产的表述不符合监狱的职能，我国的监狱学学科理论和监狱工作实践中已逐渐摒弃了监狱生产这一概念，实践中的偶尔使用是不规范的，简单地把监狱生产等同于罪犯劳动改造，是概念不清和不科学的表现。如“很多监狱把工作重心向罪犯劳动改造偏移，一味追求经济效益”“许多监狱干警也只热衷于罪犯劳动改造，一门心思抓效益”，这些说法非常明显是把监狱生产与罪犯劳动改造混淆了。

（四）将罪犯劳动改造的目的和罪犯劳动改造的功能及其作用区别开来

罪犯劳动和罪犯劳动改造的功能是多重的，是这项活动本身具备的客观功能，罪犯劳动改造的作用是罪犯劳动和罪犯劳动改造的功能得到运用的结果和效用。罪犯劳动改造的目的是理论研究者基于罪犯劳动改造的功能和作用的合理推定和科学结论，是政策制定者确定在监狱工作方针中的，是法律制定者规定在《监狱法》中的。罪犯劳动改造的目的是单纯、明确指向改造罪犯的目标的，罪犯劳动和罪犯劳动改造的多重功能和作用要为罪犯劳动改造的目的服务，是实现罪犯劳动改造的目的的手段，不能把手段和目的弄混淆了。

（五）坚决纠正罪犯劳动改造目的多元化的认识

罪犯劳动改造的目的是以改造人为宗旨，把罪犯改造为守法公民，这也可以称为罪犯劳动改造的“一元化”目的或目标，罪犯劳动改造的目的必须坚持“一元化”

而不能“多元化”。只有在这种目标明确清晰的“一元化”目标的指引下，罪犯劳动改造工作才能处理好手段和目的的关系，才能正确地运用生产劳动手段，实现监狱工作目标和方针。但是长期以来，无论是理论上还是实践上普遍存在罪犯劳动改造多元化的目标，比如改造目标和经济目标，社会效益目标和经济效益目标，甚至还有惩罚目的等。罪犯劳动改造目的多元认知并存，反映在实际工作中，就是监狱组织罪犯劳动改造在方向把握和目标定位上的不确定性与迷惑性。相关专项调研课题的不完全调查结果显示，监狱民警和服刑罪犯认为监狱组织罪犯劳动的目的具有多元性，包括矫正目的、经济效益目的、惩罚目的、维护监内稳定目的，维护罪犯身心健康目的。58.2%的民警认为组织罪犯劳动目的是对罪犯的惩罚，40.1%的罪犯认为是惩罚措施，在中专以上学历的45名罪犯被调查者（这些人员主要是原来在社会上有固定职业，从事脑力劳动的罪犯）中，有67.8%的罪犯认为罪犯劳动的首要目的是惩罚，甚至认为罪犯劳动是“变相的剥削”。[①] 为此，必须在理论上加以澄清，在实践上坚决把握和落实好罪犯劳动改造的目的。

四、确定和实现罪犯劳动改造目的的影响因素

罪犯劳动改造的目的是什么？如何才能更好地实现罪犯劳动改造的目的？由于实践中有很多因素影响，人们对罪犯劳动改造的目的产生过很多歧义，甚至有些因素的影响非常大，导致人们往往为眼前的问题所迷惑，容易得出错误的认识，进而采取错误的行动。理论上也会由于罪犯劳动改造理论研究还不深入、系统，学科还比较年轻，对罪犯劳动改造历史规律的总结还不全面，在一些基本问题上还没有形成成熟的、科学的理论，对罪犯劳动改造的目的认识不够科学、准确。为此，必须认真分析这些实践和理论上的影响因素，明确其导致错误认识的原因，澄清认识，达成理论和实践的一致，使罪犯劳动改造朝着正确的目标和方向发展。

（一）与社会经济发展状况紧密结合

纵观罪犯劳动改造的历史，社会经济发展水平对罪犯劳动改造有很强的制约作用，从实际出发，紧密结合国家和社会的经济发展状况，实事求是地做好罪犯劳

---

① 柯淑珍：《论罪犯劳动的目的》，载《犯罪与改造研究》2016年第2期。

动改造工作是罪犯劳动改造工作的一条重要规律。自产生和创建以来的罪犯劳动改造发展变化的历史充分印证了这条规律。在战争年代实行自给自足的经济政策,在新中国刚刚起步阶段实行白手起家、艰苦创业的政策,在经济困难的社会主义建设时期把罪犯劳动改造生产纳入国家经济建设计划,支援国家经济建设的政策等,都是在坚持改造人根本目的的前提下,从国情出发、从实际出发,采取的与当时的社会经济发展水平相适应的罪犯劳动改造政策。这充分说明罪犯劳动改造并不是脱离社会现实的活动,恰恰相反,与社会经济发展水平相适应,与当时当地的社会经济发展状况和发展需求密切结合,正是罪犯劳动改造的一个重要特点和规律。

罪犯是特定社会历史背景下的罪犯,罪犯劳动改造生产也必然是特定社会经济背景下的生产活动。罪犯劳动改造工作永远不能超脱于国家、社会甚至地域的经济发展水平,与经济发展状况密切结合,在社会经济发展环境中准确定位,谋求罪犯劳动改造的发展机会,恰恰是罪犯劳动改造工作的一项正确的战略策略。可以说,我国在不同的历史时期罪犯劳动改造的政策策略总体来说是正确的,根本原因就是把握了与社会经济发展状况紧密结合这条重要的发展规律。当然,在大方向正确的前提下罪犯劳动改造工作也出现过一些情况和问题,甚至是一些严重偏离目标的情况和问题。这既是发展中难以避免的,也是罪犯劳动改造自身特殊矛盾性的必然现象,更是罪犯劳动改造工作在困难中发展、曲折中前进的发展规律。

(二)国家财政对监狱经费保障不足

国家经济困难,监狱经费财政保障不足,很容易影响正确认识和确定罪犯劳动改造的目的。革命战争年代的革命监所里就有过组织犯人自己动手、丰衣足食的"好传统"。新中国成立初期国家作出的全面组织罪犯劳动改造的决策,毛泽东亲自批示的"三个为了"——"为了改造他们,为了解决监狱的困难,为了不让反革命分子坐吃闲饭",其中就有两个"为了"是发挥罪犯劳动改造的经济作用。作为一个在战争废墟上建立起来的新中国,一个人口总数世界第一的发展中国家,在社会主义建设相当长的历史时期经济发展水平是低下的,对监狱经费的保障是不够的,甚至在最新一轮监狱体制改革提出全额保障目标之后,仍然有很多地方特别是经济不发达地区对监狱经费的保障水平是比较低的。现实的困难、监狱经费自给自足的巨大压力,使我国相当长历史时期的罪犯劳动改造工作中把经济效益摆在非常重要的位置,甚至摆在了“改造人”之上,生产冲击改造的现象时有发生,改造与生产的矛盾、改造效益与经济效益的博弈在罪犯劳动改造中一直相伴相随,以至于国家不得不在二者矛盾激化、严重影响改造的情况下,提出了“改造第一,生产第二”的劳改工作方针,不断采取措施纠正罪犯劳动改造工作的偏差。所以,国家经济的困难、监狱经费的不足,在组织罪犯劳动改造过程中追求经济效益目标,是影响罪犯劳动改造目的的重要现实因素。

随着我国经济发展水平不断提高,国力不断增强,监狱经费全额保障体制的实施,罪犯劳动改造的经济压力必然会大大减小,但是罪犯劳动改造中改造和生产的矛盾会依然存在,并且会以新的情况和问题呈现在实际工作中。国家经济发展了,监狱经费保障充足了,如何搞好罪犯劳动改造仍然是摆在我们面前的更加重要、更加恒久的课题。

(三)计划经济体制下“监狱生产”被当成了社会生产力的重要组成部分

我国罪犯劳动改造的初创时期和主要发展时期都是在计划经济体制下进行的。新中国成立后国家经济的困难,监狱工作一穷二白的基础条件,计划经济的特殊体制,使国家对初创的罪犯劳动改造工作,在确立以改造人为根本目的的同时,也从解决监狱困难和社会主义国民经济建设的需要出发,把“监狱生产”确定为国民经济建设的一支重要力量。“一劳”会议用劳改生产概括罪犯劳动改造的生产活动,并明确劳改生产从政治上看是属于改造罪犯成为新人的一项重要政策;从经济上看则是属于国营经济性质的特殊企业,应列入国家生产建设总计划内,还明确了劳改生产与国家的经济建设密切结合的指导思想。《劳改条例》明确规定了“劳改生产应当为国家经济建设服务,应当列入国家生产建设总计划之内”。这些规定实际上形成了改造人的目的和为国家经济建设服务的双重目的。这样的规定,是计划经济的特殊体制带来的,也是新中国成立后国家急需加快社会主义经济建设的现实需要造成的,这的确对罪犯劳动改造的目的甚至整个劳改单位(监狱)工作的目标、方针产生了很大影响,主观上、客观上加剧了改造和生产的矛盾,以至于国家随后就出台了“改造第一,生产第二”的劳改工作方针,并沿用了整个计划经济时期,来解决改造和生产的矛盾。所以,这方面的影响因素是计划经济的特殊体制和社会主义建设的特殊时期造成的。随着社会主义市场经济体制改革的深入,监狱已经彻底回归惩罚改造罪犯的司法行政主体的性质和职能。随着新的监狱工作方针的施行,这方面的影响因素已经从体制上和法规上得到了根本性的解除。

(四)市场经济过渡时期罪犯劳动改造深受经济和市场压力的困扰

在从计划经济体制向社会主义市场经济体制改革过渡的过程中,罪犯劳动改造的载体监狱企业首先随着经济体制改革的步伐进行改革,监狱试图把监狱企业改革成为与社会企业一样的市场主体。由于市场竞争的日益激烈,监狱企业的竞争压力日益加大,监狱企业体制上机制上先天不足的弊端暴露无遗,监狱企业很快在残酷的市场竞争面前败下阵来,很多监狱企业亏损和破产。由于监狱经费的财政保障体制和监狱生产的投资保障体制还没有建立起来,监狱的各项经费主要靠监狱企业经营所得,罪犯劳动改造受市场竞争和弥补监狱经费的影响巨大,监狱企业在生存与死亡、改造与生产矛盾冲突中艰难徘徊,这成了市场经济体制过渡时期新一轮监狱体制改革的导火索。始于 2003 年的全国监狱体制改革,提出了“全额保障,监企分开,收支分开,规范运行”的改革目标。经过改革,监狱和监狱企业存在的体制性弊端逐渐得到改善,监狱的性质和职能得到净化,监狱企业的性质进一步明确,罪犯劳动改造背负的经济压力逐步得以解除,市场经济对罪犯劳动改造的影响也处于解决过程之中,罪犯劳动改造在市场经济体制下迈出了一大步。

(五)罪犯劳动改造的特殊政策和特殊立法出台不及时

监狱工作方针明确了罪犯劳动改造的根本宗旨,《监狱法》提出了监狱经费财政保障体制和监狱生产的投资保障体制,监狱体制改革提出了“全额保障,监企分开、收支分开、规范运行”的改革目标,对监狱企业提出了“特殊企业、特殊管理、特殊政策、特殊立法”,“在管理体制、管理方式、机构设置、人事管理、经营范围、投资办法、政府采购等方面均应实行特殊办法,享受国家的扶持和优惠政策”。“鉴于特殊的劳动力、特殊的生产目的、特殊的管理方式等,应予以专门立法。”这些方针、法律、改革措施正在逐步推动着我国监狱工作走向规范化、科学化、法治化,也使罪犯劳动改造工作中的困难和问题部分得到了解决。但是这些方针、政策、立法等措施有些落实了,有些还没有落实,有些措施跟进得还不够及时。这就使得罪犯劳动改造目的的真正实现还缺乏有力的、规范的政策、法律保障。如罪犯劳动改造面临的最大问题项目来源和产业政策,在市场经济条件下应该出台相关政策和立法加以保障。

(六)监狱管理体制缺陷和监狱管理水平不高

监狱管理体制的缺陷和监狱管理水平的高低也是实现罪犯劳动改造目的的重要影响因素之一,实现罪犯劳动改造的目的既要靠科学的监狱管理体制,也要靠高水平的罪犯劳动管理。从目前来看,监狱体制改革的起因和深层次的矛盾和问题,也就是罪犯劳动改造的问题和监企关系的问题,并没有得到圆满解决。建立社会主义市场经济条件下中国特色的监狱管理体制和罪犯劳动改造制度刚刚起步,千万不能浅尝辄止,必须深入探索和改进。监狱管理水平方面的影响因素包括监狱高层到基层的管理理念、对监狱工作方针的认识和落实、对罪犯劳动改造性质和目标的理解和落实、罪犯劳动管理者的专业素质和接受相关专业培训的程度等。

(七)罪犯劳动改造理论对实践指导不力

罪犯劳动改造理论研究水平和对实践的指导水平也是制约罪犯劳动改造目的实现的重要影响因素。迄今为止,罪犯劳动改造理论并没有真正形成系统、科学、成熟的理论体系,并没有彻底、科学地揭示罪犯劳动改造的基本规律和指导实践运用这些规律,在一些基本理论问题上包括罪犯劳动改造的目的等这样的问题,还存在许多不同的认识和理解,在实践最需要的应用理论指导方面依然非常薄弱。罪犯劳动改造学科理论在高等教育中还非常薄弱和滞后,专业人才培养以及对在职人员的岗位培训还远远不能满足实践的需要。

罪犯劳动改造目的的确定和实现是一个科学的理论问题和实践问题,需要罪犯劳动改造一系列的具体的、科学的活动过程,非常容易受到各种影响因素的干扰。研究和解决这些影响因素,有利于在理论上给出科学的答案,在实践中面对复杂的情况作出正确的选择。

第三节　罪犯劳动改造的意义

1951 年 9 月，毛泽东同志在修改“四公”会议的决议中指出：“对罪犯实行强迫劳动，是消灭反革命分子的一个重要手段，还是彻底改造犯人成为新人的一项基本政策，这是包含着极端重要的政治意义和经济意义的一项工作，必须十分重视。”“八劳”会议决议指出，劳动改造罪犯的工作，是我们党和国家改造人、改造社会的伟大、光荣的事业的一部分。我国的罪犯劳动改造经过近一个世纪的发展，已经成为彰显中国社会主义特色和优势的一项罪犯改造手段和刑罚执行制度。全面、科学地总结和认识罪犯劳动改造的意义，是罪犯劳动改造学的一项基本内容，有利于宣扬罪犯劳动改造的科学性，有利于坚定罪犯劳动改造的正确方向，有利于树立罪犯劳动改造的道路自信、理论自信、制度自信、文化自信。

一、罪犯劳动改造是对马克思主义理论的实践、传承和发展，具有伟大的实践意义和理论意义

马克思主义劳动观是马克思主义理论体系的重要组成部分，在马克思主义哲学、政治经济学与科学社会主义理论中都有具体的体现，是指导无产阶级改造社会、改造人类的科学理论，在我国的社会主义革命和社会主义建设中发挥了重要的指导作用。马克思在其劳动学说中科学地论述了劳动对改造罪犯的重要作用，马克思曾断言：“体力劳动是防止一切社会病毒的伟大的消毒剂。”①他甚至直接指出生产劳动是罪犯“改过自新的唯一手段”②。这奠定了罪犯劳动改造的指导思想和理论基础。我国的罪犯劳动改造活动开拓性地践行了马克思主义的劳动观，在罪犯这个特殊的劳动者群体中推行劳动改造人的伟大实践，成功地改造了成千上万犯罪人，印证了马克思关于劳动改造人论断的科学性，具有伟大的实践意义和理论意义。

从实践中看，罪犯劳动改造白手起家，从小到大，从简到繁，从弱到强，从落后到发展。可以说，我国是靠罪犯劳动改造在一穷二白的基础上创建了革命战争年代的

---

① 《马克思恩格斯全集》（第 31 卷），人民出版社 1972 年版，第 538 页。

② 《马克思恩格斯全集》（第 3 卷），人民出版社 1972 年版，第 25 页。

革命监所和社会主义新中国的新型监狱。我国的罪犯劳动改造彻底改变了奴隶社会、封建社会、资本主义社会罪犯劳动报复、威慑、折磨、剥削的历史，也区别于当代西方国家罪犯劳动的本质，探索出了一条中国特色社会主义监狱的罪犯劳动改造道路，创建了中国特色的罪犯劳动改造制度，奠定了中国特色的刑事法律制度基础，预防和减少了犯罪，维护了国家和社会的安全稳定，推动了国家的法治建设，不断提高着我国改造罪犯和预防减少犯罪工作的能力和水平。

从理论上看，罪犯劳动改造在社会主义监狱改造罪犯这个特殊领域实践了马克思主义理论，印证了马克思主义理论的科学性和巨大实践指导价值，特别是在实践的基础上创建了中国特色社会主义罪犯劳动改造理论和中国监狱学理论，极大地发挥了实践对理论的拉动和推动作用，创造性地丰富和发展了马克思主义劳动观，使马克思主义理论在中国特色社会主义刑罚学、监狱学、罪犯劳动改造学等领域不断发新芽、开新花、结硕果。

二、罪犯劳动改造奠定了中国特色社会主义刑罚执行制度的基础

中国特色社会主义刑罚执行制度是从罪犯劳动改造开始的。第二次国内革命战争时期苏维埃政权最早的根据地革命监所是以劳动感化院形式出现的。1928 年方志敏领导弋阳县苏维埃政权设立了革命根据地最早的“弋阳县劳动感化院”。1932 年中华苏维埃共和国中央人民委员会常委会通过了创办劳动感化院、对犯人实行感化政策的决议案以及《劳动感化院组织法》，这是中华苏维埃共和国人民委员会正式创办劳动感化院、实行劳动感化政策，并上升为苏维埃政权的法律。毛泽东在中华苏维埃共和国工农兵代表大会上的报告中确定了犯人必须参加强制性生产劳动的原则，并指出，“苏维埃的监狱对于死刑以外的罪犯是采取感化主义，即是用共产主义的精神与劳动纪律去教育犯人，改变犯人犯罪的本质”。劳动感化院工作也明确“特别要注意生产与感化”。可以看出，革命战争年代革命监所的劳动感化手段就是罪犯劳动改造的萌芽和发端，毛泽东等老一辈革命家关于对罪犯采取劳动感化政策的一系列指示成了最早的罪犯劳动改造方针。这些指示和方针就是我国罪犯劳动改造性质和目的的思想起源。中华苏维埃共和国政府出台的《劳动感化院组织法》以及后来的革命政府出台的《犯人劳动改造委员会组织条例》等相关法律和政策，则为我国罪犯劳动改造和刑罚执行制度的形成

积累了经验,奠定了基础。新中国成立前夕,《中国人民政治协商会议共同纲领》明确规定了要强迫各种罪犯“在劳动中改造自己,成为新人”,从国家大法上确定了中国监狱或徒刑制度是罪犯劳动改造制度。[①] 新中国成立以后,新的中央人民政府在一穷二白的困难条件下,面临监管改造战争罪犯、反革命犯和各种刑事犯罪分子的巨大压力,很快在全国范围内开展了大规模的罪犯劳动改造活动。与此同时,国家通过历次最高级别的会议,明确规定罪犯劳动改造的性质、目的、方针和政策。1954 年 9 月 7 日颁布实施的《中华人民共和国劳动改造条例》是新中国初创时期最重要的劳动改造立法。在 1994 年《监狱法》颁布以前的 40 年间,《劳改条例》实际上起了我国监狱法典的作用。罪犯劳动改造在革命战争年代革命监所创业阶段和新中国社会主义监狱刑罚制度起步、建设和发展的过程中,发挥了无比重要的作用,奠定了中国特色社会主义刑罚执行制度的基础。

三、罪犯劳动改造是我国监狱改造罪犯的骨干手段,与其他改造手段共同构筑了我国监狱改造罪犯科学的工作体系

在艰苦卓绝的革命战争年代,在新中国监狱创建的起步阶段和困难时期,罪犯劳动改造都是履行惩罚和改造罪犯的骨干手段,在改造罪犯的同时,也大大解决了革命建设和新中国监狱起步阶段的经济困难。在新时代监狱新的发展阶段,罪犯劳动改造依然是监狱惩罚和改造罪犯的骨干内容,是罪犯服刑期间投入时间最长、改造体验最多、改造成效最大的手段,也是监狱履行刑罚和监狱管理工作中方针政策把握要求最高、需要付出的管理时间和精力最多、管理工作业务最多样、业务性最强、业务难度最大的手段。同时,罪犯劳动改造的重要性还在于其作为我国监狱改造罪犯的重要手段之一,既不是单打独斗的,更不是各种改造手段彼此孤立的,而是与其他改造手段相互联结、相互配合、相互促进、相互补充,缺一不可,共同构筑起了我国监狱改造罪犯的科学工作体系。在我国监狱改造罪犯的历史上,始终强调各种手段之间的结合和协同作用。早在革命根据地革命监所创建之初,我国就形成了管理、教育和生产三结合的工作体系,这种体系到了抗日根据地和解放区民主政权阶段,被总结为监所改造犯人的紧密结合的“三大手段”,而其中教育又是改变犯人思

---

① 孙晓雳:《中国罪犯劳动改造制度的理论与实践——历史与现实》,中国政法大学出版社 1994 年版,第 21 页。

想的根本,因而初步构建了政治教育、文化教育、劳动教育"三大教育"机制,逐步孕育出监所改造罪犯重在教育,是"特种教育的学校"的最早理念。《劳动改造条例》明确规定了"惩罚管制与思想改造相结合,劳动生产与政治教育相结合"的劳动改造机关工作方针。《监狱法》也规定了"监狱对罪犯实行惩罚和改造相结合、教育和劳动相结合的原则,将罪犯改造成为守法公民"。所以,我国监狱的三大手段一直延续至今,并形成了相对成熟、稳定的"以改造人为宗旨"的科学工作体系。在这一科学工作体系中,罪犯劳动改造的重要性显而易见,同时与其他改造手段的科学关系也至关重要、不容忽视。

四、罪犯劳动改造彰显了中国社会主义制度的性质、特色和优势

我国的罪犯劳动改造是以马克思主义理论、毛泽东劳动改造思想为指导思想和基本原理创建和发展的,承担着无产阶级改造社会、改造人类的伟大使命,坚持惩罚与改造相结合,教育与劳动相结合的基本原则,以改造人为宗旨。我国的罪犯劳动改造是中国共产党领导的中国特色社会主义监狱开展的刑事执行活动,与其他社会制度下的罪犯劳动和当代西方资本主义国家的罪犯劳动有着本质区别,经过近一个世纪的发展,取得了举世瞩目的伟大成就,直接或间接地为解放和发展社会生产力作出了重要贡献,是中国社会主义监狱制度的一大特色,有着其他社会制度下的罪犯劳动和当代资本主义国家罪犯劳动无法比拟的优势。

五、罪犯劳动改造在综合治理犯罪、预防和减少犯罪中具有不可替代的地位和作用

监狱是国家治理犯罪、预防和减少犯罪的重要国家机关,罪犯劳动改造是监狱履行"惩罚和改造罪犯,以改造人为宗旨"监狱工作方针的重要手段之一,其作用是任何其他手段都无法替代的。罪犯劳动改造有马克思主义劳动观的特色理论作指导;生产劳动是被实践证明了的,被马克思主义理论所确认的人的正确认识的重要动力和源泉,是其他手段和工作无法替代的;罪犯劳动改造能使罪犯在劳动实践中生产物质产品、创造物质财富的同时,体会到劳动的艰辛与收获,体验到劳动是生存生活的基本条件和途径,从而树立起劳动观念、劳动精神以及正确的世界观、人生观、价值观,这种功能和作用是其他手段替代不了的;罪犯劳动改造通过劳动纪律、

工艺纪律、操作规程、安全生产制度、劳动定额、成本控制、质量标准等一系列劳动规范,矫正罪犯身上的不良习惯,为使其改造成为一个遵纪守法公民奠定坚实的基础,这些功能和作用是其他手段不能替代的;罪犯劳动改造能使罪犯在劳动生产中学习生产技术、培养职业技能,为其回归社会后自食其力做好准备、打下基础,这也是其他改造手段不能替代的。

第六章

罪犯劳动改造的特点和规律、功能和作用

研究和总结中国特色社会主义新时代和市场经济条件下的罪犯劳动改造的特点和规律、功能和作用,是罪犯劳动改造学的重要任务,是研究和创新罪犯劳动改造理论的重要基础工作。罪犯劳动改造最本质的特点是以马克思主义理论为指导,坚持中国共产党的领导,坚持以“改造人”为宗旨,贯彻我国社会主义刑罚理念,以此为基本点形成了我国社会主义的罪犯劳动改造特色。在各个不同历史时期中,罪犯劳动改造形成了宝贵的历史经验和发展规律,提炼好这些经验、总结好这些规律对做好罪犯劳动改造工作至关重要。罪犯劳动改造的功能是我国社会主义刑罚制度赋予其改造罪犯的用途,罪犯劳动改造的作用是其功能运用产生的效果,是实现罪犯劳动改造目的的重要体现。罪犯劳动改造的功能运用和作用发挥,要以坚持我国罪犯劳动改造的特色为基础,以科学认识和总结罪犯劳动改造规律、尊重和运用罪犯劳动改造规律为前提。

第一节　罪犯劳动改造的特点和规律

罪犯劳动改造的特点是由罪犯劳动改造的性质所决定的基本特性,反映的是罪犯劳动改造的应然性。罪犯劳动改造的规律是罪犯劳动改造发展过程中的各种关系及其相互作用下的变化趋势,反映的是罪犯劳动改造的必然性。

一、罪犯劳动改造的特点

罪犯劳动改造的特点是我国监狱罪犯劳动改造活动区别于其他国家和社会制

度下的罪犯劳动以及区别于其他社会劳动的基本特性。研究罪犯劳动改造的特点要和罪犯劳动的特点区别开来。罪犯劳动改造是我国社会主义制度下的监狱改造罪犯的特殊手段，有自己特殊的目的，而罪犯劳动则是描述人类各个历史时期和现代世界各国监狱组织罪犯劳动的一个中性概念，每个国家不同历史时期的罪犯劳动都有不同的特点、不同的目的，反映不同的统治阶级的意志。从学理上重点要总结的是我国社会主义制度下罪犯劳动改造的本质特征，而不是罪犯劳动的特点。罪犯劳动改造的特点反映罪犯劳动改造本身的基本性状是什么样的，在前面基本原理和历史沿革的研究基础上，总结提炼罪犯劳动改造的特点就有了科学的基础。知道罪犯劳动改造本身是什么样的，才能知道罪犯劳动改造从何处入手、坚持什么、改进和创新什么。具体地，可以将罪犯劳动改造的特点概括为以下几个方面。

（一）始终坚持以马克思主义和毛泽东劳动改造思想为指导，始终坚持以“改造人”为宗旨

我国的罪犯劳动改造起源于马克思主义基本理论和毛泽东劳动改造思想的指导。毛泽东作为伟大的马克思主义者和马克思主义中国化的伟大开拓者，从实际出发，首创了符合中国国情的罪犯劳动改造思想，带领中国共产党人，从无到有、从小到大，开创了革命根据地时期和新中国的罪犯劳动改造事业，并在领导、指引我国各个历史时期罪犯劳动改造的创建和发展中，不断丰富和发展了我国社会主义的罪犯劳动改造思想和理论，从而使我国的罪犯劳动改造成为从本质上区别于任何资本主义国家的罪犯劳动的改造手段。

我国的罪犯劳动改造发展于中国化时代化的马克思主义的科学指导。马克思主义之所以能源源不断地为我们党和国家的各项事业提供思想指导和动力，一方面是因为马克思主义揭示了人类社会历史发展的规律，它的基本原理是正确的，具有强大的生命力；另一方面是因为一代一代的中国共产党人守正创新，不断开辟马克思主义中国化时代化新境界。随着时代的发展，改革开放的不断深化，国际、国内环境的剧烈变化，罪犯劳动改造遇到了很多难以解决的问题和障碍，在中国化时代化的马克思主义的指导下，就可以破解各种发展难题，找到科学的发展路径和解决办法。

我国的罪犯劳动改造始终坚持以“改造人”为宗旨，是马克思主义关于改造世界、改造人类、改造社会的理论在监狱改造罪犯工作中的运用和发展。马克思、恩格

斯、列宁均有关于罪犯劳动改造人的经典论述,毛泽东在创建、推动、发展罪犯劳动改造中更加具体地指导了以“改造人”为宗旨的实践活动,不断纠正了偏离罪犯劳动改造宗旨的错误,从理论上总结形成了以“改造人”为宗旨的罪犯劳动改造思想和理论。邓小平理论、“三个代表”重要思想、科学发展观、习近平新时代中国特色社会主义思想不断继承和发展马克思主义、毛泽东思想,始终如一地为我国的罪犯劳动改造坚持“改造人”宗旨提供了根本遵循。

(二)始终坚持中国共产党的领导

始终坚持和加强中国共产党的全面领导是我国各项事业成功的法宝。始终坚持党的领导是我国罪犯劳动改造工作的政治特色,是始终引领罪犯劳动改造正确方向的政治优势,这是由我国监狱机关的政治属性决定的。罪犯劳动改造是一项政治性、思想性、政策性非常强的工作,坚持党的领导,是罪犯劳动改造工作正确发展、顺利发展的根本保证。事实证明,每当罪犯劳动改造工作出现问题,遇到挫折和逆境的时候,需要调整、改革,甚至在拨乱反正的时候,都是党和国家作出了正确的决策,指引罪犯劳动改造工作朝着正确的方向前进。我国的罪犯劳动改造工作只有在党的坚强领导下,在党和国家的正确决策下,才能不断守正创新,健康发展。

(三)形成了中国社会主义制度特色的罪犯劳动改造管理体制和管理模式

无论是初创阶段,还是摸索发展过程中,无论是计划经济时期,还是社会主义市场经济时期,我国的罪犯劳动改造管理体制和管理模式始终立足改造宗旨,针对不同时期的社会、政治、经济、法制背景,不断调整完善体制机制,形成了不同历史时期各具特色的罪犯劳动管理体制和管理模式。计划经济时期建立了监企合一的管理体制,市场经济时期经过探索改革形成了“两头在外”“监企分开”的管理体制,省监狱管理局负责生产经营的机构分离出来组建为监狱企业集团,各个监狱负责生产经营的部门分离出来组建为监狱企业集团公司的子公司或分公司,子公司或分公司负责罪犯劳动改造与市场相衔接的“两头”——生产业务承揽和生产要素的组织与采购,监狱监区负责组织罪犯劳动改造。罪犯劳动改造管理模式主要体现在:一是反映社会主义经济关系和生产关系的生产劳动管理制度。建立罪犯劳动组织,依法合理组织罪犯劳动，加强科学管理，改革劳动时间管理制度，制定劳动定额，建立劳动报酬制度，强化技能培训，实行岗位技能练兵，开展劳动竞赛，实行计分考核，以改造为中心的考核导向，不断更新计分考核方法。二是监狱人民警察直接管理制度。罪犯劳动改造的执法属性要求必须由监狱人民警察直接管理，必须由监狱人民警察依据罪犯劳动改造的方针宗旨要求去组织生产经营，管理生产过程，维护生产现场秩序，监管罪犯劳动，考核罪犯劳动成果，评定罪犯劳动改造质量。随着体制机制的不断调整完善，监狱管理水平不断提高，人才队伍素质不断提高，罪犯劳动改造管理模式也在不断提质升级。

（四）不断创新的、与其他改造手段深度融合的罪犯劳动改造模式

我国的罪犯劳动改造模式在不同历史时期也呈现出不同的特点，可以用革命根据地模式、战争模式、创建模式、计划经济模式、改革开放模式、社会主义市场经济模式等来概括。有革命战争年代因时因地制宜的简陋简单发展，有新中国成立初期的白手起家艰苦创业，有计划经济时期的全面纳入国民经济计划的大发展，有改革开放以后的体制变革和产业产品结构的不断优化调整，虽然社会环境和生产载体的变化很大，罪犯劳动改造模式的变化也很大，但是有一个根本的、共同的特点，就是均立足于“改造人”的根本宗旨，不断探索实现改造与生产、罪犯劳动改造与其他改造手段全方位融合发展、不断创新丰富罪犯劳动改造内涵，坚持守正创新，使罪犯劳动改造逐渐发展形成了符合我国社会主义法治理念、符合我国监狱工作方针，越来越理想的、科学的发展模式。这一模式的特点主要体现在以下几个方面。

1. 思想改造为统领，对罪犯进行全方位改造

罪犯劳动改造对罪犯的改造功能是强大的，作用也是全方位的。首先，通过罪犯劳动改造的实践作用，逐渐改变罪犯的思想认识，进而彻底地改变罪犯犯罪的思想根源，这就是罪犯劳动改造的思想改造作用。这一作用在我国的罪犯劳动改造的诸项功能作用中起着统领的作用，这既有马克思主义基本原理的理论基础，又有实践的验证，同时通过监狱的管理模式和改造模式使这种作用不断得到最有效的发挥，是我国罪犯劳动改造的一大特色和优势。其次，通过劳动管理本身的纪律、规程、标准、质量、安全等方面的要求和规范，可以改变罪犯身上的恶习，矫正其行为，培养其依规守法的基本素质。最后，通过劳动技能培养提高罪犯的职业技能，罪犯

劳动改造既有实践的岗位培训和长期劳动实践,又有监狱和社会联合组织的职业技能教育,使罪犯更好地掌握回归社会的本领。随着社会的进步,监狱对罪犯的职业技能和适应回归能力培养不断给予了越来越多的关注。

2. 罪犯差异化劳动改造和矫正越来越受到重视

以人为本,注重改造和回归本就是我国罪犯劳动改造的应有之义。随着监狱各方面条件的不断改善,监狱越来越重视并实施对罪犯的个性化和差异化劳动改造和矫正,如通过增加劳动项目和劳动岗位,让罪犯参加更适宜的劳动项目,使罪犯学习掌握更多的劳动技能;通过对罪犯进行分类分级,科学认识罪犯,对罪犯进行分类分级分区改造,打造具有特色的改造手段功能区等。这些越来越创新和丰富的罪犯劳动改造方式本来就是罪犯劳动改造应有的内涵,随着条件的不断好转,会成为我国罪犯劳动改造的重要的新特点。

3. "两个效益"关系的合理处理,以改造效益为宗旨

首先,从客观上罪犯劳动改造本身会产生改造效益和经济效益两种效益,较容易发生经济效益冲击改造效益的问题。所谓改造效益是通过罪犯劳动改造活动产生的使罪犯身上发生的思想转变、行为矫正、劳动技能培养、回归社会后成为守法公民的结果和效果。作为一项国家刑罚执行中有组织的罪犯劳动改造活动,改造效益既是执政者和组织者预期的效果,也是罪犯劳动改造活动本身具有的功能和实际作用。所谓经济效益是通过监狱投入罪犯劳动改造所需生产要素和罪犯劳动力,通过科学管理生产经营和劳动过程,并通过一定的市场途径将符合质量要求的罪犯劳动产品输送到后续的社会生产和消费环节,所产生的经济价值和效益。改造效益具有定性的、柔性的、隐性的难以计量考核的特点,而经济效益具有定量的、硬性的、显性的易于计量和考核的特点,同时经济效益还具有一切社会活动的物质基础的特点,而我国的监狱及其罪犯劳动改造活动从革命战争年代直到社会主义市场经济时期,长期处于经济困难、经费保障不足和需要监狱以罪犯劳动创造的经济效益来弥补监狱经费的局面,所以在实际中,基层监狱及其管理者经常是先保经济效益再保改造效益、先追求经济效益再追求改造效益,从而产生经济效益冲击改造效益的情况,甚至在一定时期偏离和影响改造人的宗旨。

其次,从主观上我国对罪犯劳动改造的理性设计是以社会化的有效劳动改造罪犯,罪犯劳动改造的效果需要罪犯劳动的有效性。所谓以社会化的有效劳动改造罪

犯，首先来源于马克思主义理论的指导，马克思主义关于生产劳动是改造客观世界和改造主观世界相统一的过程是我国罪犯劳动改造的理论依据和思想基础。按照马克思主义理论，人类在改造物质世界、创造物质财富的同时，也在改造自己的主观世界、创造自己的精神财富，人类改造物质世界和改造自己的精神世界一般是在社会化的生产劳动中自由自觉地进行的，而对于犯了罪的人、不愿意劳动的人，专政机关要通过强制他们参加这样的劳动来改造他们。所以，我国的罪犯劳动改造在马克思主义的指导下始终坚持以有效劳动改造罪犯。

最后，从指导方针上明确罪犯劳动改造中要以改造人为宗旨，从体制上不断营造合理处理经济效益服从服务于改造效益的运行机制。既然罪犯劳动改造必须以有效劳动改造罪犯，而在这个过程中又经常难以避免地产生经济效益冲击改造效益的情况和问题，我国历来就对罪犯劳动改造从指导方针和制度设计上注重规避和解决这方面的问题。从“改造第一，生产第二”的劳改工作方针到“惩罚与改造相结合，以改造人为宗旨”的监狱工作方针，从监企合一的监狱管理体制到“全额保障，监企分开，收支分开，规范运行”的新型监狱体制，都是合理处理经济效益和改造效益关系的不懈努力。

4. “两个安全”关系的有机结合，以创新罪犯劳动安全管理理论和实践为抓手

“两个安全”是监狱罪犯劳动改造过程中存在的监管安全和生产安全问题。虽然从表面上看是两个方面的安全问题，但是这两个安全的关系具有特殊性。一方面，监管安全和生产安全具有各自的规律性；另一方面，罪犯劳动过程中，罪犯劳动现场中，罪犯劳动力要素与其他生产要素的特殊结合会使监管安全的规律性和生产安全的规律性发生变化。罪犯作为一种特殊的劳动力要素，其本身认罪服法的程度、对待劳动的态度、个人社会心理和思想状况、劳动中的情绪波动、劳动技能水平、非正式组织的影响以及现场管理者的管理能力、方式和水平，必然造就了罪犯劳动改造中监管安全和生产安全新的特点和规律，我们称之为要素重组性改变。实际工作中越来越多地认识到了这种变化，并将“两个安全”综合起来管理，理论研究中也要提出和研究罪犯劳动安全、罪犯劳动安全规律和罪犯劳动安全管理等新的概念。在党的二十大精神关于“必须坚持问题导向，必须坚持系统观念”思想的指导下，创新罪犯劳动安全管理理论，将成为新时代科学处理“两个安全”关系的重要抓手和罪犯劳动改造的重要特点。

5.“三大手段”日益深度融合

监管改造、教育改造、罪犯劳动改造三大手段在革命根据地监所时期就已产生，并相互结合发挥改造罪犯的作用。“三大手段”之间本来就存在客观的有机联系，随着我国监狱改造罪犯工作的深入和发展，“三大手段”之间的结合得到了理论界和实践界的高度重视，“三大手段”深度融合成为必然选择和常态，深度融合越来越体现在改造理念、手段、机制的全方位融合。罪犯劳动改造的特点更加需要其他改造手段密切配合才能更好地发挥改造罪犯的作用。罪犯劳动改造全过程需要加强对罪犯的监管，劳动现场和过程的秩序、纪律、安全、操作规程等，既有劳动管理本身的约束性，也需要监管的强制性。罪犯劳动改造过程与教育改造的结合更是无处不在，从上岗前的劳动态度教育、劳动知识教育、劳动安全教育、劳动心理矫正等直到罪犯刑满释放前的回归教育和帮扶，这些方面的融合越来越系统、高效。

6.产业结构调整、劳动项目管理的自主性和不断优化

产业结构调整、劳动项目管理是罪犯劳动改造的基础，没有稳定的劳动项目，就无法开展罪犯劳动改造工作。从历史上看，从实际出发，罪犯劳动改造的产业结构调整、劳动项目管理与国家的经济环境和发展水平、经济体制密切相关。从社会主义市场经济的实际和社会主义初级阶段的国情来看，产业结构调整、劳动项目管理的自主性将是相当长时期的基本特点。所谓自主性就是以我为主，解决产业结构和劳动项目问题，就是要在市场经济中自我定位，找寻机会，提高适应能力，以体制机制为基础，强化集团统筹管理优势，上下结合，用好国家相关政策，不断优化产业结构，提高劳动项目管理水平，使罪犯劳动改造有一个相对稳定和应变的平台，保证罪犯劳动改造顺利实施和完成，仍然是基本的做法。

（五）讲求罪犯劳动权利和劳动义务的统一性

我国罪犯劳动改造讲求罪犯劳动权利义务的统一性。劳动既是罪犯的权利，不能被剥夺和侵犯，也是罪犯的义务，有劳动能力的罪犯必须参加劳动。我国《宪法》第42条规定：“中华人民共和国公民有劳动的权利和义务。”《监狱法》第7条规定：“其他未被依法剥夺或者限制的权利不受侵犯。”罪犯作为一类特殊公民在服刑期间其劳动权并没有被剥夺，罪犯有权利要求参加生产劳动，所以劳动是罪犯应当享有的权利。同时，劳动又是罪犯必须履行的一种义务，我国《刑法》《监狱法》明文规

定，凡有劳动能力的罪犯必须参加劳动，说明劳动也是罪犯的法定义务。我国监狱把劳动作为改造罪犯的一个基本手段，要求除丧失劳动能力的罪犯外都必须参加劳动，体现了罪犯劳动权利与义务的统一性。这与一些国家的做法和规定有明显区别，有些国家规定了罪犯劳动实行自愿性原则，有些国家规定对不同罪犯分别实行义务性原则和自愿性原则。如德国在《刑罚执行法》中规定了犯人有义务从事分配给的力所能及的劳动、劳动疗法或其他劳动。日本的罪犯劳动分为自愿和义务两种形式，惩役犯必须参加劳动。美国和加拿大等国实行犯人可以自愿参加劳动的制度。① 我国把罪犯劳动规定为罪犯的法定权利和义务，要求有劳动能力的罪犯必须参加劳动，要求"每一个罪犯都应过好体力劳动关"②，根本目的不是惩罚，也不是单纯创造经济利益，而是改造罪犯的根本宗旨和客观要求。在长期的监狱工作实践中，监狱广泛地为有劳动能力的罪犯提供劳动条件和机会，以多种形式组织罪犯参加劳动，使罪犯有机会在劳动中转变思想，矫正恶习，学习谋生技能，学会人际交往，适应社会化的道德和法律规范，获得身心的健康发展。与一些西方国家相比，这是我国罪犯劳动改造的特色和优势。同时，罪犯劳动权利和义务的统一性也决定了我国罪犯劳动的依法强制性，从许多方面彰显了文明和进步。

（六）独具我国社会主义特色的、举世瞩目的罪犯劳动改造成果

新中国罪犯劳动改造工作自创建以来，取得了只有中国社会主义制度下才能取得的，甚至被称为人间奇迹的改造成果，彰显了我国社会主义制度的优越性，说明了我国罪犯劳动改造思想的正确性、手段的科学性，背后更是一代又一代监狱工作者牢记初心使命、奉献牺牲、艰苦奋斗、以人为本、勇于创新的伟大付出和传承。这些成果堪称伟大，而且必然会随着我国罪犯劳动改造工作水平的不断提高取得更大的成就。这本身就是我国罪犯劳动改造的重要特点。主要体现在以下几个方面。

1. 新中国成立初期成功改造战争罪犯

新中国的监狱改造罪犯的一项特殊而又艰巨的改造任务是对战争罪犯的改造。中国共产党领导的人民政府以"解放全人类"的博大胸怀和正确的政策，"成功地对

---

①　[美]霍金斯、阿尔珀特：《美国监狱制度——刑罚与正义》，孙晓雳等译，中国人民公安大学出版社1991年版，第264页。

②　夏宗素、朱济民主编：《中外监狱制度比较研究文集》，法律出版社2001年版，第34页。

2000余名日本战犯、伪满战犯、伪蒙疆战犯和国民党战犯实施了改造，开创了战犯改造的历史先河"[①]，受到了世人瞩目，改造的巨大成功被誉为"创造了人间奇迹"。战争罪犯长期与人民为敌，仇视中国，反对社会主义，反对中国共产党。他们有着自己系统、稳定的思想体系和信仰体系，有与普通刑事罪犯不同的价值观和意识形态，不服输、不认罪，否认自己的战犯身份。改造战犯关键在于动摇他们的反动立场和思想基础，改变其价值观和意识形态。新中国的监狱管教人员在党的领导下，在毛泽东等老一辈无产阶级革命家的指示指引下，全方位、立体化运用政治教育、思想教育、文化教育、认罪教育、感化教育和罪犯劳动改造等改造和教育手段，从根本上动摇了这些战犯的思想根基，使他们深刻认识到了自己犯下的滔天罪行，彻底地与其原来的政治根基和自己的前半生决裂。如被宽大释放的日本战犯把抚顺战犯管理所当作新生的"母校"，把管理所所长当作"大学校长"，把管教人员当作帮助他们认识真理的良师益友，把抚顺当作他们成为新人的"再生之地"。原战犯山口伊藤说："先生们把我从战争犯罪分子改造成自食其力的人，你们的教诲我终生难忘。请先生们尝尝我亲手栽培的劳动果实吧。"[②]对国内战犯的改造更是取得巨大成功，"伪满战犯、伪蒙疆战犯和国民党战犯均发生了根本性变化，他们由国家和民族的罪人，变成拥护共产党、拥护社会主义制度，维护和促进祖国和平统一和社会主义一体化建设的一支力量"[③]。很多人成了普普通通的劳动者。

改造战犯的成功实践，是毛泽东改造罪犯理论的集中体现，是历史唯物论的创造性实践，打造出了中国监狱工作的特色，改造战犯工作中形成的富有成效的、独具特色的一整套成功经验、制度，对以后监管改造工作，是一笔宝贵财富，应该继承和发扬光大。改造战犯的成功实践说明："在将战犯关押于特定场所，切断其犯罪的实际可能性，通过实施教育改造、感化改造和劳动改造，并引导他们进行自我改造，是可以将反人类、反和平、反理性的战争犯罪分子改造成为反战维和的新人的。这一改造作为人类自我改造的特殊形式，是人类通过实践求得自我发展和自我完善的历史过程的有机组成部分。"[④]

---

① 中国监狱工作协会编：《新中国监狱工作五十年》，法律出版社2019年版，第315页。
② 金源：《再生之路——改造日本战犯的回忆》，载《人民公安》2000年第8期。
③ 中国监狱工作协会编：《新中国监狱工作五十年》，法律出版社2019年版，第341页。
④ 中国监狱工作协会编：《新中国监狱工作五十年》，法律出版社2019年版，第346页。

2. 社会主义建设的不同时期成功改造了各种类型的罪犯

在社会主义建设的不同时期，我国的罪犯劳动改造制度不断完善和发展，针对罪犯构成新变化、新特点，根据不同历史时期的不同实际情况，紧密结合社会经济发展状况和生产力发展水平，不断创新罪犯劳动改造模式，不断创新和丰富罪犯劳动改造内涵，成功地改造了一批又一批各类罪犯，使成千上万的犯罪人通过罪犯劳动改造等手段，改造成为自食其力的守法公民，从社会的危害者转变成为普普通通的劳动者，使我国的罪犯改造率和重新犯罪率始终维持在世界最好水平。

3. 为维护社会安全稳定与社会主义现代化建设保驾护航作出重要贡献

罪犯劳动改造工作作为改造罪犯的重要手段，与其他改造手段深度融合，不断提高我国监狱改造罪犯工作的水平，实现了改造罪犯工作的高质量发展，缓解了社会压力，降低了重新犯罪率，完成了维护国家安全和社会稳定的重要任务，很好地履行了监狱的职能，节约了社会预防和减少犯罪的成本，为社会主义现代化建设保驾护航作出了重要贡献。

二、罪犯劳动改造的规律

罪犯劳动改造的规律是罪犯劳动改造发展过程中的各种关系及其相互作用下的变化特点和发展趋势。罪犯劳动改造的规律是在长期的罪犯劳动改造实践中形成的，是需要我们不断认识、总结和研究的，是创新罪犯劳动改造理论和方法的重要依据，是需要在实践中去认真把握和遵循的，是搞好罪犯劳动改造工作的重要基础和前提。

研究和总结罪犯劳动改造的规律，必须认真学习和运用马克思主义辩证法。马克思主义辩证法是指导我们认识和掌握罪犯劳动改造规律的科学的世界观和方法论。马克思主义认为，世界处于普遍联系和永恒发展之中，联系和发展是其内在的规律性；矛盾是可以转化的，矛盾是事物发展的动力。按照马克思主义辩证法的这些思想，社会的人都是矛盾的统一体，罪犯也是矛盾的统一体，罪犯劳动改造的过程也是矛盾运动、既对立又统一的过程。几十年来，我国的罪犯劳动改造始终是在改造和生产这对矛盾的对立统一中进行着，正是因为我们不断地运用了马克思主义哲学的对立统一规律，我们才不断地正确认识了不同时期的罪犯劳动改造规律，形成和创造了科学的罪犯劳动改造方法和理论。

(一)罪犯劳动改造是我国社会主义制度的必然选择的规律

列宁曾经说过:“规律就是关系,本质的关系或本质之间的关系。”[①]罪犯劳动改造的规律及其本质的关系,首先是罪犯劳动改造与社会主义制度的关系,罪犯劳动改造与社会主义制度的创建者及其执政者之间的关系,这里蕴含着罪犯劳动改造产生的历史根源、阶级根源和思想根源,决定了罪犯劳动改造发展变化的基本方向。

1. 罪犯劳动改造是中国共产党的初心使命和执政理念的必然选择

中国共产党是在马克思列宁主义指引下建立的无产阶级政党,是中国特色社会主义事业的领导核心,代表中国先进生产力的发展要求,代表中国先进文化的发展方向,代表中国最广大人民的根本利益。中国共产党的初心使命是为民族谋复兴,为人民谋幸福,中国共产党的执政理念是“全心全意为人民服务”,“立党为公、执政为民”,把解放人类、改造世界的历史使命融入社会主义事业的各个方面。中国共产党和其建立的人民政权对待犯罪分子哪怕曾经是敌人的战争罪犯的政策不是消灭,也不是单纯的惩罚,而是采用宽大政策、人道主义的政策、改造他们重新做人的政策。罪犯劳动改造是中国共产党在自己的执政理念和初心使命下采取的最切实可行的改造罪犯手段之一。

2. 罪犯劳动改造的宗旨始终与社会主义的根本任务高度一致

罪犯劳动改造是我国社会主义制度的特色和本质要求。社会主义的根本任务是解放生产力,发展生产力。罪犯劳动改造的宗旨和使命是改造好罪犯,在特殊战线上解放生产力,向社会输送能够自食其力的守法公民和合格劳动者,这完全符合社会主义的本质,符合中国共产党以人民为中心的发展思想。无论社会如何发展,环境如何变化,条件如何改善,罪犯劳动改造都将发挥改造人的特殊功能,都将沿着正确的道路守正创新,科学发展。新中国成立70余年来的罪犯劳动改造历史也充分表明,罪犯劳动改造在社会主义制度下不断健全、完善和创新发展。这种与时俱进的罪犯劳动改造制度符合社会主义制度的发展要求,极大地促进了监狱惩罚改造罪犯的法治化、现代化进程。这一条其实也可以概括为罪犯劳动改造与国家政治制

① 《列宁全集》(第36卷),人民出版社1963年版,第161页。

度相适应的规律,实现国家赋予监狱机关作为国家机器的职能,为国家的政治目的服务。

(二)罪犯劳动改造与国家经济发展状况和生产力发展水平相适应的规律

1. 罪犯劳动改造本质上是一种生产劳动

必须首先承认罪犯劳动改造就是一种生产实践活动,是罪犯这种特殊劳动者参加的以改造自己为根本目的生产劳动活动。按照马克思主义关于劳动是人的一种基本的社会实践活动的思想,人们所需要的基本物质生活资料需要这种劳动,人类的认识和发展也离不开这样的生产劳动。同理,罪犯的生存和改造也离不开这样的生产劳动。罪犯劳动改造的原理设计和实践思路就是让罪犯劳动者参加与一般社会生产劳动并无本质差别的劳动,即社会化的生产劳动,既发挥劳动创造价值的功能,又发挥劳动可以改造人的功能。基本做法是在罪犯劳动管理上融入特殊的刑罚、改造意义和改造任务,对罪犯劳动制定了特殊管理制度和考核办法,从而达到罪犯劳动改造的目的。罪犯劳动改造是生产与改造的有机结合,是马克思主义关于劳动是人的一种基本实践活动的思想在我国罪犯改造领域的运用和发展。

2. 罪犯劳动改造与国家经济状况和社会生产力发展水平是密切相关、能动适应的关系

既然罪犯劳动改造本质上是一种生产活动,是一种与一般劳动者参加的生产劳动没有本质差别的、社会化的生产实践活动,罪犯劳动改造就必然要与社会经济保持密切联系,与国家的经济发展环境相适应。

第一,罪犯劳动改造受国家经济发展水平的影响非常大。国家经济和社会生产力发展水平落后条件下的罪犯劳动改造和国家经济和社会生产力发展水平好转条件下的罪犯劳动改造虽然没有本质区别,但是劳动条件、劳动项目、劳动环境、经济负担却有很大的差异。战争年代,罪犯劳动改造主要是就地取材,因地制宜,自给自足;新中国成立初期,劳动项目以配合和支援国家建设,解决国家和监狱的困难为主要策略;计划经济时期,主要是响应国民经济建设,纳入地方经济发展计划;改革开放以后和市场经济时期,首先受到市场竞争的强烈冲击,受到经济独立核算后监狱困难的严重影响,遭遇过许多监狱企业破产倒闭、罪犯劳动改造难以为继的窘境。而在现阶段,则在劳务加工领域寻找到了自己的市场定位。

第二,罪犯劳动改造的生存与发展离不开国家相关方针政策的指引,而且是经济政策和改造政策双管齐下。国家在不同的时期对罪犯劳动改造都有明确的政策指引,在计划经济时期,国家经济建设的需求很大,罪犯劳动改造机会多,但劳动项目相对粗放,生产和经济的压力很大,所以国家在下达罪犯劳动改造(当时称劳改生产或监狱生产)相关经济政策的同时,也下达了很多正确处理改造和生产的关系的政策方针,如"改造第一,生产第二"的劳改工作方针。在市场经济时期,罪犯劳动改造受市场的冲击使国家及时调整监狱工作方针为"惩罚与改造相结合,以改造人为宗旨",出台监狱体制改革政策,以政府与市场相结合的手段,改革新型监狱和监狱企业管理体制,提高监狱罪犯劳动改造应对市场经济环境的能力。

第三,罪犯劳动改造形成了与不同历史时期的经济环境相适应的发展规律。在计划经济和经济困难时期,罪犯劳动改造形成了与国家经济建设需求密切相连、互促互进的规律,是一种计划经济规律和罪犯劳动改造规律相结合的规律;在市场经济时期,罪犯劳动改造需要在有限的政府扶持政策下,按市场经济规律办事,在市场经济和区域经济发展中找寻市场机会,进行市场定位,是一种市场经济规律和罪犯劳动改造规律相结合的规律。

第四,罪犯劳动改造对社会经济发展水平的适应有局限性也有能动性。局限性体现在罪犯劳动改造只能从实际出发,从经济和经费水平出发,组织罪犯参加因时因地制宜的劳动生产活动,市场机会、劳动项目以及劳动项目的适宜性有很大的局限性;能动性体现在国家层面上给予政策支持,监狱主管部门以及监狱企业集团公司的主动作为,以及罪犯劳动改造经营管理中的基层管理者的主动作为,包括监狱企业准确的市场定位、对劳动项目的开发、罪犯劳动改造管理的高质量发展。能动性还体现在随着实践层面的不断探索和检验,罪犯劳动改造会形成市场经济体制下的成熟的发展模式,包括政策法规的支持与保护模式、罪犯劳动管理模式等。

3. 罪犯劳动改造在国家社会经济发展中有自己特定的贡献

罪犯劳动改造对国家社会经济发展的贡献是多方面的。罪犯劳动改造在新中国成立初期和社会主义建设时期,被当成国民经济的重要生产力,为国家经济建设作出了一定的贡献,并在相当长的历史时期解决了国家财力不足、监狱经费困难的问题,但是,罪犯劳动改造的经济功能被无限放大后,改造和生产的矛盾激化就会是必然现象。罪犯劳动改造通过生产劳动手段,将罪犯培养锻炼成为有一定职业技能、能够自食其力的劳动者,把社会的危害者改造成了社会合格劳动者,回归社会后成为守法公民和社会主义建设者,有利于社会生产力的发展。

(三)改造与生产既对立又统一的规律

改造与生产是罪犯劳动改造工作中的一对基本矛盾,也是主要矛盾。二者既对立又统一,形成了我国罪犯劳动改造工作的特殊运行模式。

1. 正确认识改造和生产的对立统一关系和规律

改造就是改造人,生产就是制造产品和创造经济效益。改造是目的,生产是载体和手段。改造所追求的转变思想、矫正恶习、培养技能、遵纪守法要在生产实践中去落实,生产则提供了劳动体验、遵守制度、遵守纪律、遵守规程、矫正行为、执行质量标准、执行技术标准、执行定额标准、锻炼劳动技能、培养职业技能等强大的实践功能、改造功能和矫正功能。为了实现改造宗旨、提高改造质量,生产这个载体也要在生产项目上、技术技能上、质量上、安全上甚至适当的效益上做好文章。改造是本,生产是末,决不能去本逐末,本末倒置,忘了本,忽视了改造,一味追求产量和效益,就丢掉了宗旨,罪犯劳动改造就沦落为一般生产劳动,监狱改造罪犯工作、罪犯劳动改造工作就偏离了正确的方向。改造与生产是相互依存、相互依赖、相互促进的关系。没有改造,就没有罪犯劳动改造及其生产活动,没有生产,就没有罪犯劳动改造手段和工作;人改造得好,生产会得到促进,生产得好,改造也会得到加强。改造与生产又是相互矛盾、相互制约的关系。改造要求按照改造人的需求去组织生产,围绕改造人的宗旨去组织劳动,这会从一定程度和一些方面影响生产,限制生产的一些基本原则要求;生产要求按照效率原则、投入产出原则、生产要素优化原则、安全生产原则,去组织生产的计划、过程、现场和活动,因此必然容易与改造产生矛盾。

2. 按照改造与生产的对立统一规律管理罪犯劳动改造工作

要注重并不断提高认识和运用改造与生产对立统一规律的能力。要认识到改造与生产的矛盾是罪犯劳动改造矛盾运动中的主要矛盾,抓住了这对主要矛盾,就抓住了罪犯劳动改造问题的关键。正如毛泽东指出的:“任何过程如果有多数矛盾存在的话,其中必定有一种是主要的,起着领导的、决定的作用,其他则处于次要和服从的地位……捉住了这个主要矛盾,一切问题就迎刃而解了。”要认识到改造才是改造与生产对立统一关系中矛盾的主要方面,并牢牢抓住改造罪犯这个“牛鼻子”,

要始终围绕改造罪犯这个中心组织生产劳动的全过程。要在特定的经济环境下探索改造和生产融合发展、高质量发展的模式。要围绕改造目的需求设计和引进生产项目,要充分发挥管理在深度融合改造和生产关系中的作用,不断提高罪犯劳动管理的水平,不断创新罪犯劳动改造的深度融合机制、矛盾化解机制、科学发展机制。

(四)罪犯主客体角色在罪犯劳动改造中既对立又统一的规律

罪犯作为被刑罚执行和被改造的对象,无论在哪个环节,他首先是一个客体,必须服从监狱各项规定,必须接受和参加监狱所安排的监管、教育、劳动等改造活动,所以,罪犯的这个客体角色在监狱人民警察的工作职责和思想意识中必须是非常明确的。但是,罪犯这个客体角色不是绝对不变的,而是可以随时随地向自我改造的主体角色转换和互换的,监狱人民警察对此也要有清醒的认识。罪犯这个客体与任何物的客体是不一样的,因为罪犯是人,是人就有思考和思想,是人就有主观能动性,他在被动地接受各种管理、教育和改造时,也会随时对所接受的一切作出能动的反应,这种反应既可能是积极的、正面的,也可能是消极的、负面的。

1. 罪犯的主客体角色在罪犯劳动改造中的变化规律

如上所述,罪犯的客体角色在罪犯劳动改造中是可以随时向自我改造的主体角色转化的。所谓罪犯的客体角色是指罪犯对于监狱和监狱人民警察来说是被改造的对象和客体,监狱和监狱人民警察是主体,是管理者。所谓罪犯的主体角色是指罪犯在劳动改造中也可以成为自我改造的主体。在罪犯劳动改造中,罪犯不是绝对被动的,他们对各项活动作出能动的反应,并以自己的思想支配自己的行动,从而使自己成为在罪犯劳动改造中自己思想和行动的主体。这种主体角色的产生和存在是客观的,其作用因其心理和动机的不同而呈现出或是积极的、正面的,或是消极的、负面的。在罪犯劳动改造过程中,罪犯的主客体角色是长期并存的,并对立统一于罪犯的身上发挥作用。当罪犯对劳动改造的反应是积极的、正面的,罪犯会积极配合监狱和监狱人民警察的改造工作,积极主动参加劳动,学习技能,此时,在罪犯身上主体和客体角色达到了高度统一。当罪犯对劳动改造的反应是消极的、负面的,罪犯会消极地、抗拒地对待劳动改造,此时,罪犯身上的主体和客体是对立的。在罪犯劳动改造过程中这种主客体角色的对立统一现象是客观的,是不以管理罪犯劳动改造的人民警察的意志为转移的,但是认识到这一规律,对于管理罪犯劳动改造的人民警察来说非常重要，人民警察要研究了解罪犯的心理、思想状况，要及时化解罪犯身上的负面消极因素，因势利导，促进罪犯的主客体角色在罪犯劳动改造中更多地达到高度统一，而不是长期对立。

2. 改造客观世界和改造人的主观世界相统一的规律

罪犯在劳动改造中主客体角色的对立统一规律与马克思主义所认为的人类改造世界的过程实质上是改造客观世界和改造人的主观世界相统一的过程是高度一致的。“再生产行为本身中，不但客观条件改变着……而且生产者也改变着，炼出新的品质，通过生产而发展改造着自身，造成新的力量和新的观念，造成新的交往方式，新的需要和新的语言。”①当罪犯在生产制造产品、改造自然的过程中，自我思想认识不断发生转变和提高以后，罪犯作为劳动者主体的积极性、主动性、创造性就会被大大激发出来，罪犯就会长期处于不再对抗改造、抗拒和消极劳动的状态，从而实现其主体角色和客体角色的高度长期统一，实现改造客观世界和改造自身的主观世界的高度统一。

3. 从被强制改造到自觉接受改造的过程和规律

罪犯在劳动改造中主客体身份的对立统一规律与通过“强迫的阶段”到“自觉的阶段”接受罪犯劳动改造的过程是一致的。毛泽东指出：“所谓被改造的客观世界，其中包括了一切反对改造的人们，他们的被改造，须要通过强迫的阶段，然后才能进入自觉的阶段。”“这是我国劳动改造罪犯的一般规律。”②罪犯因为自身各种原因，如不认罪服法，人生观、价值观错误，懒惰等恶习，不劳而获、鄙视劳动、身无技能等，一般在罪犯劳动改造之初都是持抵制和抗拒的态度的。所以，《监狱法》规定：“有劳动能力的罪犯，必须参加劳动”，目的之一就是先通过强制的手段，使罪犯接受劳动改造。在很多罪犯身上，强制劳动会伴随很长一段时间，而日积月累的劳动实践和教育中，罪犯都会或快或慢、或多或少地发生思想认识的转变，改变对劳动的看法，不断提高劳动技能、改掉身上的很多恶习，逐渐改变错误的价值观、人生观，从而从被强制劳动改造过渡到自觉地、积极地参加劳动改造，实现自身主客体身份的转化和统一。

---

① 《马克思恩格斯全集》（第46卷）（上册），人民出版社1979年版，第494页。

② 劳改专业教材编辑部《中国劳改学研究》编写组：《中国劳改学研究》，社会科学文献出版社1992年版，第34页。

（五）实践—认识—再实践—再认识的认识规律

辩证唯物主义认识论的实践观告诉我们：实践是认识的来源。“认识是人们在实践中借助一定的工具作为手段，使客观对象发生某种改变而获得的。”监狱组织罪犯劳动改造就是给罪犯提供了这样一种实践手段。辩证唯物主义认识观告诉我们：认识具有反复性，“人们对一事物的正确认识往往要经过从实践到认识，再从认识到实践的多次反复才能完成”。在罪犯劳动改造中，罪犯作为劳动者，亲自使用劳动设备和工具，进行生产作业，将劳动对象加工制作成具有使用价值的产品。在这个过程中，罪犯同时作为认识的主体，通过自己的身体和头脑感官接触客观外界，产生多种感觉，在头脑中形成印象，这就是感性认识。随着劳动周而复始地进行，罪犯同劳动资料和客观外界反复发生联系，在头脑中将各种感知材料进行加工和制作，最后产生认识的提升，由感性认识上升到理性认识。在感性认识向理性认识不断提升的过程中，罪犯头脑中原有的错误观念逐渐被正确观念所替换，这些正确的观念又在反复的实践中得到强化和增加，逐渐形成罪犯思想体系中新的、正确的世界观、人生观、价值观。罪犯劳动改造这种实践—认识—再实践—再认识的过程，是一个渐进的过程，是符合人的认识规律的。

第二节　罪犯劳动改造的功能和作用

罪犯劳动改造的功能是罪犯劳动改造所能够发挥的有利作用和效能，罪犯劳动改造的作用是罪犯劳动改造活动在罪犯身上达到的效果。我国为了改造罪犯的需要，以马克思主义和毛泽东思想为思想理论依据，基于劳动具有改造世界和改造人类主观世界的功能，组织罪犯参加劳动，创设了罪犯劳动改造这一改造罪犯的活动和手段。从理论上阐述罪犯劳动改造的功能和作用，从实践上指导监狱机关运用好罪犯劳动改造的功能，使之发挥最大的作用，对于实现改造人的目标，实现监狱的职能，具有重要意义。

一、罪犯劳动改造的功能的含义和特性

（一）功能的含义

功能是指效能和功效，是事物或活动的用途，是事物或活动内部固有的或者被人们所赋予的用途及使用时所能达到的效能，它是由事物或活动的内部要素及其组成结构所决定的，是一种事物或活动内部相对稳定独立的机制。功能作为满足需求的属性带有客观物质性和主观精神性两方面，称为功能的二重性。按照满足使用者需求的不同可分为满足使用者现实需求的功能和满足使用者潜在需求的功能。

功能与功能载体在概念上有分有合，麦尔斯在创立价值工程时就提出：顾客购买物品时需要的是它的功能，而不是物品本身，物品只是功能的载体。只要功能相同，载体可以替代。这就是说功能与其载体在概念上应有区分。但是，一种功能的实现不可能没有载体，所以功能与其载体又必须结合。在价值工程运作中，往往是某种功能与原来的载体分离了，经过创新方案与另一个载体结合起来，这就称为功能的载体替代。

（二）罪犯劳动改造的功能的含义

罪犯劳动改造的功能是在我国刑罚理念和监狱工作方针指引下，罪犯劳动改造的创建者赋予罪犯劳动改造的用途，是罪犯劳动改造所能够发挥的有利作用和效能。罪犯劳动改造是一种刑事执法活动，当然属于社会活动。社会活动的功能是社会活动的组织特性和实践特性所决定的。罪犯劳动改造的组织特性表现为以马克思主义劳动观和监狱工作方针为基本理念，以我国社会主义特色的罪犯劳动改造组织形式为载体，通过反映社会主义生产关系的管理方式组织罪犯劳动改造活动。罪犯劳动改造的实践特性表现为以人类社会的基本生产活动作为改造罪犯的基本手段，组织罪犯从事的是与一般人类生产劳动无实质差别的生产活动。我国罪犯劳动改造的设计者在设计罪犯劳动改造时，对劳动的现实性功能和潜在性功能作出了科学的选择，劳动因其有消耗体力、精力的特点而具有的惩罚、苦役的功能，我们不去选择，我们选择了劳动培养人、造就人、改造人的功能。劳动既能创造物质文明又能创造精神文明，我们选择了通过创造价值的劳动为手段，来改变犯罪人的精神世界，改变犯罪人犯罪的思想本质，培养合格社会劳动者和守法公民。

(三)罪犯劳动改造的功能的特性

1. 罪犯劳动改造的功能是以一般人类劳动的功能和作用为基础产生的

罪犯劳动改造的功能与人类劳动的功能既有区别也有联系。我国罪犯劳动改造的功能是以劳动的功能和作用为基础产生的。所谓劳动的功能就是劳动能够满足人类实际需要的特性。马克思主义劳动学说科学地揭示了劳动的功能,揭示了劳动创造了人类本身、创造了人类社会、创造了人类历史的伟大作用,这是劳动的实践特性对于个体的人以及由人组成的社会所具备的一系列功能所产生的结果。马克思主义充分论证了劳动对人的创造和改造作用,我国监狱机关则在马克思主义劳动学说的指导下,以改造人为宗旨,创建了改造罪犯的劳动改造手段,这才有了罪犯劳动改造的功能。"如果说劳动的惩罚功能和生产目的是人的刻意追求,而改造功能则是人类劳动与生俱有的功能,只是最初人们并没有意识,未主动加以运用。马克思主义产生后,劳动作为一种改造手段才被人们真正认识","马克思主义的相关思想被中国共产党人所接受,对罪犯劳动改造功能的认识不断深化,劳动作为改造罪犯的重要手段才被广泛应用,并且日益放在更加突出的位置"。[①]"罪犯劳动改造的内涵是对象、手段与目的三要素的有机结合,表明对什么人,要干什么?达到什么样的目的?"[②]所以,我国的罪犯劳动改造的功能是以劳动的功能和作用为基础的,是中国共产党执政以后以马克思主义基本理论为指导创建了罪犯劳动改造活动后才得以产生的。

2. 罪犯劳动改造的功能是中国特色社会主义刑罚制度及其理念所赋予的

罪犯劳动改造和罪犯劳动是两个概念,不能把罪犯劳动改造的功能等同于罪犯劳动的功能。在人类社会发展的不同阶段,劳动的功能被不同阶级和社会制度的统治者运用到刑罚体系中,产生了不同的罪犯劳动及其功能。在奴隶社会报复刑主义下和封建社会威慑刑主义下的罪犯劳动的功能主要是惩罚功能和剥削功能,在教育刑主义下罪犯劳动的功能主要是矫正和教育功能,而在我国社会主义制度下所创建的罪犯劳动改造的功能则主要是改造功能。这是因为我国的罪犯劳动改造是以马克思主义基本理论和劳动学说、毛泽东劳动改造思想为指导组织的、以改造人为宗

① 王恒勤:《中国特色社会主义监狱理论研究》,河北大学出版社 2011 年版,第 23、24 页。
② 杜雨主编:《罪犯劳动改造学》,法律出版社 2002 年版,第 35 页。

旨创建的,有其特定的指导思想、理论体系,建立了以社会主义制度为基础的罪犯劳动改造制度,赋予了罪犯劳动改造不同于剥削社会罪犯劳动的功能。“罪犯劳动改造是中国狱制革命的成果”,监狱机关的职能和发展方向,是罪犯劳动改造功能确立的立场和前提。罪犯劳动改造功能的有效发挥和运用是社会主义中国的监狱机关才能正确做到的。所以,从本质上说,罪犯劳动改造的功能是作为社会主义国家专政机器的监狱的本质属性和职能所决定的。罪犯劳动改造的特定功能,是中国刑事司法制度的一大特色,更是中国社会主义监狱对劳动的功能的成功运用和伟大创造。

3. 罪犯劳动改造的功能是一系列功能的组合

罪犯劳动改造的功能是以改造功能为核心的一系列功能的组合。人类社会的发展充分证明了劳动对于人类社会发展的伟大作用,马克思主义基本理论和劳动学说科学论述了劳动的伟大功能。以此为基础和理论指导,我国在创建和发展罪犯劳动改造制度的历程中,逐渐提炼和明确了罪犯劳动改造的一系列功能。这些功能体现在新中国以毛泽东为核心的第一代领导集体在罪犯劳动改造制度创建过程中的指示精神,体现在各个时期国家关于监狱工作、罪犯劳动改造工作所制定的方针政策,体现在监狱罪犯劳动改造实践中的运用和发展中。虽然这一系列功能还没有形成理论界完全一致的体系概括,但是罪犯劳动改造的功能一定是以改造功能为核心的系列功能的组合,并在罪犯劳动改造实践中科学有机地发挥着改造罪犯的作用,则是理论界和实践界的共识。

二、罪犯劳动改造的作用和功能的关系

作用是事物或活动的功能被利用或者被开发利用所产生的效果。罪犯劳动改造的作用就是我国监狱机关在组织罪犯劳动改造活动中充分发挥甚至开发利用罪犯劳动改造的功能所产生的改造罪犯的效果。正确认识罪犯劳动改造作用,历史地、客观地、全面地考察和评价罪犯劳动改造的作用,审视罪犯劳动改造中存在的问题,是实现罪犯劳动改造目的,改进罪犯劳动改造工作,提高罪犯劳动改造效能的重要理论和实践问题。

功能和作用是两个既相互联系又相互区别的概念。功能是事物内部固有的效能或活动组织者所赋予的效能,它是由事物或活动的要素和结构所决定的。而作用

则不同,作用是功能得到使用和发挥时所产生的实际效果,它是事物与外部环境发生关系或活动进行中及结束后所产生的综合效应。同样的功能所产生的作用,既可能是正面作用,又可能是负面作用,这要看功能与外部环境的互动方式。我国的罪犯劳动改造之所以有不同于剥削社会罪犯劳动的作用,就是因为社会主义制度的刑罚政策和思想赋予了罪犯劳动改造改造人的特殊宗旨和功能,并以此为核心创设了一整套罪犯劳动改造制度和方法。

三、罪犯劳动改造的功能和作用

既然功能与作用是既相互联系又相互区别的关系,而我国的罪犯劳动改造的功能和作用也因社会主义制度的特殊背景而存在更为特殊的关系,分析和研究罪犯劳动改造的功能和作用就需要将其联系起来进行分析,这样既有利于科学把握每一个功能与作用的有机联系,又有利于指导实践中的科学运用。(见图 6 - 1)

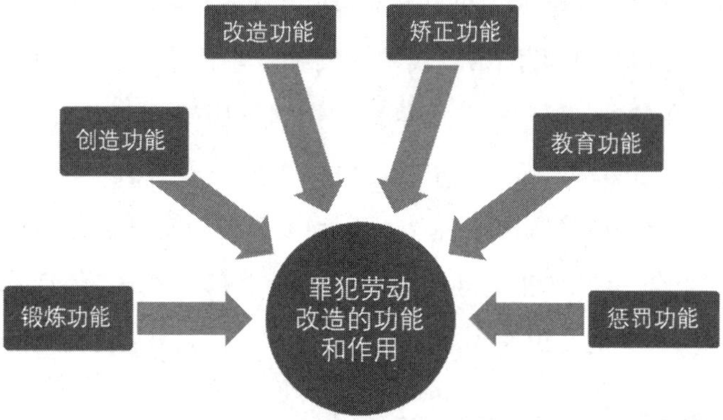

图 6 - 1 罪犯劳动改造的功能和作用

(一)罪犯劳动改造的惩罚功能和作用

惩罚是监狱的一种基本功能。劳动的惩罚功能是基于劳动具有消耗体力和精力的特点,被统治者利用对罪犯进行特定的惩罚时所产生和运用的功能。惩罚功能是劳动的一种潜在需求功能,只有当使用者专门使用这种功能时才成为满足使用者现实需求的功能,如奴隶制社会用野蛮性、残酷性、报复性的劳动惩罚奴隶和囚犯,封建制社会用折磨性、奴役性的劳动惩罚罪犯,这些劳动既以惩罚为目的,也用尽了劳动的惩罚功能。随着刑罚的改革和发展,惩罚功能在现代刑罚体系中已经逐渐被弱化和控制使用,惩罚功能就复原为劳动的潜在性功能很少被使用。“罪犯劳动的生理学意义随着刑罚的沿革而变化。”①联合国 1955 年第一届预防犯罪处遇大会《囚犯待遇最低限度标准规则》规定:“监狱的犯人劳动,不得具有折磨性质,不应被视为附加刑罚。”教育刑主义下的罪犯劳动越来越走向现代和文明,联合国的主张和各国的做法显示罪犯劳动的惩罚功能已经越来越少地被运用和发挥作用。如西班牙《监狱组织法》规定:“劳动是犯人的权利和责任,是改造犯人的根本手段,劳动不应作为折磨和惩罚犯人的手段,不应作为侵犯犯人人格的手段,而应使犯人养成和保持犯人的人格。”②

从中国共产党人创设罪犯劳动改造这一刑罚执行活动开始,就将其作为改造罪犯的一种手段,禁止将其作为惩罚、奴役、苦辱罪犯的手段,奴隶社会和封建社会罪犯劳动的惩罚功能在社会主义中国的监狱中只是一种潜在功能而不再被运用。虽然我国监狱是惩罚和改造罪犯的刑罚机关,但是我国监狱以改造人为宗旨,而不以惩罚为目的。我国监狱的惩罚功能主要体现在依法剥夺罪犯的人身自由上,罪犯劳动改造的惩罚功能则主要体现在依法强制罪犯参加劳动,接受劳动改造。

1. 罪犯劳动改造的惩罚功能的含义

罪犯劳动改造的惩罚功能是指为了实现劳动改造罪犯的目的,依法监管罪犯参加劳动,依法强制不服从改造、抗拒劳动的罪犯参加劳动。这种人身自由受限和强制性的劳动,实际上是一种对罪犯自由的剥夺和精神上的惩罚。我国监狱组织的罪犯劳动改造利用强制劳动的目的是,对那些思想上厌恶劳动、行动上不愿劳动的罪犯,依法强制他们劳动,并结合其他改造手段,使罪犯逐渐转变其扭曲的思想、丑陋的灵魂、懒惰的行为,变被动劳动为自觉地劳动,变被动改造为自觉、主动地改造。正如毛泽东所指出的:“他们如果不愿劳动,人民的国家就要强迫他们劳动。”

罪犯劳动改造的惩罚功能是依法依规确定并实施的。《监狱法》第 1 条规定了立法目的就是惩罚和改造罪犯。罪犯劳动改造的惩罚功能首先体现在依法强制有劳动能力的罪犯参加劳动改造。《监狱法》第 69 条规定:“有劳动能力的罪犯,必须参加劳动。”《刑法》第 46 条规定:“被判处有期徒刑、无期徒刑的犯罪分子在监狱或

① 杜雨主编:《罪犯劳动改造学》,法律出版社 2002 年版,第 35 页。

② 中华人民共和国司法部:《外国监狱法规条文分解》(下),法律出版社 1998 年版,第 378、379 页。

其他执行场所执行;凡有劳动能力的都应参加劳动,接受教育和改造。”《宪法》第 42 条规定:“中华人民共和国公民有劳动的权利和义务。”罪犯劳动同样是一种权利义务,但不同之处在于,罪犯劳动是属于执行刑罚中的改造手段,只要有劳动能力,都必须参加劳动,不问其是否愿意。《监狱法》第 4 条规定:“监狱对罪犯应当依法监管,根据改造罪犯的需要,组织罪犯从事生产劳动。”这说明监狱必须依法监管罪犯劳动现场和过程,从必要的封闭管理、对罪犯的行为监管和物品管理等,处处体现了对罪犯的监管和限制,这是刑罚惩罚功能在罪犯劳动改造中的具体体现。但是罪犯劳动改造的惩罚功能也是合乎法律甚至是体现人道主义精神的。《监狱法》第 70 条规定:“监狱根据罪犯的个人情况,合理组织劳动,使其矫正恶习,养成劳动习惯,学会生产技能,并为释放后就业创造条件。”这一条要求强制劳动也要尽可能地根据罪犯个人情况合理组织。第 71 条规定:“监狱对罪犯的劳动时间,参照国家有关劳动工时的规定执行;在季节性生产等特殊情况下,可以调整劳动时间。罪犯有在法定节日和休息日休息的权利。”第 72 条规定:“监狱对参加劳动的罪犯,应当按照有关规定给予报酬并执行国家有关劳动保护的规定。”第 73 条规定:“罪犯在劳动中致伤、致残或者死亡的,由监狱参照国家劳动保险的有关规定处理。”这些规定说明罪犯劳动改造的强制劳动也要符合一般《劳动法》有关劳动保护的规定。

罪犯劳动改造具有一定的惩罚功能是符合人的改造规律的。通过“强迫的阶段”到“自觉的阶段”是罪犯劳动改造的一般规律。强制劳动彰显刑罚的惩罚价值,对于被强制劳动的罪犯来说,刚进监狱时思想还未转变,还存在一定的问题和劣性,部分罪犯一度还会产生抵触情绪和抗拒心理,而强制劳动正是改造罪犯思想的手段。随着劳动作用的逐渐发挥和劳动体验的增加及正确的思想疏导,这种抵触情绪和抗拒心理会逐渐消除,并进入自觉劳动改造的状态。所以,在罪犯还未产生自觉能动性之前,这种强制劳动所具有的惩罚性还是必要的,强制劳动将扮演重要的改造角色。有学者提出不同的观点,强调罪犯劳动的惩罚性阻碍了罪犯对监内劳动的认同,很容易导致罪犯对监内劳动产生抵触,甚至催生警囚矛盾,强调罪犯劳动的惩罚性也无助于罪犯劳动改造手段的有效实施,无助于罪犯的重新社会化的完成。[①]我们认为,我国罪犯劳动改造的惩罚功能是在法律规定的范围内的,不包括对罪犯

① 柯淑珍:《论罪犯劳动的目的》,载《犯罪与改造研究》2016 年第 2 期。

的身体、精神等方面的过度惩罚，而这种在法律保障下的惩罚既是监狱的属性决定的，也是有利于改造罪犯的。

罪犯劳动改造的惩罚功能与其他社会制度下罪犯劳动的惩罚功能是有本质区别的。我国罪犯劳动改造的惩罚功能是为实现改造人的目的服务的，我国的强制劳动是在尊重罪犯人权、遵守法律的基础上的，是不以惩罚为目的的，没有使用体罚、超时、超体力劳动，更没有以奴役剥削为目的。而奴隶制、封建制社会监狱的罪犯劳动本身就是以惩罚、奴役和榨取血汗为主要目的的。

2. 罪犯劳动改造的惩罚功能发挥的作用

罪犯劳动改造的惩罚功能在被运用时主要发挥了有利于改造罪犯的作用。长期的罪犯劳动改造实践证明，罪犯劳动改造的惩罚功能发挥了以下作用：一是强制有劳动能力的罪犯全部参加劳动的作用。所谓“有劳动能力”的界定，凡是经过监狱医务部门鉴定，没有完全丧失劳动能力的罪犯，都要参加监狱适当安排的适合自身情况的劳动，否则，就要强制他们参加劳动。二是依法监管维护劳动秩序和劳动安全的作用。三是从强制罪犯劳动改造逐渐过渡到自觉自愿积极参加劳动改造的作用。对于不认罪、不服法、抵制抗拒劳动的罪犯来说，发挥罪犯劳动改造的惩罚功能，从强制到自觉是其必经阶段。

（二）罪犯劳动改造的改造功能和作用

1. 罪犯劳动改造的改造功能的含义

罪犯劳动改造的改造功能是指基于马克思主义的基本原理而赋予罪犯劳动改造转变其思想和矫正其行为的功效。罪犯劳动改造的改造功能有着深厚而又科学的马克思主义理论和思想基础。马克思在《哥达纲领批判》中指出：“生产劳动和教育的早期结合是改造现代社会的最强有力的手段之一。”①并指出，生产劳动是犯人“改造自新的唯一手段”。毛泽东亲自创建了中国特色的罪犯劳动改造思想。“辩证唯物主义的世界观认为，劳动创造人，创造社会，劳动是造就社会新人的重要方略，劳动也是改造各种社会丑恶现象的有力武器。”②罪犯劳动改造的改造功能也已经为历次的监狱工作方针政策所确认。中国的监狱学理论也已经形成了较为成熟

---

① 《马克思恩格斯选集》（第3卷），人民出版社1972年版，第4页。

② 杜雨：《罪犯劳动改造学》，法律出版社2002年版，第29页。

的以改造人为宗旨的罪犯劳动改造理论，罪犯劳动改造是改造各种罪犯的有力武器，是培养社会新人的重要手段。“生产劳动是培养社会新人的重要手段，是社会基础教育中不可缺少的内容，对于培养全面发展的社会新人至关重要。”根据我国监狱工作方针、政策和规定以及罪犯劳动改造基本原理，罪犯劳动改造的改造功能应该包括转变思想、矫正恶习、养成劳动习惯、培养劳动技能、培养自食其力的劳动者和守法公民等方面的功能。

2. 罪犯劳动改造的改造功能发挥的作用

罪犯劳动改造的改造功能发挥的作用，是指罪犯劳动改造的改造功能得到正常运用和发挥所取得的效果和成果。近一个世纪以来，从革命战争年代的革命监所到新中国成立以后各个历史时期的监狱运用罪犯劳动改造手段，发挥罪犯劳动改造功能，充分实现了对各种类型的罪犯的思想和行为的改造，所取得的伟大改造成就为世界瞩目。其中，新中国成立初期对封建末代皇帝、日本战犯、国民党战犯的成功改造，最能彰显我国罪犯劳动改造的伟大功绩。通过系统改造，成千上万的与人民为敌、与社会主义为敌、不认可共产党、不遵守社会主义国家法律的各类罪犯转变了思想，很多战犯站在人民的一边和共产党的立场上，拥护社会主义、拥护共产党，在服刑期间就向国民党宣传中国共产党的政策和社会主义好，他们的被改造被称为“人间奇迹”。罪犯劳动改造的改造功能的作用表现为一个人系统性的改变，具体来说，主要表现在以下几个方面。

(1)使罪犯在长期的劳动实践中体验人生价值，培育出新的、正确的世界观、人生观、价值观、劳动观。

(2)使罪犯转变多年形成的一身恶习，从无法无天变得遵规守纪，回归社会后成为遵纪守法的公民。

(3)使罪犯通过劳动改造向劳动者和生产者转变，为回归社会后成为合格的社会劳动者打下基础。

(4)使罪犯养成劳动习惯，学到劳动技能和职业技能，使之回归社会后能够自食其力，从而预防和减少了再犯罪。

(三)罪犯劳动改造的矫正功能和作用

罪犯劳动改造的矫正功能是指在组织罪犯参加生产劳动中，通过劳动组织、劳动纪律、劳动工艺、劳动技能、劳动定额、劳动竞赛、计分考核、报酬奖惩等管理的和技术的手段，使罪犯在反复的教育、约束、训练、规范等强化手段作用下，矫正扭曲的心理、不良的习惯和不守法纪的行为。

矫正功能的设计应该继承我国长期罪犯劳动改造工作中的传统优良方法和制度，也可以借鉴和学习国外的劳动矫正好的、先进的原理、方法和技术。矫正功能在条件、制度允许的前提下，完全可以学习和借鉴心理矫正和医学矫治的一些原理和方法，如斯金纳的新行为主义理论和方法。[①]

罪犯劳动改造的矫正功能所能发挥的作用是多方面的，是其他矫正手段无法比拟的，效果也是非常好的。一是培养劳动观念。通过长期从事有益身心的、创造价值的劳动，罪犯会改变对劳动的认识，树立起不再排斥劳动甚至热爱劳动的观念；养成劳动习惯，正所谓脑越用越灵，手越动越勤，长期规律性地参加劳动，必然让人养成劳动的习惯。二是心理趋于正常社会人。少数罪犯在长期的去社会化的行为方式中心理变态、心灵扭曲，劳动使之常态化地处于社会化劳动活动中，处于社会化的生产关系中，通过反复正常地处理人与人、人与生产、人与产品的关系，心理得到一定的矫正，是必然的结果。三是改掉自身恶习。通过遵守劳动纪律和规章，遵守工艺规程，落实安全法则，接受劳动生产过程中监狱严格的现场管理和作业管理，很多罪犯彻底改掉了一身的不良习惯，养成了语言、行为、仪容、仪表等多方面的好习惯，这些好习惯在他们回归社会后常令身边的人刮目相看，长期都不会改变。

（四）罪犯劳动改造的创造功能和作用

人类的劳动是人改变自然物、创造使用价值的活动。

罪犯劳动改造的创造功能是罪犯劳动改造活动创造使用价值和物质财富的功能，这种功能体现在罪犯通过自己的劳动对社会的贡献，也体现在给自己的回报。罪犯劳动改造的创造功能是基于劳动的创造功能的，是罪犯劳动改造的创立者基于自己的立场、观点和方法作出的正确选择。马克思主义在劳动创造财富的古老学说

---

① 斯金纳新行为主义概念：行为塑造，即通过强化手段，矫正人的行为，使之逐渐接近某种适应性行为模式的强化治疗手段。行为塑造法是根据斯金纳的操作条件反射研究结果而设计的培育和养成新反应或行为型式的一项行为治疗技术，是操作条件作用法强化原则的有力应用之一。在行为塑造过程中，多采用正强化的手段，一旦所需的行为出现，就立即给予强化，一直达到一种新行为为止。

基础上创立了劳动创造价值理论和劳动学说，罪犯劳动改造就是这一理论在罪犯改造领域中的运用。罪犯劳动改造是社会主义社会和国家作为改造世界、改造社会、改造人类的重要组成部分，是创造使用价值和物质财富的劳动，是社会化的生产活动，是与社会普通劳动者所从事的生产劳动没有本质区别的劳动。只有让罪犯不间断地、制度化地参加这样的罪犯劳动改造，才能最好地实现对他们的改造。马克思指出："劳动作为使用价值的创造，作为有用劳动，是不以一切社会形式为转移的人类生存，是人与自然之间的物质变换即人类得以实现的永恒的自然性。"①罪犯劳动改造的创造功能，使罪犯通过生产劳动，制造产品、创造使用价值和价值，获取劳动报酬，收获正能量的人生体验，保持接近甚至等同于普通劳动者的生存方式，形成正确的劳动观、世界观、人生观和价值观，为回归社会后的自食其力积累经验和能力。所以，罪犯劳动改造的创造功能是罪犯劳动改造最基本的一项功能，是其他各种功能的实践载体和基础。

罪犯劳动改造的创造功能的作用是多方面的，这些作用在我国罪犯劳动改造的历史上均有充分的体现。一是罪犯劳动改造的创造功能解决了监狱经费的困难。从革命战争年代革命监所的自给自足，到社会主义时期各个阶段弥补监狱经费的不足，罪犯劳动改造所创造的经济收入曾经是监狱经费的主要来源。二是罪犯劳动改造的创造功能在我国相当长的社会主义建设时期支援了国家的经济建设。三是罪犯劳动改造的创造功能使罪犯得到了其他改造手段所没有的实践体验和思想认识的转变，是罪犯劳动改造的所有功能的重要载体和基础。四是罪犯劳动改造的创造功能使罪犯劳动改造工作拥有了一套量化考核支持体系。五是罪犯劳动改造的创造功能使罪犯取得了一定的劳动报酬，为个人生活、解决家庭困难、支付债务赔偿和回归社会后自食其力奠定了一定的基础。

(五)罪犯劳动改造的教育功能和作用

罪犯劳动改造的教育功能是指罪犯劳动改造具备使罪犯培养劳动观念、学习生产知识、劳动技能、职业技能和生涯规划等知识技能以及配合教育改造、监管改造使罪犯接受政治思想教育、遵纪守法教育等方面的教育功效。罪犯劳动改造的教育功

① 《马克思恩格斯全集》(第23卷)，人民出版社1972年版，第56页。

能在“我们的监狱其实也是学校”的指导思想下具有中国社会主义特色，比西方国家自由刑和教育刑所倡导的教育内容更为丰富，特别是注重教育与劳动相结合、思想教育和劳动教育相结合，寓教育于生产之中。按照马克思主义劳动学说和我国的教育工作方针，劳动本身就是一种教育，任何人都要接受劳动教育。我国《监狱法》将罪犯劳动改造放在“教育改造”一章中，说明罪犯劳动改造具有教育功能和与教育改造的联系密切。

罪犯劳动改造的教育功能可以发挥以下作用。

1. 使罪犯转变观念，树立正确的世界观、人生观、价值观和劳动观

罪犯劳动改造有强大的、无以替代的实践教育功能。“劳动是优良思想和道德的播种机。人的正确思想，只能从社会实践中来，从生产劳动这项最基本的社会实践中来。劳动，使我们树立了不劳动者不得食的观念；劳动，使我们养成了艰苦奋斗和勤俭节约的作风；劳动，使我们懂得了理解和尊重他人；劳动，使我们培养了责任感、自尊心、自信心、独立自主和自律意识；劳动，使我们学会了团结和协作；劳动，使我们懂得了奉献；劳动，使我们知道了热爱和尊重自然、关注和关心社会；劳动使我们懂得了父母的养育之恩和孝敬父母。劳动，就像一台功能强大的播种机，把这一系列优良的思想、道德观念播种在我们的头脑中。虽然，从小到大我们每个人从家庭、社会和学校接受了许多思想道德教育，但是，同家庭、社会和学校教育相比，劳动的实践和体验功能更加强大，更是一种无以替代的自我教育，它把这些优良的思想、道德观念深深地、牢固地植入我们的心田。”[①]罪犯劳动改造的教育功能和作用的发挥最典型的是新中国成立初期对完全站在国家和人民对立面的末代皇帝、战争罪犯和各种反革命分子的改造，这些人在劳动改造等各种手段的改造中，思想观念发生了根本的扭转，完全接受了共产主义思想，拥护中国共产党的领导，从厌恶劳动、鄙视劳动人民、四体不勤、不会劳动，到树立正确的劳动观。正如末代皇帝溥仪的改造体会：“我明白了，老老实实做一个自食其力、有益于人民的人，和人民的命运联系在一起的命运，才是最好的命运。”

2. 教会罪犯生产知识、劳动技能和职业技能，使其掌握自食其力的本领

监狱通过一系列从教育教学到实践运用等手段对罪犯进行有针对性的劳动教

① 北京市监狱管理局编著：《劳动与改造》分册，法律出版社2012年版，第15页。

育，包括上岗前的生产知识、安全知识、劳动技能培训，上岗后的师傅带徒弟、实战练兵、劳动竞赛、技能考核等劳动实践，以及有计划的、系统的职业技能和职业生涯教育，使绝大多数罪犯学习掌握了一种甚至多种职业技能，考取了职业技能证书，规划了回归社会后的职业生涯，甚至一些罪犯锻炼成了拥有一技之长的专业技术人才。很多罪犯刑满出狱前就与用人单位签订了用人协议，出狱后大多数人成功就业、自食其力。

（六）罪犯劳动改造的锻炼功能和作用

罪犯劳动改造的锻炼功能是劳动活动对人的身体的锻炼功效。首先，罪犯劳动改造的锻炼功能是因为劳动本身就具备这种功能；其次，随着条件的不断改善，我国在组织罪犯劳动改造中注意合法合理组织劳动，避免超时、超体力劳动，根据罪犯的身体情况组织劳动，使罪犯在劳动中身体不仅没有过于劳累而受伤害，而是得到了很好的锻炼。

马克思在《资本论》注释中引用了英国经济学家的两段话："劳动对于身体健康犹如吃饭对于生命那样必要"，"劳动给生命之灯添油"。实践无数次证明了罪犯劳动改造的锻炼功能对罪犯的强身健体的作用。劳动可以使人筋骨强健，肌肉发达，关节灵活，反应灵敏，动作迅速，所谓"用则不退，动则不衰"；劳动能让人百脉通畅，五脏气血供应充足，可使冠状动脉血流量增加，改善心肌的营养和代谢；劳动还能抑制胆固醇的合成，可防止心脑血管疾病的发生；劳动还有延缓衰老的作用，人在持续的劳动过程中，会大大提高心肺和血管的功能对氧和营养物的分配、清除体内垃圾产生重要作用，阻止或减慢肌肉的生理性萎缩，从而有效地延缓机体的衰老速度。劳动虽然需要付出一定的辛苦，但是劳动创造的成果能使人精神愉快、心情舒畅，增强对生活的热爱和情趣，为健康长寿打下良好的基础。养生学家认为劳动是最重要的养生方法之一。很多罪犯身体基础不好，加上入狱后精神压力大，旧病易复发，还容易增加新毛病。但是通过有规律的监狱生活和积极参加适宜的劳动后，很多罪犯的身体越来越好。例如一位 60 岁入狱身患高血压、心脏病的罪犯通过参加力所能及的劳动仅仅一年多，血压恢复了正常，服药量也减少了，感慨是劳动改造给了自己又一次健康。

四、罪犯劳动改造的功能运用和作用发挥需要注意的问题

(一)注意对罪犯劳动改造功能的创新开发

罪犯劳动改造的功能是我国监狱运用劳动功能的伟大创造,上述六大功能是我们对罪犯劳动改造理论和实践发展的研究和总结,并不代表罪犯劳动改造的功能只有此六大功能并且一成不变。在罪犯劳动改造理论和实践发展中,我们要继续深入研究劳动的功能作用,深入研究劳动与罪犯改造的深入融合,结合时代发展的环境和条件,创新开发罪犯劳动改造的功能,从而使罪犯劳动改造的功能越来越科学、越来越强大。罪犯劳动改造的功能满足改造罪犯需求的基本属性是不变的,但是罪犯劳动改造在社会市场环境变化、生产力发展、产业发展和国家的相关政策调整中是必须优化和发展的。"劳动者、劳动资料和劳动对象的结合,才能进行劳动,才能成为现实的生产力。"罪犯劳动改造满足刑罚执行的主观精神性需求是不断提高的,罪犯劳动改造的相关政策要创新,罪犯劳动改造的管理要创新,罪犯劳动改造的方式、方法和制度也要创新,这些创新都要围绕罪犯劳动改造的功能的不断完善、不断提高去进行。

(二)注意对罪犯劳动改造功能的载体的选择和优化

功能与功能载体在概念上是可以有分有合的。价值工程的创始人麦尔斯就提出:顾客购买物品时需要的是它的功能,而不是物品本身,物品只是功能的载体。只要功能相同,载体可以替代。这就是功能与其载体在概念上应有区分。但是,一种功能的实现不可能没有载体,所以功能与其载体又必须结合。在价值工程运作中,往往是某种功能与原来的载体分离了,经过创新方案与另一个载体结合起来,这就称为功能的载体替代。麦尔斯的这一理论也适用于罪犯劳动改造的功能理论,罪犯劳动改造的载体是生产劳动,而生产劳动的种类又有很多,如农业生产、工业生产等,农业生产和工业生产中又有不同种类的生产项目。这些年来,罪犯劳动改造随着监狱的改革和发展,越来越走向更加集中、更加安全、更加方便的劳务加工业,监狱要根据改造罪犯的需要去寻找并确定最适宜罪犯劳动改造的生产加工项目。同时,又不能把工作思路和视野高度局限和集中于这些加工业,要永远以改造需求为导向,以劳动项目载体可替代为原则,进行罪犯劳动改造生产项目的选择和优化。

(三)注意罪犯劳动改造的功能的科学运用和作用发挥

罪犯劳动改造的功能实现最终依赖于科学运用,体现在作用的发挥。这些问题更主要的是实践性的问题,历史上出现过很多这方面的问题。经济基础方面,相当长的历史时期内由于国家经济困难,监狱经费困难,过度发挥和运用罪犯劳动改造的经济创造功能,严重制约了罪犯劳动改造的改造功能的发挥;体制机制方面,国家经济体制的转型,市场经济体制的变革,监狱管理体制的弊端,对罪犯劳动改造功能设定和发挥均产生了巨大的影响;管理水平方面,监狱管理水平、管理者的业务素质也制约了罪犯劳动改造功能的运用和发挥;理论研究和指导方面,罪犯劳动改造理论研究水平特别是应用理论研究和指导水平不高也制约了罪犯劳动改造功能和作用的发挥。所以,罪犯劳动改造的功能运用和作用发挥既有基础方面的问题,也有应用方面的问题,要从实际出发、以问题为导向,有针对性地破题攻关,才能实现罪犯劳动改造的功能科学运用和作用的最好发挥。

第七章

罪犯劳动管理综述

罪犯劳动管理是监狱的一项重要而又特殊的管理工作,是监狱执行刑罚和改造罪犯工作的重要组成部分,在中国特色社会主义监狱制度中发挥着重要的作用。罪犯劳动管理的全称应该叫罪犯劳动改造管理,是监狱对劳动改造工作进行管理的一项主干活动,是科学实施罪犯劳动改造工作和完成劳动改造任务的重要途径和手段。罪犯劳动管理理论是在管理学理论、罪犯劳动改造学原理的基础上,总结罪犯劳动改造规律和管理经验形成的特殊管理理论,是罪犯劳动改造学学科的重要组成部分,也是中国监狱学理论的重要组成部分。按照本书对罪犯劳动改造学学科体系的规划,罪犯劳动管理理论居于主体的管理实施部分,是罪犯劳动改造学应用理论的骨干内容。随着罪犯劳动管理理论不断发展和成熟,应该建设形成一套从原理到方法、以应用实用为主的理论体系,建成作为罪犯劳动改造学子学科的罪犯劳动管理学。

第一节　罪犯劳动管理的概念和内容、任务和作用

一、罪犯劳动管理的概念和目标

(一)管理的概念和目标

所谓管理,就是在特定的环境下,对组织所拥有的资源进行有效的计划、组织、领导和控制,以便完成既定的组织目标的过程。要从以下几点把握管理要义。

第一,管理是为实现组织目标服务的,是一个有意识、有目的进行的过程。管理

是任何组织都不可或缺的,但绝不是独立存在的。管理不具有自己的目的或目标,管理是服务于组织而存在的。不能为了管理而管理,而是应该为了实现组织的目标进行管理。因此,管理的目标是与组织的目标联系在一起的。

第二,管理工作的过程是由一系列相互关联、连续进行的活动构成的。这些活动包括计划、组织、领导、控制等,它们是管理的基本职能。

第三,管理工作要通过综合运用组织中的各种资源来实现组织的目标。

第四,管理工作是在一定环境下进行的,有效的管理必须充分考虑组织内外的特定条件。

管理并不存在自己独立的目的或目标,管理是服务于组织而存在的。不能为了管理而管理,应该是为了实现组织的目标进行管理。因此,管理的目标是与组织的目标联系在一起的。管理的目标就是要促使组织有效地利用资源而达成组织的目标。

可以从以下三个角度来衡量管理促使组织目标实现的情况。

1. 实现组织的产出目标

组织的目标对应的是组织活动的成果。如医院治愈的病人、学校培养的人才、制造企业出产的产品、服务企业提供的各种服务、监狱改造后刑满释放的回归人员。不同类型的组织,其成果的具体表现形式可能各不相同。罪犯劳动管理作为监狱管理的内容之一,其产出目标直接的表现是一定品种、产量、质量和成本水平的产品,但是其作为监狱管理的一项重要内容,其产出目标还应该包括对应于监狱的产出目标即经过改造后的罪犯。所以罪犯劳动管理的产出目标不能只看产品不看人(改造过的罪犯),如果只看到产品及其经济效益,就违背了管理目标是服务于组织目标的基本原理了。

2. 保证组织的效果与效率

用效率和效果来衡量组织的目标是管理者必须高度重视和注意的,所谓有效的管理指的就是管理的效率和效果。只有当管理者深刻地认识到这两者的科学本质,并能在管理中准确地追求效率和效果时,才能成为有效的管理者和成功的管理者。

效率是投入与产出的比值,如劳动生产率、设备利用率、工时利用率等,体现在多、快、省等。效果是组织在运行中能够实现符合组织性质和既定目标的程度,体现在好与坏,对与错、有用还是无用等方面。效果是与组织的性质相联系的,不同的组织对管理的效果的要求是不一样的,企业管理效果的衡量指标有销售收入、利润额、资金利润率、市场占有率等;医院管理的效果是医疗水平的高低,治疗病人的治愈率;监狱管理的效果是履行惩罚改造罪犯职能的好坏。那么罪犯劳动管理的效果是什么呢?首先罪犯劳动管理的效果要以监狱的性质和目标为宗旨和导向,就是劳动改造罪犯的效果之好坏,虽然罪犯劳动管理直接表现为管理生产,其成果考核也离不开产值、产量、质量、利润等这些生产和经济指标,但一定要清楚地认识到这些生产和经济指标也要为改造效果服务。

对于一个组织的管理来说,首先是保证效果,也就是先做到"做正确的事",再去"正确地做事",在保证效果的前提下追求效率。对于罪犯劳动管理的管理者来说,"做正确的事"就是要从监狱的性质、宗旨出发去追求罪犯劳动管理的效果,要以改造人为宗旨去认识和处理罪犯劳动生产的效率和效果的关系,这中间蕴含着罪犯劳动管理的特殊性和科学性。罪犯劳动的效率和效果是既对立又统一的关系,处理得好,劳动改造效果就能很好地管控劳动生产的效率,劳动生产的效率也能很好地服务于劳动改造的效果;处理得不好,就会又回到改造和生产矛盾的怪圈。

3. 实现组织的终极目标

根据组织的性质不同,组织的终极目标可以有不同的表现形式。前面所述的效果涉及的就是组织的终极目标。有一些组织以追求利润和资本保值增值为主要终极目标,这样的组织被称为营利性组织;另一些组织则以满足社会利益和履行社会责任为主要终极目标,被称为非营利性组织。营利性组织终极目标的实现程度可以通过市场检验,以较为客观的绩效指标来衡量;非营利性组织的终极目标往往依赖一些定性的和相对主观的指标加以衡量。监狱以及组织罪犯劳动改造的监狱企业的性质就是这样的非营利性组织,其终极目标是改造罪犯,因此服务于监狱和监狱企业的罪犯劳动管理的终极目标一定是劳动改造罪犯。

无论组织的终极目标有何差别,管理都要促使组织以尽量少的资源而尽可能多地完成组织预期的、合乎要求的目标。只有这样,才能称得上有效的管理。所以,管理者首先要做的是知晓自己所在的组织的性质和终极目标,然后以终极目标为导向,追求以尽量少的资源消耗去最大化地实现组织的终极目标。

(二)罪犯劳动管理的概念和目标

监狱管理工作千头万绪,罪犯劳动管理是其中之一。罪犯劳动管理的性质、目标完全取决于其所服务的组织——监狱的性质和目标。

监狱是国家的刑罚执行机关,监狱显然是非营利性组织,监狱的产出目标是被改造后回归社会的罪犯的数量及改造质量,产出目标可以用一定时期内刑满释放的罪犯数量来衡量;监狱的终极目标是以改造人为宗旨,改造质量好、回归社会后不再犯罪的人越多越好。监狱整体工作以及所有具体工作的目标必须服从和服务于监狱的性质和目标。

根据监狱的性质和目标以及罪犯劳动改造作为监狱改造罪犯的手段,可以很清楚地确定罪犯劳动管理的性质和目标。罪犯劳动管理性质是监狱管理的重要组成部分,是为了发挥好罪犯劳动改造的作用而进行的一项管理工作。罪犯劳动管理的全称是罪犯劳动改造管理,是指为了实现劳动改造罪犯的根本目的,监狱及其所属部门或机构对罪犯劳动改造活动实施的计划、组织、领导、控制等一系列管理活动的总称。

罪犯劳动管理的目标是监狱改造罪犯目标的分解,即劳动改造罪犯。监狱及监狱企业的性质是公共组织和非营利性组织[①],监狱和监狱企业进行罪犯劳动管理的终极目标是劳动改造罪犯,罪犯劳动管理可以有必要的生产产出目标和经济效益目标,但这些目标都应该从属于罪犯劳动改造的目标,是为劳动改造罪犯目标服务的。[②] 在这里,罪犯劳动的生产产出目标是手段,罪犯劳动的终极目标劳动改造罪犯才是目的。(见图7-1)

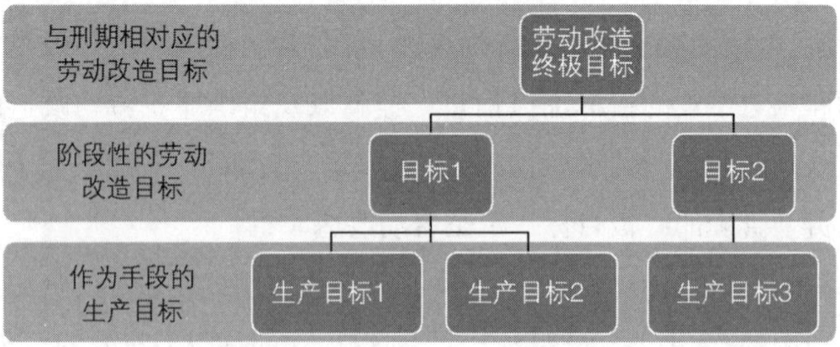

图7-1 罪犯劳动系统的"目的—手段"功能关系及结构

① 刘津:《论监狱企业的性质》,载《中国监狱学刊》2001年第2期;刘津:《再论监狱企业的性质》,载《中国监狱学刊》2010年第4期。

② 刘津:《论监狱企业的目标》,载《河南司法警官学院学报》2006年第3期。

二、罪犯劳动管理的内容

罪犯劳动管理的内容包括对罪犯劳动生产经营全过程的管理活动,其特殊性在于其并非以一般的生产经营系统为管理对象,而是以劳动改造为目标和任务的罪犯劳动生产为管理对象。所以,确切地说,罪犯劳动管理是以特定的罪犯劳动系统为管理对象。一般生产系统的构成和罪犯劳动系统的构成分别如图7-2、图7-3所示,从中可以看出二者的区别。正确认识罪犯劳动管理的对象是确定罪犯劳动管理内容的基本前提。

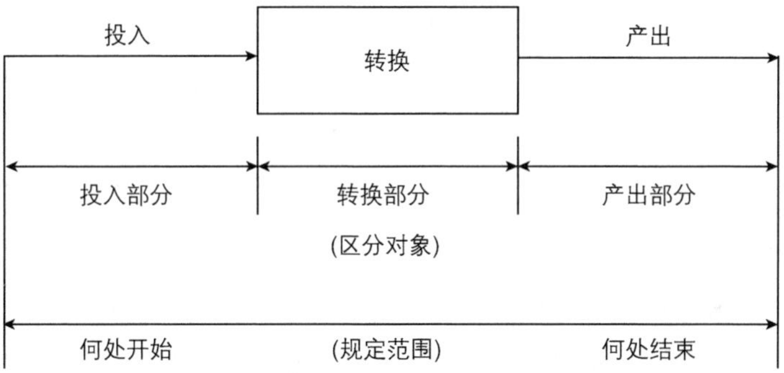

图7-2　一般生产系统构成

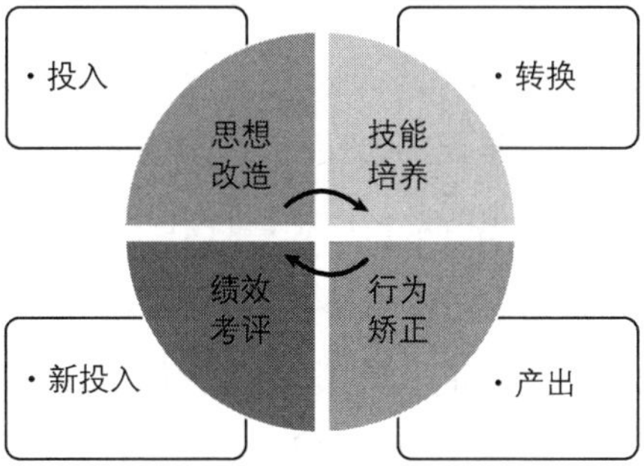

图7-3　罪犯劳动系统构成

罪犯劳动管理应该包括以下内容:

(一)罪犯劳动组织机构设计和运用

设计、建构罪犯劳动组织机构是罪犯劳动管理体制建设的重要内容,一定要以有利于形成罪犯劳动管理的科学机制为原则。罪犯劳动组织建设受社会政治经济体制的影响非常大,我国罪犯劳动组织机构的演变充分说明了这一点。我国监狱的罪犯劳动组织机构以监狱企业为主,监狱企业的根本性质就是罪犯劳动改造的组织载体和形式,但在不同的历史时期监狱企业的形式和内涵有很大不同。在计划经济时期是监狱和监狱企业合一的组织形式,主要有国营性质的监狱农场和国营性质的监狱工矿企业;改革开放时期在国营或国有性质的监狱企业体制中先后进行过承包责任制、双轨运行和监企分开的改革;21世纪以来,在社会主义市场经济体制下,我国实行了"全额保障、监企分开、收支分开、规范运行"的监狱体制改革,监企分开改革的实质就是要处理好罪犯劳动管理体制的问题,监企分开后的监狱企业的组织形式是监狱企业集团公司及其子公司或分公司,这种形式把原来监狱管理局和监狱负责生产经营的职能(主要是与市场相衔接的职能、财务后勤等职能)交给监狱企业集团公司及其子公司或分公司,即所谓的"两头在外",而罪犯劳动过程管理则交给了监区。所以,所谓监企分开实际上是有分有合的状态,而不是绝对的分开。按照组织设计的原理和原则,罪犯劳动管理的组织机构一定要适应环境变化,根据监狱对这项工作的要求进行调整,这是罪犯劳动组织理论研究的内容。

(二)罪犯劳动项目管理

监狱要组织罪犯劳动改造,首先要解决好罪犯劳动的生产项目问题。罪犯劳动项目管理是指监狱对拟引进或建设的罪犯劳动项目进行评估、选择、组织实施等一系列管理活动的过程。基于罪犯劳动的改造属性和生产属性,罪犯劳动项目管理的核心是保证选择的劳动项目符合劳动改造的特点和目标,按照"安全、稳定、改造、习艺"的综合性要求,规范劳动项目准入机制,优化项目结构,保证改造效果,防范经营风险,讲求一定的经济效益,实现罪犯劳动改造目标和监狱的安全稳定。市场经济体制下如何解决罪犯劳动的生产项目是世界各国的共同难题。经过多年的探索,许多国家选择了公共政策扶持、政府采购、市场化经营等多措并举的方式。我国社会主义市场经济体制的建立,彻底改变了罪犯劳动的外部环境,罪犯劳动的生存和持续性发展面临巨大挑战。罪犯劳动项目管理要从实际出发,在最大化地争取和获得公共政策支持的条件下,尊重市场规律,研究罪犯劳动改造规律,结合地域经济发展状况,制定正确战略规划,找准市场定位和产业支撑,这是相当长一段历史时期罪犯劳动项目管理的主要方向。

(三)罪犯劳动过程管理

罪犯劳动过程管理是对罪犯劳动的具体实施过程进行管理,是罪犯劳动管理的主体内容,其内容涉及罪犯劳动管理全过程的方方面面,主要包括以下几方面。

1. 罪犯劳动计划管理

罪犯劳动计划管理是通过编制和执行罪犯劳动计划,组织和协调罪犯劳动全过程的活动。对罪犯劳动实施计划管理,能有序地组织罪犯劳动过程,分配劳动任务,明确作业标准,规范劳动秩序,加强劳动考核,控制生产进度,保障罪犯劳动过程的科学、有序、稳定、高效运行。实施罪犯劳动计划管理,对规范罪犯劳动管理具有重要意义。

2. 罪犯劳动进度管理

罪犯劳动进度管理,主要是根据罪犯劳动生产计划,结合罪犯技术特长、劳动定额,合理安排罪犯劳动工序和工艺过程,实时掌握罪犯劳动定额完成情况,提高生产质量和效率,确保生产任务和劳动改造任务的完成。

3. 罪犯劳动现场管理

罪犯劳动现场管理不是一般的生产现场管理,是把监管任务、教育改造、罪犯劳动技能培养、行为矫正等任务融入罪犯劳动过程组织和现场管理中的一种特殊现场管理。这项管理参考了各种生产现场管理方法,但绝不是这些社会企业常用的现场管理方法的简单运用,而是在罪犯劳动特殊性的基础上的一种创新运用和改进,例如现场定置管理、工艺技术和设备工具管理等。在罪犯劳动现场中,罪犯特殊劳动力与各种生产要素的结合,已经不能简单地等同于一般生产现场的管理对象了,这需要监狱警察在实践中探索发现罪犯劳动现场的特殊性及其运行的规律,需要一线管理者探索总结罪犯劳动现场管理的良好做法和成熟经验,最后需要上升为罪犯劳动现场管理的科学理论。

4. 罪犯劳动安全管理

罪犯劳动安全管理在现实工作中普遍称为“安全生产管理”,但“安全生产管理”并不能全面准确地概括和反映这项管理工作及其内容的特殊性。罪犯劳动现场的安全问题实质上是生产安全隐患和罪犯自身危险性的有机结合,形成了罪犯劳动安全的特殊现象、特殊内容和特殊规律。所谓罪犯劳动安全管理就是以罪犯劳动安全的特殊现象、特殊内容和特殊规律为对象的安全管理活动,不能照搬照抄社会一般的安全生产管理。在实践中把罪犯劳动管理中的生产安全和监管安全分割开来的做法非常普遍,这是不符合罪犯劳动过程中的安全现象和安全的系统思想的,所以是不科学的。应该用“罪犯劳动安全管理”来概括,并建立科学的罪犯劳动安全管理学。

5. 罪犯劳动质量管理

罪犯劳动质量管理主要是指罪犯劳动生产质量管理。罪犯劳动生产质量管理结合罪犯劳动的特点,运用质量管理方法,以提高罪犯劳动技能和质量管理水平为基础,保证和提高产品质量。

6. 罪犯劳动力管理

罪犯劳动力管理是罪犯劳动改造的重要基础工作,既是有针对性地做好每一名罪犯劳动改造的基础工作,也是从整体上做好监狱劳动改造工作的基础工作。具包括对罪犯劳动能力的评估、罪犯劳动力的教育培训、罪犯劳动力的合理配置、根据劳动定额进行劳动任务分配等。

7. 罪犯劳动绩效管理

罪犯劳动绩效管理是对罪犯劳动生产进行考核和对罪犯劳动改造效果进行综合评定的重要管理工作,包括生产任务完成情况,生产过程中罪犯的综合表现情况的考核、评定、奖惩等。罪犯劳动绩效管理不能仅仅用定量管理的方法,还需要用定性管理的方法,既需要单项考核,也需要综合考核,既包括日常绩效管理,也包括为某一名罪犯刑满释放或减刑假释所进行的综合绩效评定,这项管理工作实质是对罪犯劳动改造质量的管理。

三、罪犯劳动管理的任务和作用

我们在罪犯劳动改造学学科体系规划中将罪犯劳动管理理论确定为主体的管理实施部分,罪犯劳动管理的任务和作用充分说明了它的这一重要地位。

(一)罪犯劳动管理的任务

1. 贯彻落实改造人的宗旨,确保劳动改造罪犯目标的实现

首先,在罪犯劳动管理中贯彻落实好“以改造人为宗旨”的监狱工作方针,以劳

动改造罪犯为根本目标，罪犯劳动全过程、各方面都要围绕着这一根本目标的实现科学合理组织。其次，处理好罪犯劳动中改造目标和生产目标的关系，改造效益和经济效益的关系，改造目标和改造效益是根本目标和终极目的，生产目标和经济效益是手段和途径。

2. 管理罪犯劳动项目，确保罪犯劳动的可持续性

管理罪犯劳动项目，是保证罪犯劳动改造顺利实施的重要管理工作，这项工作需要监狱自身努力，也需要得到国家政府政策的支持。一方面，要争取国家和政府通过制定特殊优待政策和相关法律法规的规范，解决罪犯劳动改造的市场机会问题，在监狱体制改革中解决罪犯劳动改造的特殊体制、特殊管理问题。“重组公共企业性质的监狱国有独资公司，以国有企业的特殊体制克服‘市场失灵’，保证罪犯劳动改造这种特殊公共产品的提供。”①这是个大方向，但目前由于各方面的原因还做不到，所以，目前，国家在这方面给予的政策支持是不够的，还需要业界的呼吁，需要一个历史进程。另一方面，监狱和监狱企业要根据社会主义初级阶段的国情和市场经济形势，制定适合于自身和本地的罪犯劳动项目管理战略，提高罪犯劳动生产项目的承揽能力，探索符合我国国情、地情、狱情的罪犯劳动项目管理模式，从根本上解决罪犯劳动改造的可持续发展问题。

3. 构建罪犯劳动管理体制，以科学的机制保证罪犯劳动改造的规范运行

从监狱体制改革层面构建好监狱企业管理体制，处理好监狱和监狱企业的关系和机制问题；从监狱内部构建好监狱企业经营管理体制机制，做好生产项目管理、生产进度和现场管理、质量和安全管理、工具和设备管理、劳动绩效管理、劳动教育、劳动改造质量评定等管理业务的部门设置、分工和人员安排等机制设计和运行工作。

4. 科学管理罪犯劳动，把罪犯劳动改造任务落实到劳动过程中

罪犯劳动改造最根本的任务是改造罪犯思想，转变恶习，培养劳动技能和劳动习惯，除上岗前的罪犯劳动思想教育和职业技能教育是在非劳动现场进行外，罪犯劳动改造的目标和任务绝大部分通过罪犯劳动过程来实现和完成。罪犯劳动管理的基本任务就是要科学管理罪犯劳动生产过程，按罪犯劳动规律办事，通过合法、规范、标准、安全、优质、高效、低耗、文明生产，寓教于劳，寓改于劳，使罪犯在劳动中改

---

① 刘津等：《监狱企业法人制度问题研究》，河北人民出版社2009年版，第66页。

变思想认识、矫正恶习、学习劳动技能，遵守劳动纪律，执行工艺流程，付出合理劳动量，完成劳动定额和生产任务，实现生产目标和一定的经济效益，使他们在日积月累的劳动中得到改造，并最终成为自食其力的守法公民。

5. 科学考核评价罪犯劳动改造绩效，不断提高罪犯劳动改造质量

通过科学考核评价的工作机制，对罪犯劳动改造质量效果进行定性和定量的考核评价，准确鉴定，科学奖惩。巩固改造成果，既要整体推动，又能解决个体存在的疑难问题，不断提高罪犯劳动改造质量，追求罪犯劳动改造工作高质量发展。

（二）罪犯劳动管理的作用

1. 实现对罪犯劳动的科学管理，使生产劳动成为改造罪犯的手段

生产劳动与罪犯的结合是为了改造罪犯，是因为生产劳动有改造人的功能，但是生产劳动对人的改造功能的实现和发挥是需要一定条件的，其中最重要的条件就是管理，管理把罪犯劳动改造的目的和要求有机地融入产、供、销全过程中去，形成了罪犯劳动系统和独具特色的罪犯劳动管理系统。罪犯劳动管理通过特殊的管理体制、管理方式和方法实现了生产劳动与罪犯改造的有机结合，真正使生产劳动成为中国特色社会主义的改造罪犯的手段——罪犯劳动改造。

2. 实现对罪犯的改造和矫正，使管理成为改造罪犯的手段

我国罪犯劳动改造的社会主义特色和取得的伟大成就，很大功劳和原因在于我国的罪犯劳动管理。罪犯劳动管理的作用，一是体现在系统组织实施罪犯劳动改造工作；二是体现在管理本身具有助人成长的作用，经我国监狱特色打造的罪犯劳动管理则拥有并强化了改造罪犯的功能和作用。罪犯劳动管理以我国监狱工作方针为宗旨，建立中国特色社会主义的罪犯劳动组织机构，创造有利于罪犯劳动改造的环境和条件，从罪犯的实际出发，探索罪犯劳动生产和改造规律，确定合理的生产目标和改造目标，引进适宜的生产项目，制定有针对性的劳动纪律和规章，确定科学的劳动定额，按照规范的工艺规程，实施必要的现场监管，合理地进行按劳分配，让罪犯从事着社会化的劳动生产活动。通过这样的劳动管理和生产实践活动，罪犯可以学习和掌握社会化的生产知识和技能，接触和学习现代化的管理知识，树立纪律规矩意识、矫正好逸恶劳、自由散漫恶习，体验劳动的付出与收获，获得真实的、正能量的思想体验，从而潜移默化地转变并树立正确的世界观、人生观、价值观和劳动观，

达到改造罪犯思想的根本目的。所有这一切都离不开管理。管理让罪犯直接或间接地学到了很多东西,发生了从量到质的变化。所以,罪犯劳动管理本身就成了改造罪犯的重要条件和手段。

3. 实现对干警的培养,为监狱培养一支专业化的罪犯劳动管理队伍

对罪犯进行劳动改造,有马克思主义基本原理作指导,却没有成功的先例可供借鉴,甚至至今还没有成熟的专业管理人才培养教育模式。中国的罪犯劳动改造事业,是在实践中创建、摸索出来的,在挫折中发展起来的。在长期的罪犯劳动管理实践中,一代又一代的监狱人民警察艰苦创业,探索发展,改革进取,学习成长。他们在实践中学习,在书本中学习,在计划经济体制下学习,在市场经济体制下学习,可以这样说,是罪犯劳动改造和管理实践培养和锻炼出了一支越来越专业化的罪犯劳动管理队伍,担负起了管理罪犯劳动改造的使命,甚至推动了我国的罪犯劳动改造管理人才的培养和教育事业的发展。

第二节 罪犯劳动管理的特点、方法和原则

一、罪犯劳动管理的特点

对罪犯劳动管理的特征的认识,要在马克思关于管理的二重性理论指导下有所创新,认识和研究罪犯劳动管理的自然属性和改造属性,认识和研究罪犯劳动管理要按罪犯劳动改造特殊规律办事的特点。

(一)与一般生产劳动管理相同的自然属性

罪犯劳动是在社会化大生产系统中的专业化协作劳动,罪犯劳动管理首先具有与一般生产劳动管理完全相同的自然属性。正如马克思所说:“凡是有许多人进行的协作的劳动,过程的联系和统一,都必然要表现在一个指挥意志上,表现在各种与局部劳动无关而与工场全部活动有关的职能上,就像一个乐队要有一个指挥一样。这是一种生产劳动,是每一种结合的生产方式中必须进行的劳动。”“一个单独的提

琴手是自己指挥自己,一个乐队就需要一个乐队指挥。”①马克思用乐队指挥说明,管理(指挥)是社会化生产所必需的,是组织和协调生产、技术、经营等活动的一般要求,是任何生产方式或社会制度下的社会生产都具有的共性需求,这就是管理的自然属性。管理的自然属性告诉我们,罪犯劳动管理在加强分工协作上,在科学组织罪犯劳动和合理配置生产要素上,在追求优质、高效、低耗、安全、文明生产目标上,与一般生产劳动管理是没有区别的。罪犯劳动要实现科学管理,在管理的自然属性上是需要向社会企业学习的。

(二)由监狱工作性质和方针所决定的改造属性

马克思在论述协作劳动需要一个统一的指挥即管理的同时,也论述了管理在一定的生产资料占有方式下,具有与一定的生产关系相联系的特殊性质,即管理的社会属性。如资本主义管理的社会属性主要表现在维护资本家利益,剥削雇佣劳动的阶级对抗性。社会主义管理的社会属性的特点,则主要表现在维护和改善集体劳动条件,正确处理国家、集体和个人三者的关系,为实现社会主义生产目的服务。我国的罪犯劳动管理同样具有社会主义管理的社会属性,其社会属性除体现社会主义的生产关系外,还体现在社会主义制度下监狱组织罪犯劳动的根本目的所决定的属性,即罪犯劳动管理要以监狱工作方针为根本遵循,以改造人为宗旨,由此决定的特点我们称为罪犯劳动管理的改造属性。具体可以体现在以下一些方面。

1. 罪犯劳动管理的目标是以改造人为宗旨,不是以经济效益最大化为目的

罪犯劳动管理的目标是由我国社会主义制度下监狱的性质决定的,是劳动改造罪犯。罪犯劳动讲求投入产出比、追求适当的生产效率和经济效益,但这样做的根本目的是让罪犯学习生产劳动知识和掌握劳动技能,懂得财富是劳动创造的,是个人生存的基本条件,培养其正确的劳动观念和财富观念,同时也是监狱得以持续组织劳动改造活动的需要。因此,罪犯劳动管理的目标永远是围绕着改造人的宗旨的,而不是以经济效益为根本目标。

2. 罪犯劳动管理者是监狱警察

罪犯劳动改造是改造罪犯的基本手段,根本目的是劳动改造罪犯,既是刑事执

---

① 《马克思恩格斯全集》(第44卷),人民出版社2001年版,第384页。

法活动,也是生产管理活动,必须依法由监狱人民警察来行使这种管理职能。罪犯劳动管理是在特定的监管环境下进行的,管理的内容既有生产劳动管理也有生产劳动过程中的执法监管,所以,从事罪犯劳动管理的监狱人民警察既要掌握刑罚执行所要求的执法知识和技能,又要掌握劳动改造的知识和技能以及生产管理的知识和技能。这些知识和技能形成了这类监狱人民警察身上特殊的、综合性的素质,这是他们胜任此项工作的必备条件,特别是实际工作中,为了真正履行好管理责任,还需要他们学习掌握必备的相关行业的生产业务知识。这就要求监狱必须做好监狱人民警察的招录、业务技能培训、岗位分工等工作。这正是罪犯劳动管理的改造属性的体现。

3. 罪犯劳动管理的对象是特殊劳动者——罪犯

监狱人民警察直接管理,管理的对象是特殊的劳动者——罪犯,特殊的管理者、特殊劳动者和特殊的管理目的彻底改变了罪犯劳动管理的性质、内容和管理方式。罪犯劳动管理要依法保证有劳动能力的罪犯必须履行劳动的义务和享有劳动的权利;要结合罪犯的个体素质差异进行特殊的岗前培训和技能培养;要针对罪犯个体的危险性评估,进行特殊的安全管理而不是一般的安全生产管理,加强特殊的生产现场管理而不是一般的生产现场管理,加强特殊的设备和工具管理而不是一般的设备工具管理,为此需要创建罪犯劳动安全管理理论;要根据安全和培养罪犯劳动技能的需要选择劳动生产项目和产业产品结构;要根据罪犯改造激励的需要进行罪犯劳动改造考核和奖惩。

4. 罪犯劳动管理所营造的监狱内特殊的社会主义劳动关系

我国监狱的罪犯劳动管理从管理体制、管理方式、管理方法等方面无不体现了社会主义生产关系的劳动关系,表现在特殊的劳动目的、特殊的管理者和被管理者关系、特殊的劳动环境、特殊的体现人道主义的劳动安排和劳动保护、特殊的劳动报酬分配、特殊的劳动竞赛、特殊的劳动改造与教育、监管改造的融合机制、特殊的劳动表现与刑罚的挂钩机制等。这些看似司空见惯的罪犯劳动管理方式方法实际无不体现着我国社会主义制度下的罪犯劳动关系特性,而且随着社会主义市场经济体制下我国监狱体制改革的不断深化,这种特性还会更加系统化、特色化,不断深入形成符合我国罪犯劳动管理目标和宗旨的改造属性。

5. 罪犯劳动管理的环境具有强制管控性和封闭性

罪犯劳动管理的环境是刑罚执行现场,也是罪犯劳动改造现场。这样的现场除了按生产工序和现场管理要求布置生产设备、工艺流程及各种生产要素,还要按照罪犯监管要求进行强制管控和封闭管理。在21世纪初监狱布局调整完成以后,我国监狱组织的罪犯劳动从室外转向室内,从分散转向集中,更加便于管控和封闭。罪犯劳动管理的全过程要植入各种劳动改造要素,如改造计划、劳动教育、技能培养、安全教育、行为矫正、改造效果评估等。

(三)按罪犯劳动改造规律办事的科学性

罪犯劳动管理是生产经营管理活动与罪犯改造活动的有机结合,这一结合形成了特殊的罪犯劳动改造活动。罪犯劳动改造活动有其自身规律性,因而也有其自身的特殊性和科学性。总结罪犯劳动改造规律、掌握罪犯劳动改造规律、运用罪犯劳动改造规律,是把握这门学问的科学性的前提。罪犯劳动改造规律受历史阶段和社会环境的影响呈现不同的规律性。由于我国的市场经济体制改革正在深化过程中,我国的监狱体制改革进行的时间并不长,所以新的罪犯劳动改造规律也处于形成过程中,所以必须高度重视市场经济体制改革以来罪犯劳动改造规律的总结。罪犯劳动管理要从实际出发,结合罪犯劳动改造规律,把一般企业管理、生产经营管理方法创新性地运用到罪犯劳动管理中,在实践中和理论研究中创新罪犯劳动管理理论和方法,形成罪犯劳动管理科学理论。

二、罪犯劳动管理的方法

(一)依法管理的方法

1. 依据罪犯劳动专门法规管理的方法

罪犯劳动管理是监狱对罪犯实行劳动改造过程的管理活动,是监狱执行刑罚活动的重要内容,监狱必须依据《监狱法》等相关法律对罪犯劳动进行管理。《监狱法》以及其他法律中有相关规定的条款,都是罪犯劳动管理需要依据和执行的规定和使用的方法。具体内容包括以下几类。

(1)落实《刑法》和《监狱法》关于组织罪犯劳动的目的、保障劳动改造手段的相关规定。《监狱法》第3条规定:“监狱对罪犯实行惩罚和改造相结合、教育和劳动相结合的原则,将罪犯改造成为守法公民。”第4条规定:“监狱对罪犯应当依法监管,根据改造罪犯的需要,组织罪犯从事生产劳动,对罪犯进行思想教育、文化教育,技术教育。”第8条规定:“国家提供罪犯劳动必需的生产设施和生产经费。”第70条规定:“监狱根据罪犯的个人情况,合理组织劳动,使其矫正恶习,养成劳动习惯,学会生产技能,并为释放后就业创造条件,必须严格落实。”

(2)执行罪犯劳动强制性的规定。如《刑法》和《监狱法》中都有关于有劳动能力的罪犯必须参加劳动的规定,劳动是有劳动能力的罪犯的权利和义务,监狱要依法组织所有有劳动能力的罪犯参加劳动,对拒不参加劳动的罪犯可以进行说服教育甚至按规定予以惩罚。《监狱法》第58条规定:“罪犯有下列破坏监管秩序情形之一的,监狱可以给予警告、记过或者禁闭:有劳动能力拒不参加劳动或者消极怠工,经教育不改的;以自伤、自残手段逃避劳动的;依照前款规定对罪犯实行禁闭的期限为七天至十五天。”第69条规定:“有劳动能力的罪犯,必须参加劳动。”

(3)按《监狱法》的相关规定,对罪犯劳动生产中的表现进行考核和奖惩。《监狱法》第57条规定:“罪犯有下列情形之一的,监狱可以给予表扬、物质奖励或者记功:遵守监规纪律,努力学习,积极劳动,有认罪服法表现的;超额完成生产任务的;节约原材料或者爱护公物,有成绩的;进行技术革新或者传授生产技术,有一定成效的;在防止或者消除灾害事故中做出一定贡献的;被判处有期徒刑的罪犯有前款所列情形之一,执行原判刑期二分之一以上,在服刑期间一贯表现好,离开监狱不致再危害社会的,监狱可以根据情况准其离监探亲。”第58条规定,“罪犯有下列破坏监管秩序情形之一的,监狱可以给予警告、记过或者禁闭”,如“在生产劳动中故意违反操作规程,或者有意损坏生产工具的”。

(4)按《监狱法》的相关规定,对罪犯进行职业技能教育和劳动技能培养。《监狱法》第64条规定:“监狱应当根据监狱生产和罪犯释放后就业的需要,对罪犯进行职业技术教育,经考核合格的,由劳动部门发给相应的技术等级证书。”第75条规定:“对未成年犯执行刑罚应当以教育改造为主。未成年犯的劳动,应当符合未成年人的特点,以学习文化和生产技能为主。”

(5)按《监狱法》的相关规定,落实对罪犯劳动保护的规定。《监狱法》第71条规定:“监狱对罪犯的劳动时间,参照国家有关劳动工时的规定执行;在季节性生产等特殊情况下,可以调整劳动时间。罪犯有在法定节日和休息日休息的权利。”第72条规定:“监狱对参加劳动的罪犯,应当按照有关规定给予报酬并执行国家有关劳动保护的规定。”第73条规定:“罪犯在劳动中致伤、致残或者死亡的,由监狱参照国家劳动保险的有关规定处理。”

2. 依据国家各类有关生产经营的法律对罪犯劳动生产进行管理的方法

我国罪犯劳动改造依托各行各业组织罪犯参加生产劳动，也要遵守国家关于生产经营的各类相关法律进行管理。具体包括：关于劳动者和劳动的专门法律，如《中华人民共和国劳动法》，关于从事各类行业产业生产经营的法律，关于行业和产品标准的法律，关于安全生产的法律，关于环境保护的法律，关于质量监督检查的法律，关于技术和专利的法律等。

3. 对尚未制定和完善的法律的建议

多年来，业界一直呼吁对《监狱法》制定实施细则，对罪犯劳动改造工作应该在法律上进行更为详细的规范。监狱体制改革相关文件也明确提出监狱企业应该“特殊企业、特殊管理、特殊政策、特殊立法”，“在管理体制、管理方式、机构设置、人事管理、经营范围、投资办法、政府采购等方面均应实行特殊办法，享受国家的扶持和优惠政策”。“鉴于特殊的劳动力、特殊的生产目的、特殊的管理方式等，应予以专门立法。”监狱在进行罪犯劳动管理的实践中，应该加强这些方面的探索和倡导建议。

（二）依规管理的方法

依规管理的方法是指监狱在罪犯劳动管理中依据有关部门或相关行业的条例、规定、规章、制度进行管理的方法。首先是依据司法行政系统各层级关于罪犯劳动生产的有关规定，主要是通过一系列罪犯劳动改造的规章制度来规范管理罪犯劳动生产活动。如司法部、司法部监狱管理局，省、区、市司法厅（局）及监狱管理局、监狱甚至监区制定的有关罪犯劳动生产的各种规章制度，其中司法部和各级监狱管理局的规章主要是从总体管理上对全国或本省的罪犯劳动进行的规定，如《司法部关于计分考核奖罚罪犯的规定》中关于劳动改造的考核办法等。监狱或监区主要是从规范和加强罪犯劳动管理的方方面面进行的规定，如罪犯劳动力管理、劳动岗位责任制、劳动现场管理、劳动生产计划、生产过程组织、劳动定额、劳动保护、劳动纪律、劳动技能培训、工具和设备、劳动考核与奖惩、劳动报酬等方面的管理制度。其次是依据国家其他行政部门发布的有关规章，国务院及各级政府和行业主管部门发布的关于环境保护、安全生产、劳动保护、行业性政策等方面的规定。监狱一方面要熟悉掌握和运用各方面的管理制度，另一方面要从本单位实际出发，一边健全和完善罪犯劳动管理制度，一边运用和发挥好罪犯劳动管理制度的作用。

(三)科学管理的方法

在罪犯劳动管理中，一定要非常注重对科学管理的方法的运用。科学管理方法本应是对人类管理发展史上形成的科学管理法的泛称，但这里所强调的科学管理的方法应该来自两个方面：一是监狱人民警察在罪犯劳动管理实践中摸索创造的管理方法；二是学习借鉴并创新运用管理发展史上形成的科学管理方法。长期以来的罪犯劳动管理实践中，使用了很多企业生产管理的方法，如生产劳动组织中的定额管理法、劳动竞赛法、师傅带徒弟法等，在现场管理中运用的定置管理法、5S 管理法、目视管理法等，在质量管理中运用的有 PDCA 循环、QC 小组活动、控制图、鱼刺图等，在安全管理中运用的“三不伤害”方法等，这些方法值得长期运用。在运用这些科学管理方法时要特别注意以下问题：第一，要以科学有效地改造罪犯为根本的目的。很多社会企业生产经营管理中积累和运用的好方法既是很好的生产管理方法，对罪犯劳动管理者也有很好的提高进步作用，监狱人民警察在使用这些方法时，要注重密切结合劳动改造工作的实际加以创新性地运用。第二，要注重根据新的劳动改造工作的特点和需要，改进创新属于自己的科学方法。

三、罪犯劳动管理的原则

罪犯劳动管理的性质、内容、任务和特点，决定了罪犯劳动管理必须遵循一些基本的原则，提出并遵循这些原则，是为了让管理者在遵循这些原则的基础上更好地管理，甚至不断进行创造性工作。

(一)监狱警察直接管理的原则

监狱人民警察直接管理是指一定要由监狱人民警察直接管理罪犯劳动活动。我国监狱人民警察直接管理是新中国成立以来一直的做法，“劳改工作干部对犯人做到生活、劳动、学习‘三大现场’不脱管，以直接地、真实地获得犯人的大量信息和管理改造的效果，为安全防范、教育转化、考核奖惩打下基础。同时，在直接管理中，干部以身作则的模范作用贴近、感染了犯人，从而建立起行刑与服刑的人际关系新格局”①。

从学理上和实践中分析警察必须直接管理罪犯劳动的原因如下:第一,罪犯劳动管理是一种执法活动,罪犯劳动管理是监狱劳动改造罪犯活动的重要内容,是监狱对罪犯执行刑罚的重要组成部分,必须由拥有执法权的监狱人民警察来履行管理权。第二,罪犯劳动管理是一种以改造罪犯为宗旨的改造业务活动,有鲜明的、不可动摇的改造人的目的和任务,要依法依规运用科学的管理方法才能完成,只有监狱人民警察才能胜任。第三,罪犯劳动管理作为一种改造罪犯性质的管理活动,需要与负责现场监管和教育改造的监狱警察相互配合、沟通协调、密切合作,这些工作只有监狱警察才能完成。第四,罪犯劳动管理如果交给社会企业人员甚至是罪犯来管,容易使劳动改造工作偏离宗旨,甚至遭到破坏。

监狱警察直接管理的具体表现和基本要求如下:第一,监狱警察直接组织带领罪犯出工、收工、点名。第二,监狱警察直接组织制订劳动生产计划、制定劳动定额,分配罪犯劳动生产任务,组织劳动生产活动。第三,监狱警察直接管理生产劳动现场,监管劳动过程,分发回收劳动工具、原材物料等。第四,监狱警察直接处理解决罪犯劳动过程中生产、安全、质量、怠工、违纪违法等问题。第五,监狱警察直接组织罪犯劳动考核、报酬、奖惩工作。第六,监狱警察直接管理监狱企业的经营活动。

(二)以改造人为宗旨的原则

以改造人为宗旨的原则是指在罪犯劳动管理工作的性质认定、内容任务安排、体制机制设计以及具体的管理过程中,都要贯彻以改造人为宗旨的方针。在实际管理工作中,要把劳动改造的计划、目标和任务落实到劳动生产任务、劳动岗位安排、劳动定额制定、劳动考核和奖惩、安全生产和违纪违法事故处理中。贯彻以改造人为宗旨的原则,避免把生产劳动的经济属性与生产劳动的改造作用对立起来,二者有矛盾,但不是绝对和永远对立的,当二者产生尖锐矛盾的时候,对经济效益的追求一定要让步于改造的要求,这需要监狱警察进行创新性的管理工作,找到生产为改造服务的最佳模式,这就是生产与改造从对立走向统一的过程,这个过程孕育着劳动改造的规律,孕育着中国特色社会主义劳动改造的科学模式。

---

① 中国监狱工作协会编:《新中国监狱工作五十年》,法律出版社 2019 年版,第 79 页。

（三）依法管理的原则

罪犯劳动管理必须贯彻依法管理的原则，体现在以下几个方面：一是从顶层设计上要不断健全和完善劳动改造方面的法律规定，尽可能地把罪犯劳动管理活动完全纳入法律规范的范围，使罪犯劳动管理有法可依；二是监狱机关从上到下要认真学习领会罪犯劳动改造和管理有关方面的法律规定，在实际管理工作中贯彻落实，做到有法必依；三是基层管理人民警察要做罪犯劳动管理法治化的推进者，对罪犯劳动立法积极建言献策，在条件不成熟、有些方面尚无法律规定，但又确需规范的，可以通过单位制定和完善规章制度的办法逐步规范，逐步提高罪犯劳动管理依法依规管理的程度和水平。

（四）安全稳定第一的原则

罪犯劳动管理要把罪犯劳动中的安全稳定放在第一位。罪犯劳动管理中的安全稳定包括监管安全、生产安全和监管改造秩序的稳定，监管安全和生产安全是相互联系、相互依赖、相互作用的关系。罪犯劳动管理中的安全稳定在整个监狱安全稳定中占有至关重要的地位。由于罪犯在劳动生产过程和现场时间长，生产现场环境复杂，人员众多，罪犯思想心理变化难测，劳动技能素质参差不齐，生产安全隐患多，生产安全事故容易发生，罪犯进行违规违法活动可利用的条件多，这就造成了罪犯劳动管理中的安全管理任务极为艰巨，一旦发生事故，对监狱安全稳定影响大，给监狱工作造成的损失大。罪犯劳动管理必须严格遵循安全稳定第一的原则。

（五）劳动与教育相结合的原则

劳动与教育相结合的原则是保证劳动改造取得改造效果的一条基本原则。首先，在马克思主义基本原理指导下，在改变人的思想认识上，既注重劳动的实践价值，也离不开教育的引导作用。其次，罪犯劳动改造是一项科学系统的教育改造活动，对罪犯的思想教育贯穿劳动改造全过程。劳动改造不是简单的单打独斗，对于每一名罪犯的劳动改造，自始至终都伴随着与教育的结合，新入监的罪犯在投入劳动前，要进行上岗前的教育培训，包括劳动观念、劳动态度、劳动技能、劳动安全、劳动纪律等方面的教育；在劳动改造中要继续进行岗位技能培训和练兵，要围绕着罪犯的劳动表现进行思想教育、心理和行为矫正教育、生产管理知识教育、安全生产教育等；在劳动改造中还要引导和组织罪犯以获取职业技能资格证书为目的的学习；在罪犯刑满释放前还要对罪犯进行社会形势、市场形势的介绍和教育、就业创业指导和教育等。最后，劳动与教育的结合是罪犯劳动改造一贯坚持的原则。从革命战争年代的革命监所到当代中国特色社会主义的监狱，罪犯劳动改造始终高度重视和强调劳动与教育的结合，在政府政策、部门规章、法律条文中都有明确的规定。如第一次国内革命战争时期革命监所基本形成了管理、教育和生产三结合的工作体系，这种体系后来总结为监所改造犯人的“三大手段”，而其中教育又是改变犯人思想的根本，初步构建了政治教育、文化教育、劳动教育“三大教育”；陕甘宁边区 1940 年到 1944 年，提出“在生产中进行教育”“寓教育于生之中”。1954 年《劳动改造条例》第一条原则就是生产劳动和思想教育相结合的原则。《监狱法》第 3 条更是明确规定：“监狱对罪犯实行惩罚和改造相结合、教育和劳动相结合的原则，将罪犯改造成为守法公民。”

贯彻劳动与教育相结合的原则要注意以下几个方面：一是监狱警察管理者要清楚知道劳动与教育相结合的重要意义；二是监狱要制定完善、系统、科学的工作机制；三是监狱警察管理者要掌握科学的工作方法，并不断探索创新好的工作方法。

第三节　罪犯劳动组织机构

一、罪犯劳动组织的含义

组织是最重要的管理职能之一，任何管理首先需要解决的就是组织的问题，否则就无法开始真正的管理。组织是动态的组织活动过程和相对静态的构造实体的统一。组织职能包括组织设计、组织运用、组织变革三项内容。罪犯劳动组织是管理的组织职能在罪犯劳动管理中的运用。罪犯劳动组织设计是指根据罪犯劳动管理的需要设计建构罪犯劳动组织体系，这个组织体系包括监狱负责罪犯劳动管理的组织机构，如监狱企业，从整个司法行政系统的宏观或中观考虑，也可以包括从中央到地方的主管部门中履行罪犯劳动管理职能的部门或机构。罪犯劳动组织运用是指监狱中各类罪犯劳动管理组织机构按照劳动改造的目的，按照部门分工和岗位职责既分工又协作的共同活动，如监狱和监狱企业共同制订罪犯劳动生产经营计划，监区行使罪犯劳动生产管理的职能等。组织变革是在组织运行一段时期后，组织体系和机构设置已经不符合新的组织战略的需要，不适应外部环境的变化，难以适应和保证组织优质高效地运行，为此必须进行变革。自 20 世纪 80 年代以来，我国监狱和监狱企业合一的体制遇到了社会经济环境变化的巨大挑战，一直处于改革探索之中。2003 年开始的监狱体制改革是对监狱最大的组织变革，其中改革的核心——监企分开主要是对罪犯劳动组织的变革。监企分开改革后形成了监狱和监狱企业在罪犯劳动管理上有分有合的组织机构形式，罪犯劳动的经营职能由监狱和监狱企业共同承担，体现在监狱管理局的主要领导担任监狱企业集团公司的董事长和总经理，监狱长或者副监狱长担任监狱企业集团公司的子公司或分公司的总经理，监狱企业的重大事项或决策需要监狱长办公会研究决定，监区负责组织罪犯劳动生产等。

罪犯劳动组织具有很强的特殊性，认识和深入研究其特殊性对科学设计罪犯劳动组织机构，对监狱体制改革中处理好监狱和监狱企业的关系，对妥善安排罪犯劳动管理体制机制具有非常重要的意义。一是目标的特殊性，其目标是改造罪犯。二是关系的特殊性。组织的实质是特殊的人际关系，罪犯劳动组织要处理的是围绕着罪犯劳动形成的各种关系，包括罪犯与监狱的关系、罪犯与监狱警察的关系、罪犯与罪犯的关系，罪犯与社会的关系等。罪犯劳动组织就是要通过对这些关系的组织化处理，构建适合于罪犯劳动改造的体制机制，这是罪犯劳动组织的实质和核心，在这方面，我们有深厚的马克思主义理论基础，要善于结合罪犯劳动组织特殊实际加以创新运用。马克思和恩格斯在《德意志意识形态》（写于 1845—1846 年）中曾经指出，人们自己的生活怎么样，“这同他们的生产是一致的——既和他们生产什么一致，又和他们怎样生产一致”①。他们认为，人的发展问题，不仅受到现实的生产力的发展状况的影响，而且受到现实的社会经济关系的影响。高度发展的社会生产力，只为人的发展提供了可能的、工艺的、技术的手段以及必要的物质条件，而社会经济关系的性质则决定了社会生产的目的，从而决定了人的发展所需要的物质条件的生产方式和交换方式、分配方式等，并最终决定了人的观念发展的性质和导向。

① 《马克思恩格斯选集》（第 1 卷），人民出版社 1972 年版，第 68 页。

马克思和恩格斯所提出的社会经济关系体现在罪犯劳动组织中,就是罪犯劳动组织所营造的社会主义经济关系,这些关系体现着我国监狱组织劳动改造的性质和目的,是罪犯劳动管理具有改造罪犯功能的至关重要的因素,因此在罪犯劳动组织设计中是必须注重的方面。三是组织的非独立性。罪犯劳动组织不是一种独立的组织,是监狱组织内的一部分,而且不是监狱一个独立的部门,而是多个层级和部门的组织。四是管理任务的综合性或复合性,既管理生产活动,也管理改造活动。

二、罪犯劳动组织机构设置的原则

罪犯劳动组织机构是根据劳动改造的目的和任务,对罪犯劳动管理所需要的管理层级、部门和人员,按照分工协作原则及相应权责关系,进行设计建构形成的组织结构。罪犯劳动组织机构是罪犯劳动管理的组织载体,是科学管理罪犯劳动的体制机制保障,科学地设置罪犯劳动组织机构对罪犯劳动管理至关重要。根据组织职能理论和我国罪犯劳动改造的实际,罪犯劳动组织机构设置应该遵循以下主要原则。

(一)目标统一和层层分解的原则

罪犯劳动组织设计首先确定组织统一的根本目标是劳动改造罪犯,不存在双重目标的问题,要将此根本目标作为确定罪犯劳动管理部门、职能、职责的根本依据,并把这个根本目标展开分解,落实到所设计的组织的各层级、各部门。注意在目标层层分解过程中,涉及生产劳动任务和改造目标的关系时,贯彻以生产任务为手段,以改造为目的的原则,手段的功能永远围绕目的来设计。

(二)职能齐全和机构简化的原则

罪犯劳动组织的职能一定要通过科学的职能设计来确定,就是要对罪犯劳动管理的方方面面的工作进行科学的分析和研究,罪犯劳动管理应该划分为若干个职能和职务,确定每个职能职务的性质、工作内容、工作方法及任职条件,这样设计出来的职能一定是能够覆盖罪犯劳动管理各方面的,能够保证各项管理工作都有对应的部门和人员。在职能职务设计出来后,在具体地设置机构和安排人员时,一定要贯彻机构简化、人员精简的原则。因为罪犯劳动管理是一项分工、协作性很强的管理工作,如果不注意精简原则,很容易形成庞大复杂却又效率低下的管理机构。

（三）以人为本和以人为重的原则

现代组织理论非常注重人合性，设计罪犯劳动组织机构在这方面要特别注重，但有自身的特殊性。以人为本体现在直接管理的监狱警察身上，要注意监狱警察身份的特殊性和所从事的罪犯劳动管理的复杂性、专业性、综合性、艰巨性、危险性，既要按照职能职责安排管理工作岗位，又要根据职能职责技能要求进行必要的职能技能培训，既要注重人员精简，又要科学测算岗位定员，特别是对一线管理岗位的人岗相宜、科学定员的合理设计和适当倾斜。以人为本体现在罪犯身上，要客观科学认识罪犯虽然是被改造者和被管理者，而且按照罪犯劳动管理必须坚持监狱警察直接管理的原则，不允许让罪犯参加管理，但是也一定要把罪犯当人看，充分尊重罪犯的主观能动性和参与改造的主动性和积极性。注重处理好罪犯劳动组织结构和罪犯行为特性的有机结合。以人为重是指要高度重视监狱警察和罪犯在罪犯劳动组织中特殊的管理者和特殊的劳动者身份，重视监狱警察在管理职能中所能发挥的管理作用和教育改造作用，重视罪犯身上的两面性，在组织机构设置上尤其保障防范罪犯特殊危险性的职能。

（四）分工与协作相结合的原则

罪犯劳动组织设计重视贯彻分工与协作密切结合的同时，要特别重视组织的协调职能的设计和加强。分工协作原则是专业化分工越来越强的必然要求，而对协调职能的重视则有罪犯劳动组织设计的特殊之处。一是罪犯劳动组织设计要保证劳动改造工作与监狱其他工作的协调职能，罪犯劳动管理要适应监狱以改造人为宗旨的根本要求，所以在组织职能设计和运行中要保证其强有力的协调功能，比如协调最容易出现的生产和改造的矛盾，协调劳动改造与监管改造的关系，协调劳动改造与教育改造的关系等；二是在罪犯劳动现场管理中，要围绕安全问题做好有关协调工作的职能职责设计，从体制机制上保证现场安全管理的有序有效运行。

（五）信息畅通和控制到位的原则

罪犯劳动组织机构设计中要设计好改造、生产、监管、教育、安全等方面信息的畅通渠道，保证任何一方面的信息能够及时、准确、全面地传递给有关部门和人员，为罪犯劳动计划、指挥、协调和控制等管理工作提供强有力的信息支持。控制到位就是要在及时、准确、全面的信息支持下发挥系统的控制职能，包括对计划执行的评价和改进，对罪犯劳动改造的评定考核和奖惩，对罪犯在劳动改造过程中的表现和思想等情况的及时、准确掌握等。要在罪犯劳动组织机构中设计好这方面的部门岗位职能、职责。

三、监狱体制改革监企分开的基本模式

在计划经济时期，我国监狱始终在监企合一的管理体制下组织罪犯劳动改造工作。改革开放以后，监狱一直跟随国家的改革步伐进行改革尝试和探索。2003 年 1 月，国务院作出了改革监狱体制的重大决策，下发了《国务院批转司法部关于监狱体制改革试点工作指导意见的通知》，司法部《关于监狱体制改革试点工作的指导意见》提出监狱体制改革的目标是“全额保障、监企分开、收支分开、规范运行”。这次改革对监狱企业改革的目标是，“尽快组建新的监狱生产经营机构。监狱管理局要将负责生产经营管理工作的内设机构分离出来，组建为监狱管理局领导下的监狱国有独资公司，由省级人民政府授权经营。各监狱要将负责生产经营管理工作的机构分离出来，组建为监狱国有独资公司的子公司或分公司”。2007 年《国务院批转司法部关于全面实行监狱体制改革指导意见的通知》决定，从 2008 年起在全国全面实行监狱体制改革。该通知将对监狱企业的表述修改为“监狱管理局要将负责生产经营管理工作的内设机构分离出来，组建为监狱管理局领导下的监狱企业集团公司，各监狱要将负责生产经营管理工作的机构分离出来，组建为监狱企业集团公司的子公司或分公司”。改革关于“监企分开”的设计是规范监狱和监狱企业运行机制，根据监狱和监狱企业的不同特点，划分职能、机构、人员、资产、财务，建立监管改造、生产经营两套管理体系，分开运行，独立运作，形成相对独立、有机联系、密切配合、规范运行的监狱工作体制。改革从试点到全面铺开，在全国各省（区、市）建立起了监企分开、收支分开、规范运行的监狱管理体制。其中罪犯劳动组织体系则按生产劳动管理的不同阶段分布于监管改造、生产经营两套管理体系中。

四、监狱企业的性质

（一）改革文件对监狱企业的定性和改革不足之处

2007 年《国务院批转司法部关于全面实行监狱体制改革指导意见的通知》指

出:“监狱企业集团公司及其分公司、子公司是改造罪犯工作的组成部分,主要任务是为监狱改造罪犯提供劳动岗位,为改造罪犯服务,不同于以营利为目的的社会企业,但也要讲效益。”这种定性是2003年的监狱体制改革文件确定的,2007年《关于全面实行监狱体制改革指导意见》除了将“监狱国有独资公司”改为“监狱企业集团公司”,仍然坚持了以上定性。

2003年8月监狱体制改革第一次部际联席会议进一步对监狱企业的性质进行了说明,对监狱企业应该实行“特殊企业、特殊管理、特殊政策、特殊立法”,“在管理体制、管理方式、机构设置、人事管理、经营范围、投资办法、政府采购等方面均应实行特殊办法,享受国家的扶持和优惠政策”。

2005年4月监狱体制改革第三次部际联席会议再次围绕“监狱企业定性定位与发展方向”问题进行了讨论,重申了2003年司法部《关于监狱体制改革试点工作指导意见》中对监狱企业的性质定位及职能任务的规定是准确的,符合监狱企业的实际,在实践中应继续坚持。同时,这次联席会议上再一次提出监狱企业立法问题的要求,指出,“鉴于特殊的劳动力、特殊的生产目的、特殊的管理方式等,应予以专门立法”。

以上文件关于监狱企业的定性及相关描述基本说明了监狱企业的特殊性,并对监狱企业的特殊改革和立法也提出较为明确的要求,但是从政策上的定性和后续的改革进程来看存在以下不足。

一是从定性上来看,将监狱企业定性为改造罪犯工作的组成部分,只是对监狱企业的工作性质的定性,而不是对监狱企业这一组织性质的定性,不利于后续改革政策和特殊立法的进一步实施。将监狱企业的主要任务规定为监狱改造罪犯提供劳动岗位,为改造罪犯服务,似乎大大限制了监狱企业的功能和作用,也限制了今后监狱企业改革思路和空间的拓展。

二是从改革的不足之处来看,到目前,改革二十年了,所谓“特殊企业、特殊管理、特殊政策、特殊立法”,“在管理体制、管理方式、机构设置、人事管理、经营范围、投资办法、政府采购等方面均应实行特殊办法,享受国家的扶持和优惠政策”,“鉴于特殊的劳动力、特殊的生产目的、特殊的管理方式等,应予以专门立法”。其中最关键的如经营范围、投资办法、政府采购、特殊企业、特殊管理、特殊政策、特殊立法等文件规定,至今还没有付诸实施,没有用法规和政策的形式把该明确的明确下来,实际上至今没有满足监狱企业规范运行的迫切需求。

(二)关于监狱企业的性质

笔者的研究结论是:监狱企业的性质是监狱主管部门设立的履行劳动改造和矫正罪犯特定公共职能的公共企业。[①]

1. 公共企业

公共企业,一般是指具有一定公共管理和服务职能的企业组织。公共企业一般是国家为了执行公共职能或行政职能而设立的。通常它由国家或地方政府投资主办,有时亦可由私人商业组织或个人承办。公共企业的经营活动一般分布于与民众生活密不可分的公用事业和国家直接控制或实行垄断性经营的特殊领域。我国学者肖伟志、郭树理在分析各国的公共企业后对其下了这样的定义:公共企业就是指以为社会提供具有公共性质的产品和服务为其主要经营活动,且具有一定营利目标的,受到政府特殊管制措施所制约的、持续存在的、组织化的经济实体。

2. 公共企业的要素

(1)公共性目的,以提供公共产品和公共服务为主要目的,不以营利为第一目的,但可有一定的营利性。所谓公共产品是指"由以政府为代表的国家机构——公共部门供给的用来满足社会公共需要的产品和服务"[②]。公共产品可分为两类:一类是有形的具有公共性质的产品和服务,如能源行业,具体包括供水、供气、供电等行业;交通行业;信息行业。另一类是非有形产品的某些公共职能、行政职能、公益事业等,如由国防提供国家领土的安全,由公安机关维护社会秩序,由监狱机关惩罚改造罪犯,由行政机关提供行政管理服务,以及提供教育、文化和卫生保健服务等。从公共产品和服务需要的主体来看,公共产品是集体的、社会性的共同需要,如国防、社会秩序等。

(2)公共性职能,是承担公共职能、公共事务、公益事业和行政职能的企业组织。

(3)政府特殊规制,政府控制或经营。为了实现特定的公共目的通过政府特殊

① 刘津:《监狱企业法人制度问题研究》,河北人民出版社2009年版;《论监狱企业的性质》,载《中国监狱学刊》2001年第2期;《再论监狱企业的性质》,载《中国监狱学刊》2010年第4期。

② 李齐云:《政府经济学》,经济科学出版社2003年版,第56页。

管制措施和特别企业立法加以规范的企业组织。

(4)国家或政府投资为主但不排除其他资本投资或兴办。

(5)以公共事业领域为主的经营领域,为社会提供具有公共产品和公共服务。一是能源行业,具体包括供水、供气、供电等行业;二是交通行业;三是信息行业。

3. 监狱企业作为公共企业的特性

根据公共企业的特性,对照我国监狱企业的实际,将监狱企业定性为公共企业是科学的。可以结合公共企业的特性,将监狱企业作为公共企业的主要特性归纳为以下几个方面。

(1)监狱企业的目的是劳动改造罪犯。以提供公共产品和公共服务为主要目的,劳动改造罪犯就是其公共产品和服务,是一种公共性、政治性目的,不以营利为目的,但可有一定的营利性,这符合公共企业的目的。根据公共经济学理论,监狱企业生产的产品可以分为两类:一类是物质产品;另一类是劳动改造罪犯为守法公民。后一类产品显然属于公共产品,这种公共产品还决定着监狱企业的服务性质和服务方向。前一类物质产品的生产是后一类公共产品提供的必备载体和手段。

(2)监狱企业承担的是一种政治性公共事务。公共管理理论认为,公共管理是对公共事务的管理。“公共事务是指提供关涉全体社会成员公共利益的公共产品与公共服务的相关活动”,“公共事务分为政治性公共事务和社会性公共事务两类。政治性公共事务,是指与国家政权建设紧密相关,涉及国家政治稳定和国家政治发展的需要,依靠国家强制力加以解决的公共事务,如军事、外交、司法、维护公共安全等”。监狱是国家的刑罚执行机关,其所履行的惩罚改造罪犯职能,就是一种非常重要的政治性公共事务。监狱企业是在监狱工作中产生并发展起来的以劳动改造罪犯为目的的特殊企业,这是一种特殊的政治性公共事务。所以,监狱企业应该属于履行特殊公共管理和公共职能的公共企业。

(3)监狱企业的投资主要来源于国有资本金,并且享受政府的扶持和优惠政策。《监狱法》颁布实施以来,这方面的政策不断加强。

(4)监狱企业受监狱主管部门和监狱控制,需要政府特殊规制和特殊立法。监狱企业受主管部门监狱管理局或监狱的管理和控制,其主要管理人员是国家公务员身份的监狱警察,需要政府特殊规制和特殊立法加以规范。在现代市场经济条件下,政府办企业一般是出于公共管理的需要。在西方国家,政府企业属于公共部门。

政府经济学把政府的含义分成四个层次,“第三个层次被称为统一公共部门。就是在广义的政府之上,又加上了非金融的公共企事业”。[①]

综上所述,监狱企业就是国家出于改造罪犯的需要兴办的企业,也是监狱的重要组成部分,是附属于监狱的公共部门性质的公共企业。监狱企业虽然有企业之名,但与一般的社会企业有很多根本的不同,如特殊的企业目标,不是经济效益而劳动改造罪犯;虽然不得不承揽生产业务,但功能残缺,不能像社会企业成为真正的市场主体(经营机制不足);虽然生产要素基本齐全,但是在生产经营管理的效率、效益、质量、成本等方面跟社会企业没法比,因为在运行中要以改造人为宗旨;虽然也给罪犯发劳动报酬,但是激励机制是特殊的;虽然监狱企业也有管理者,但是身份是履行刑罚执行和劳动改造职能的监狱警察,拿的不是企业效益工资,而是阳光工资。所以,监狱企业是一种极为特殊的公共企业,承担着特殊的公共职能,有着不可替代的社会角色和社会责任,它特别像一种动物,叫“四不象”,学名麋鹿,因为它头脸像马、角像鹿、颈像骆驼、尾像驴,因此得名“四不象”,又名大卫神父鹿,是世界珍稀动物,属于鹿科。“四不象”是一种世界级珍稀动物和国家一级重点保护动物,同理,监狱企业就是一种特殊的公共企业,应该受到政府政策和立法的特殊保护。

五、监狱企业和罪犯劳动管理体制机制的改革

(一)按监狱企业的性质重新命名监狱企业并出台特殊政策和特殊立法

监狱企业属于公共企业的性质,履行劳动改造的公共职能是不争的事实,改革最基本的做法应该解决监狱企业名正言顺的问题,使其既有其名,又有其实。首先,建议将监狱企业现有的完全社会企业化的名称一律改为“监狱刑务劳动公司”;其次,建议尽快将监狱体制改革联席会议确定的“特殊企业、特殊管理、特殊政策、特殊立法”“在管理体制、管理方式、机构设置、人事管理、经营范围、投资办法、政府采购等方面均应实行特殊办法,享受国家的扶持和优惠政策”“鉴于特殊的劳动力、特殊的生产目的、特殊的管理方式等,应予以专门立法”等政策落实到位,特别是严重制约监狱企业履行职能的人事管理、经营范围、政府采购、专门立法等方面的政策急需研究,尽快解决。

---

① 李齐云:《政府经济学》,经济科学出版社2003年版,第56页。

(二)修正监企分开举措,改革罪犯劳动管理的体制机制

如前所述,改革文件将监狱企业的职责确定为“为监狱改造罪犯提供劳动岗位,为改造罪犯服务”,按照这一规定,现行监企分开的做法是监狱企业只负责经营的两头,罪犯劳动生产管理则全部交给监区。这样的做法存在以下问题:一是分出去的以承揽生产业务为主要职责的监狱企业如没有特殊政策和特殊立法的支持,也无法完全解决罪犯劳动改造生产项目的可持续性问题;二是监区全部担负生产管理职能,但目前很多监狱并未配备相关职能部门予以支持,使得监区在定额管理、质量管理、安全管理、成本控制、工艺技术、设备工具管理等方面缺少专业化的指导;三是上述专业职能管理的不足最大的问题是难以使罪犯劳动改造与生产劳动实现真正的深度融合、有机结合,从而制约了我国罪犯劳动改造的高质量发展;四是在这一模式下,监区罪犯劳动现场管理的监狱警察人员数量(警囚比)严重不足、人员专业知识和技能与岗位职责不匹配,特别是身兼数职、万能警察的工作模式下工作负担过重,安全隐患过多,从而严重制约了我国罪犯劳动改造的内涵式发展。

按照罪犯劳动改造的基本原理,罪犯劳动管理是罪犯劳动改造得以圆满实施的基本手段和保障,根据对罪犯劳动改造系统的目标、构成、运行过程的分析(本书最后一章运用系统方法对此进行了深入的系统分析,并完成了罪犯劳动管理职能的分析和设定),监狱体制改革在实行监企分开改革、处理监企关系时,应该将罪犯劳动管理的体制机制作为重要的内容进行科学的考量和设计。

1. 按照履行罪犯劳动改造公共职能的理念、纲领、对策,改革和重建新型监狱企业的体制机制

一是按照分工而不是分开的思路打造附属于监狱的公共企业性质的监狱企业。20 年来的监企分开的改革实践说明,改革并没有实现真正的监企分开,实质是内部的分工。接下来要做的是按照监狱所属的“监狱刑务劳动公司”来完善其履行罪犯劳动改造管理公共职能的体制机制。二是名正言顺地确定监狱企业的使命和愿景。监狱企业的使命是为了劳动改造罪犯而产生,以劳动改造罪犯为根本宗旨。监狱企业的愿景是成为以劳动改造罪犯为根本目的的公共企业。三是通过公共企业的特殊机制克服“市场失灵”,主要是政府通过国家政策、立法保障提供监狱企业的经营业务。首先,监狱企业不应该参与真正的市场竞争;其次,必须保证或尽可能地保证

监狱企业有特殊的产业政策和途径以保障其组织罪犯劳动改造活动。这两点也是西方主要国家对待监狱企业的政策。因此,在明确了监狱企业的公共企业性质以后,首先从上而下的观念上彻底接受监狱企业的特殊性,然后各级政府尽最大可能利用政策空间制定符合劳动改造罪犯的监狱企业产业政策和产品政策,如加大为监狱企业服务的政府采购力度,利用监狱布局调整,调整和优化监狱企业的产业和产品结构。四是健全、完善、科学合理配置归属于监狱企业的罪犯劳动管理职能部门。必须配备生产管理和罪犯劳动改造管理有机结合、深度融合的职能部门,这些部门包括生产计划与作业管理、生产现场管理、罪犯劳动安全管理、罪犯劳动绩效管理、劳动教育、劳动矫正、职业技能培训等。这些职能部门必须担负起对监狱领导和决策层的职能参谋作用,必须担负起向监区基层下达职能计划、提供专业指导的作用。这些部门必须按罪犯劳动改造规律科学推进罪犯劳动管理工作。

2. 改革监区生产劳动现场监管改造警务组织模式

由于监狱监区现场监管改造工作的系统性、综合性,对监区罪犯劳动管理体制机制的改革,必须从监区现场的监管改造组织的总体去研判和考量。在前期的研究成果中,笔者提出了"带班制和职能警长制相结合加防暴警察定员定位制"的现场警务组织创新模式(见图 7－4),[①]具体做法如下。

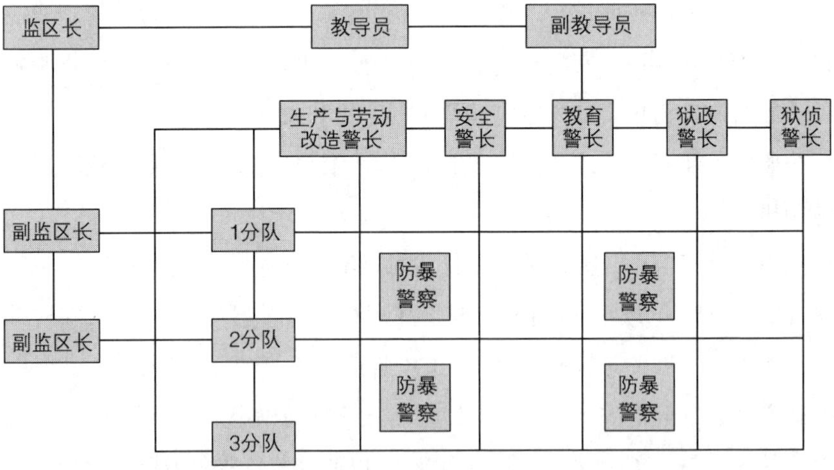

图 7－4　带班制和职能警长制相结合加防暴警察定员定位制警务组织模式

① 刘津:《论治本安全观下监狱现场人民警察队伍的建设》,载《中国监狱学刊》2018 年第 2 期。

(1)带班制和职能警长制相结合的矩阵式组织结构。监区在原来按押犯数量设若干个分队的带班制基础上,另根据监管和改造的需要在监区设生产管理与劳动改造警长(负责生产管理、劳动改造、职业教育)、安全警长(负责监管安全、生产安全)、教育改造警长(负责教育改造、心理矫治)、狱政管理警长、狱内侦查警长,带班制和职能警长制的关系是纵横结合矩阵式组织结构,带班民警纵向带队,职能警长按职能横向穿插进入各个分队,实施日常监管改造、劳动改造和教育改造职能管理工作。

(2)防暴警察“定员定位”进监区。根据监狱的戒备级别从低到高和监区押犯人数实际从少到多可以分“0 人、2 人、4 人、6 人、8 人”若干等级配备防暴警察,“定员定位”部署于生产现场,基本素质要求是年轻、具备防暴技能,作为专职“人防力量”负责现场安全防范以及突发安全事件的防暴。“带班制和职能警长制相结合加防暴警察定员定位制”建立新的工作机制,使防暴警察从带班警察和职能警长处获得重点防范对象等相关信息,履行现场全员人防和重点人防相结合的人防职责。

“带班制和职能警长制相结合加防暴警察定员定位制”的作用和相应的现场监狱警察队伍的建设方案如下:

(1)结构性地增加一线警察人数,为解决长期困扰我国监狱低警囚比例提供了探索方案,而且增加的是监狱一线的警囚比例。

(2)明确并细化职能警长在一线的配置,强调并增强的是专业化、职业化、正规化的监管改造岗位设计和专业人才配备,与现有的、正在执行的甚至没有真正落实的“干事制”有质的不同和改进,使我国监狱一线的警务模式真正围绕安全目标、向着罪犯改造工作“工匠化”模式发展,彻底改变监狱警察就是狱卒、狱警的传统观念,监狱警察将成为监狱改造专家,像专家教授一样受人尊重,成为年轻人向往的职业。

(3)防暴警察走向专业化、职业化并按比例定员定位配置在现场,增强了监狱现场的安全防范功能,提高了对重特大安全事故、事件的应急处置能力。

(4)这种模式的优点是现场岗位设计专业化、职能职责精细化、组织结构矩阵化,既具有专业分工、各司其职的优点,又具有灵活性和适应性,有利于各类人员的协作与配合,有利于罪犯劳动改造等三大改造工作的创新与活力,是提高罪犯改造质量的改革创新。

第八章

罪犯劳动管理职能的系统分析与设定

简单地说,罪犯劳动管理职能就是罪犯劳动管理管什么？怎么管？在明确了罪犯劳动管理的性质、目标、任务、作用和基本内容后,这些具体的操作层面的问题必须解决清楚。罪犯劳动改造学的应用性、罪犯劳动管理在罪犯劳动改造工作中的实施主体地位就体现在这里。这些问题从理论层面的解决是罪犯劳动管理学的基本任务,应该以应用理论的面貌构建起罪犯劳动管理的职能系统,全面、具体、深入地研究、创新建设罪犯劳动管理体系及其理论框架,从而建设起罪犯劳动管理学的应用性学科体系。这一应用性学科体系的建成可以满足许多重大的理论和实践需求,一是满足监狱学学科下劳动改造专业高等教育人才培养的骨干课程及其教材方面的需求,彻底解决此领域、此方面的短板甚至空白问题;二是引领此领域、此方面的理论和实践研究,全面推动罪犯劳动管理理论研究系统地走向深入;三是满足监狱基层日益增长的对罪犯劳动管理实践指导方面的强烈需求,这方面的理论指导和在职人员培训已经到了迫不及待的程度。

第一节　罪犯劳动改造系统分析与设计

罪犯劳动改造系统是一个非常复杂的人造系统,分析罪犯劳动管理的职能必须对罪犯劳动改造系统进行分析。这是罪犯劳动管理的一个初始性的理论和实践问题。也许现在监狱管理者很少思考这个问题,因为我们的罪犯劳动改造系统正在运行中。也许监狱管理者经常思考的是劳动改造工作很不顺利、经常出问题,如何去改进。其实,这些问题都与罪犯劳动改造系统设计有关,只不过现实中罪犯劳动管理工作天天运行,处于现有系统的运行阶段,而不是系统设计阶段,这个阶段研究和思考的主要是如何改进工作,这可能意味着罪犯劳动改造系统处于系统修正阶段。从本质上说,系统修正也需要从根本上进行系统分析甚至重新设计,有时修修补补还不如从根本上推倒重建,更能解决系统的问题,实现系统的新生。目前对罪犯劳动改造系统进行系统分析的必要性在于,社会主义市场经济环境下罪犯劳动改造实行劳务加工模式以来,需要对罪犯劳动改造系统和管理系统进行根本性的系统分析和设计,以此为基础推出罪犯劳动管理学理论成果,探索罪犯劳动管理科学的管理模式。

一、系统工程方法

系统工程是系统科学的一个分支,是系统科学的实际应用。系统工程是为了合理地开发、设计和运用系统,而采取的思想、程序、组织和方法的总称。系统科学产生于一般系统论的创始人——奥地利生物学家贝塔朗菲,他在1947年提出一般系统论时,曾明确地把马克思和恩格斯的辩证法列为一般系统论的思想来源之一。系统思想的出现彻底改变了人们的思维方式。系统论和信息论、控制论并称"三论",被称为信息社会最为基础的理论体系。

1978年9月27日,著名科学家钱学森撰写的《组织管理的技术——系统工程》一文在《文汇报》上发表,这篇重要文章被认为既开创了系统工程的中国学派,成为社会管理不可或缺的理论依据与方法论基础,又吹响了系统工程从航天领域走向我国社会主义建设各领域的号角,决定了系统工程在中国发展的基本方向与格局。

系统是指由相互作用和相互依赖的若干组成部分结合而成的具有特定功能的有机整体,而且这个系统本身又是它所从属的一个更大系统的组成部分。系统工程则是组织管理这种系统的规划、研究、设计、制造、试验和使用的科学方法,运用这种方法可以达到满意的系统设计和系统运行管理的目标,是一种对所有系统都具有普遍意义的科学方法。

系统工程研究对象是组织化的、复杂化的大系统。这种大系统内部的诸要素,存在错综复杂的相关关系和不确定因素,同时与外部环境及母系统也存在复杂的物质与信息的交换。对于这样的系统,在构成和运行过程中,必须对各种重大问题进行判断和决策。实践证明,要进行系统的最优化设计,必须运用系统工程的思想和方法。

作为系统工程研究对象的各种系统，虽然其性质、结构和运行规律各不相同，但是作为人造系统，它们都具备目的性、集合性、相关性、层级性和环境适应性等系统特性，而且它们都要经历诞生、运行、修正（系统的发展也被看作一种对系统的修正）和终止等相似的系统寿命周期阶段。这就构成了各种人造系统的共性和普遍规律。系统工程的全部思想和方法，都是基于这种共性和普遍规律的研究。因此，系统工程普遍适用于对各种人造系统的研究与应用。一座饭店和一个工厂，一个工厂和一座监狱，表面看来风马牛不相及，但是从系统工程角度来看，它们却有着很多基本的相似之处。

监狱是一个复杂的大系统，罪犯劳动管理是监狱的子系统之一，这个子系统又是生产系统与监管改造系统有机结合重组的一个新系统，不能单纯地按照生产系统的要求进行管理，也不能单纯地按照监管改造系统的要求进行管理。所谓以生产为载体对罪犯进行劳动改造就是要把生产与罪犯改造深度融合，把劳动改造的要素融入生产劳动中，构造成一个新的系统即罪犯劳动改造系统和罪犯劳动管理系统。为此，要运用系统工程的方法进行系统分析和设计，科学解决罪犯劳动管理系统的建立和运行问题，使劳动改造目标实现处于系统健康的运行和保障之中。

二、生产系统和罪犯劳动改造系统分析

（一）生产系统的内涵

分析罪犯劳动改造系统必然会涉及生产系统，罪犯劳动改造系统是以生产系统为载体建立起来的，为了分析罪犯劳动改造系统，有必要先分析一下生产系统，并厘清二者的关系。

系统科学认为，系统都是在特定环境下对输入进行工作，经过对输入加工对象的转换，把输入转变为输出，系统又可以理解为把输入转换为输出的转换机构。生产系统就是这样一个转换机构，它是一个通过输入人、财、物、信息等生产要素的输入过程，再通过生产制造将生产对象加工制作成产品的转换过程，最后将产品输送出去的输出过程的系统。其构成情况如图 8－1 所示：

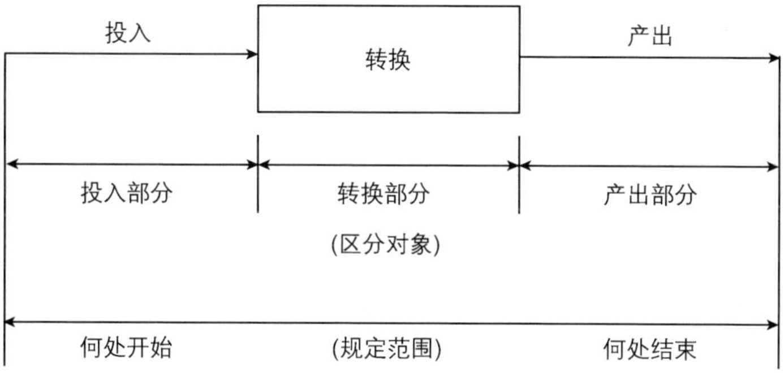

图 8-1　生产系统的构成示意图

（二）罪犯劳动改造系统的内涵

罪犯劳动管理系统是以劳动改造罪犯为根本目的，以生产系统为基础和手段构建起来的、并区别于生产管理系统的一个新系统。罪犯劳动改造系统投入罪犯以及与罪犯和劳动改造相关的生产和改造信息要素、物质要素和资金要素，经过生产系统的"投入—转换—产出"循环往复的运行过程，实现劳动改造罪犯的目标。把罪犯劳动改造系统作为一个新的系统去认识和研究是非常重要的，可以明确要求在设计罪犯劳动改造系统时，要以罪犯劳动改造为主线而不是以生产及效益为主线。罪犯劳动改造系统的构成情况如图 8-2 所示。

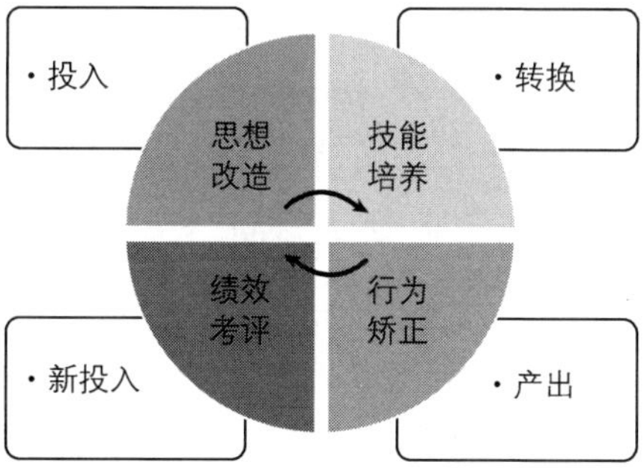

图 8-2　罪犯劳动改造系统构成分析示意图

从图 8-2 中可以看出，罪犯劳动改造系统是在生产系统中植入了劳动改造诸项要素后形成的一个复合系统，这些要素有思想教育、技能培养、行为矫正、安全管理、绩效考评等。

罪犯劳动改造系统有其特殊的目的、结构和功能，并以生产为手段，以改造为目的形成了罪犯劳动改造系统的“目的—手段”功能关系和功能结构。在罪犯劳动改造系统中，生产的全过程，每一个工艺阶段，每一个工序，都承载着劳动改造罪犯的目标，真正体现了生产是手段、改造是目的，整个罪犯劳动改造系统呈现为“目的—手段”功能关系和功能结构。罪犯劳动改造系统就是运用这种关系把劳动改造目标层层分解到生产系统的各个环节中去。这是我们分析罪犯劳动改造系统的重要结论，也是我们设计罪犯劳动改造系统的理论依据。

（三）罪犯劳动改造系统与生产系统的区别与联系

1. 罪犯劳动改造系统与生产系统的区别

（1）投入的生产要素（生产系统称生产要素）和劳动要素（罪犯劳动改造系统称劳动要素）是不同的。社会企业生产系统投入的是正常劳动力要素，而罪犯劳动改造系统投入的劳动力要素是正在服刑的罪犯，与此相关的物质要素、信息要素也会深深地被植入与罪犯身份和罪犯改造有关的约束条件。如产业产品项目的选择、安全因素的过多考虑、劳动环境的封闭和严管等。

（2）二者的目标是不一样的。生产系统的目标是生产产品和经济效益，这是生产系统的终极目标，罪犯劳动改造系统虽然也必须生产产品和讲求一定的效益，但这不是它的终极目标，它的终极目标是改造罪犯，前者只是其实现终极目标的手段。

（3）实现目标的时间是不一样的。生产系统完成一个“输入—转换—产出”循环就会完成一个或一批产品的生产，生产系统的产出目标是可以在一个生产循环中完成的，而罪犯劳动改造系统改造罪犯的目标是不可能在一个生产循环中完成的，而是在长期地、不断重复的生产系统循环过程中实现的。生产系统过程可以描述为：投入原材料—制造转换—产出产成品。罪犯劳动改造系统过程可以描述为：投入罪犯劳动力和其他劳动要素—罪犯在反复的生产劳动中发生转变—输出接受了劳动改造的人。

（4）目标描述和考评标准是不一样的。生产系统的目标可以用定量的指标来描述和衡量，而罪犯劳动改造系统的目标主要用定性的、主观的方法评判。

2. 生产系统和罪犯劳动改造系统的联系

（1）二者都可以表现为“投入—转换—产出”这样的系统运行过程。

(2)二者都需要人、财、物、信息这样的生产要素的投入。

(3)二者都是在生产加工制造产品的过程中实现自己的目标的。

(4)罪犯劳动改造系统的转换过程和生产系统的转换过程高度复合但不等于完全相同,人的转变是在多次的物的转换中实现的,如图8－3所示。

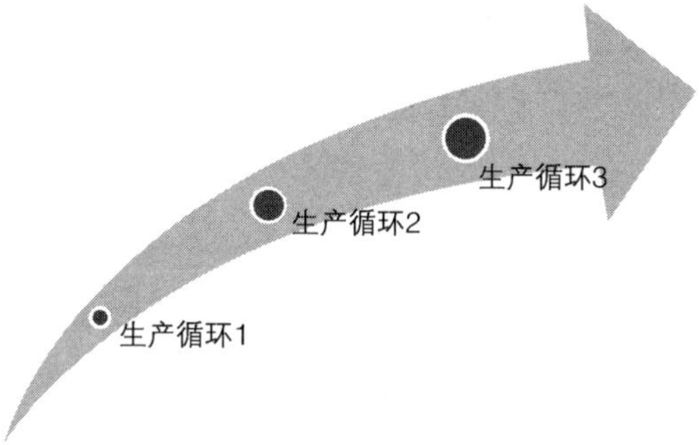

图8－3　罪犯劳动改造系统进程

三、罪犯劳动改造系统的设计

任何一种人造系统,尽管其目的、功能各不相同,但是都具有诞生、运行、修正和终止等相似的系统寿命周期。系统的目的就是通过系统寿命周期各阶段的展开最终得以实现的。其中任何一个阶段出现问题,都会影响系统目的的最终实现。一般来讲,可以把系统寿命周期的展开过程划分为系统构成、系统运行、系统修正和系统终止四个基本阶段。

从系统工程的展开来看,不同的人造系统在同一个寿命周期阶段,其系统工程工作的内容和重点,都具有相似的规律性。我们可以运用系统工程的科学工作步骤,分析一下罪犯劳动改造系统的建设过程。这对我们很有意义,很多时候,因为我们在过程中的某一步出了错误就会导致系统错误,以致不能实现系统目标。

(一)罪犯劳动改造系统的系统分析阶段

这是系统工程的最初阶段,也是非常重要的阶段。这个阶段需要解决的主要问题包括以下内容。

1. 罪犯劳动改造系统目的分析和定义

首先需要明确,罪犯劳动改造系统的目的何在。只有明确了系统的目的,才能对系统进行准确的定义,使监狱中有关人员对罪犯劳动改造系统的目的和定义取得一致的理解。罪犯劳动改造系统的终极目的是劳动改造罪犯,通过生产系统“输入—转换—输出”三个环节的周而复始的循环和一次次生产目标的实现,来实现自己的终极目标。在这个周而复始的系统循环中,罪犯劳动改造系统以生产为手段,打造并发挥我国监狱特色的劳动改造的功能,①系统地服务于劳动改造的目标,形成了自己特殊的“目标—功能—手段”目标实现及其功能结构,如图 8 –4 所示。

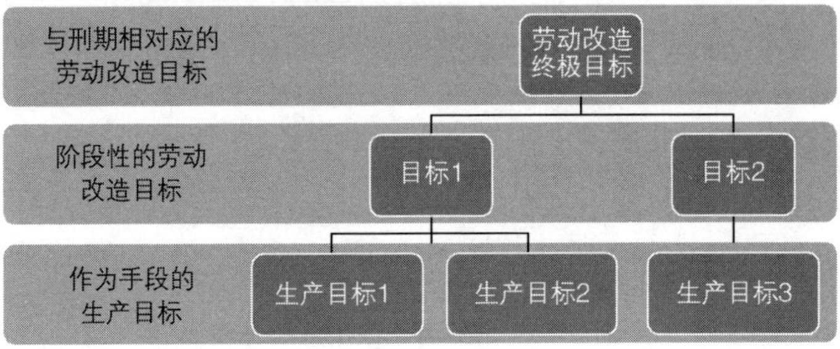

图 8 –4　罪犯劳动改造系统“目的—功能—手段”功能关系

2. 罪犯劳动改造系统目标体系的分析

所谓目标,就是系统目的的具体表现形式。所谓体系,有两重含义:一重含义是指系统的最终目的是具有两重以上目的的复合目的,因此,系统目标也必须具有相应多重的目标体系,多重目标之间是“目的—手段”的逻辑关系。例如,一个罪犯参加的服装加工系统,它的生产目标是生产服装产品,它的终极目标是培养罪犯服装加工技能和实现对罪犯的综合劳动改造效果。无论是产出目标还是最终目标的实现,都需要从投入产出设立多个阶段性的目标,并逐级实现这些目标,这些目标之间甚至是分层次的,以罪犯劳动改造系统“目的—功能—手段”功能关系图为例,即本层目标是上一层目标的手段,而上一层目标又是上上层目标的手段,即系统目标体系内部是上下层目标之间互为“目的—手段”的关系和逻辑,而且必然会形成多对“目的—手段”功能关系。另一重含义是指每对“目的—手段”功能之间,都需要根据目的的实现程度,来明确其手段功能的实现程度。

这样设计的目的是更好地实现某一个目标,必须为之合理地选择实现这一目标

① 本书前面研究了劳动改造的功能,认为罪犯劳动改造的功能是一个体系,主要包括惩罚功能、改造功能、矫正功能、创造功能、教育功能、锻炼功能等功能。

的手段，以确保其手段功能的实现。各级功能的实现程度，实际上就是系统最终目标在其功能系统上的逐级分解。例如，监狱劳务加工系统中为了培养罪犯的服装加工的主要劳动技能，对所有参与劳务加工的罪犯实行有计划的轮岗制度，以便罪犯能在不同的岗位上学到不同的服装加工劳动技能，就是劳动改造终极目标的分解。同时运用这样的分析方法，还有利于考察劳动生产项目的手段功能对实现改造罪犯目标的作用到底好不好。如随着改革和监狱布局调整，监狱生产产业结构发生了很大变化，传统工业项目或主导产业大面积减少，而简单劳务加工项目大面积增加，很多劳务加工项目劳动操作过于简单而又高度重复，使罪犯极易产生抵触心理，不利于罪犯改造和走向社会后的就业和自食其力。

3. 以劳动改造为核心的罪犯劳动改造系统的设计

罪犯劳动改造系统是以劳动改造罪犯为根本目的，以生产系统为基础和手段改进设计、演变而来的一个新系统。在新上劳务加工项目时必须重视这个系统的分析，然后再设计。在罪犯劳动改造系统的“目的—功能—手段”功能系统的设计中，应该特别针对罪犯这种特殊劳动者，以对罪犯的培养改造为目标，借助某种生产系统（如服装加工等）的“目的—手段”关系，以人为主线，设计一套“生产技能—生产目标—改造目标”的多重目标体系，把劳动改造罪犯的最终目标逐级分解下去，在逐级分解实现功能和目标的过程中，使人的改造和生产目标达到协同实现和完成。在这个过程中，人—罪犯被放在劳动改造体系的核心，在适宜的劳动改造系统中并通过科学管理将他们改造成为新人，培养造就成为合格的劳动者。

（二）罪犯劳动改造系统的系统设计阶段

1. 根据功能系统建立罪犯劳动改造系统的概略模型

一般情况下，实现功能的手段不止一种，可以根据功能的要求，建立多个概略模型，也就是不同的系统初步方案。这一步要求根据监狱组织的劳动项目，如劳务加工生产建立罪犯劳动“目的—功能—手段”功能系统概略模型。关键是要把罪犯劳动改造和矫正的目标具体分解到他的生产工序中。实际中可能是监狱直接按照加工委托方的要求组织生产活动，这里可能就忽略了劳动改造功能系统的构建，体现在完全以加工委托方的要求构建了生产系统，这就是把生产管理等同于劳动改造管理。所以，今后我们要改变这种做法，把对人的劳动改造功能系统和生产加工系统科学地融合起来,构建我们的罪犯劳动改造系统功能模型。

2. 反复实验检测罪犯劳动改造系统的概略模型的功能和实现系统目标的程度

给定罪犯劳动改造系统一定的约束条件,主要是劳动改造罪犯的各项要素,对概略模型反复进行仿真实验,检测功能和系统目标的实现程度。根据实验结果,判断各方案成功的可能性,评价各方案的优劣。约束条件应该包括对罪犯的改造矫正和生产的改进两个方面,并把这两方面具体量化分解为劳动认知、遵守纪律、培养技能、安全操作、标准作业、养成习惯、完成定额、保证质量等具体条件,制定阶段性的目标。这里关键要把这两个方面有机结合起来。其中对罪犯的改造和培养方面,要根据"目的—手段"关系,把对罪犯的各项培养目标任务融入生产功能系统中,虽然这样做一开始保证不了效率,但是一旦经过实验成功得到了最优方案,以后的生产效率和质量将会得到根本的保证,最重要的这种系统设计阶段的做法从根本上保证我们的根本目的—劳动改造罪犯的实现。

3. 如果不能获得满意的实验结果,则需要对以下问题重新进行探讨

(1)建立的概略模型是否不合理或有缺陷?如果是,则修改概略模型。

(2)罪犯劳动改造系统中劳动改造罪犯的基本要素和改造目标是否在概略模型中得到了充分落实和分解,如果没有,要进一步研究改造罪犯的基本要素和改造目标在模型中的有机植入和分解。

(3)罪犯劳动改造系统的目标体系能否得到功能系统的支持和保障,如果不能,则研究重新进行功能定义或整理功能系统。

(4)罪犯劳动改造系统的功能系统能否得到生产载体的支持和保障,如果不能,进一步研究生产载体的适宜性,否则,寻找适宜的生产项目。

(5)如此对概略模型进行反复验证、筛选与修改,直到获得一个满意的方案为止。

4. 对选中的方案进行具体设计并进一步完善

对选中方案的具体设计要结合监狱和监狱企业的领导体制和职能部门设置、结合监区的罪犯劳动组织机构的设置进行,本书前面对此已有阐述,对罪犯劳动生产系统的设计则要结合生产项目的具体工艺技术流程、作业标准等进行设计。

(三)罪犯劳动改造系统的系统建设阶段

根据最后设计方案,实施罪犯劳动改造系统的建设。系统建设过程本身,就是

一项复杂的系统工程,它包括工程计划、工程实施与进度、质量控制等内容,这是一个非常重要的阶段。因为这个阶段构成罪犯劳动改造系统的实体,不仅投入大量资金、人力和时间,更重要的是设计建成的罪犯劳动改造系统必须在“目的—功能—手段”功能结构上非常科学合理,既能保证罪犯劳动改造目标的实现,又能合理地提高罪犯劳动改造系统的生产能力,提高这个系统的效率和效益。如果这个阶段的工程质量出了问题,必将造成罪犯劳动改造系统的先天缺陷。

目前监狱系统这个阶段所形成的罪犯劳动改造系统的最后设计方案大部分是按加工委托方的要求做的,即基本上没有对劳动改造系统进行系统的设计和建设。从经济性的角度来讲,加工委托方也许早就进行了充分的设计,即他们充分考虑了生产的效率与效益,但也不一定是最佳方案,因为一方面设计者并非管理上的行家里手,另一方面加工委托方所设计的生产系统并没有完全从监狱劳动改造罪犯的实际和需求出发进行系统分析和设计,所以他们不可能从劳动改造的角度来设计这个系统,这样一来,这个系统可能就存在劳动改造功能的先天缺陷。这种缺陷必须在上面的第二、第三阶段加以避免。我们的要求是以生产系统为手段,把劳动改造的要素和目标融入生产和生产管理过程中,这种设计只能由监狱来完成,或者由监狱和加工委托方密切配合来完成。

(四)罪犯劳动改造系统的系统运行阶段

在罪犯劳动改造系统投入运行的初期,需要对系统进行试运转,以便发现与修正系统存在的缺陷,进一步掌握系统的运行规律,使系统进入正常的运行状态。

罪犯劳动改造系统进入正常运行阶段后,其运行的规律一般表现为“计划—实施—控制”的周期性工作循环,即将罪犯劳动改造系统运行划分为一个个计划期,在每一个计划期之前,对系统目标、系统状态以及环境条件进行综合平衡,制订出可行的运行计划——生产作业计划和罪犯劳动改造计划,在计划期内根据计划向系统发出运行指令,使系统按计划运行。

在系统运行过程中,罪犯劳动改造系统可能受到监狱环境如教育改造、狱政管理等要素的影响,或受到市场环境的影响,可能发生各种随机性或系统性变化,从而使系统的运行状态偏离计划,这时就需要通过建立系统的反馈控制机制,对系统进行控制与调整,使系统恢复到正常状态。罪犯劳动改造的反馈控制机制的建立非常重要,必须是能够反馈和解决生产性问题、劳动改造性问题特别是生产与改造的综合性问题的反馈控制机制。

(五)罪犯劳动改造系统的系统修正阶段

罪犯劳动改造系统运行到一定阶段后,系统的环境可能出现某些变化,系统本身的构成要素也可能出现某些变化,使系统失去最优的运行状态,或者由于罪犯本身的劳动技能熟练程度提高或新罪犯的加入,这些都需要对系统作出某些调整或修正。

因系统修正的层次和范围不同,所以可根据具体情况,分别对系统的目的、目标、功能、原理、结构、方法、工具等不同层次的问题进行重新分析和优化设计,使系统通过局部修正和更新,恢复到最优状态。

(六)罪犯劳动改造系统的系统终止阶段

当罪犯劳动改造系统的目的已经不能在原有或现有系统中得到实现,或已经有了更优的系统方案可以替代时,系统就将进入终止阶段。在终止阶段,需要对系统的设备、资金、人员进行合理的处理和重新分配组合,以最大限度地减少各种损失,并为建立新的系统创造有利条件。罪犯劳动改造系统的终止有两种可能:一是彻底更换了生产项目,需要围绕新生产系统设计新的罪犯劳动改造系统;二是生产项目没有变,但需要以更优的系统取代原有系统。

第二节 罪犯劳动管理职能的分析和确定

罪犯劳动管理职能是为了罪犯劳动改造系统的健康有效运行,实现劳动改造罪犯目标,管理应该承担的职责、内容和任务。运用系统分析的方法,分析并确定罪犯劳动管理的职能,不仅能够全面准确地确定罪犯劳动管理的职能,而且最重要的是有利于科学地安排这些职能,并在系统运行过程中及时准确地发现罪犯劳动改造系统存在的问题、罪犯劳动管理存在的问题,并有利于针对性地找到解决方案。

生产系统的管理职能是从生产系统的目的特性、需求特性、构成特性和过程特性的分析中总结、设计出来的。罪犯劳动改造系统的管理职能与生产系统的管理职能密切相关,但是罪犯劳动改造系统,分别在生产系统的目的、需求、构成、过程等特性方面融入了罪犯劳动改造系统的要素和约束条件,产生了罪犯劳动管理需求即管理职能。我们可以从二者的融合中,从罪犯劳动管理系统的目的、需求、过程特性中分析罪犯劳动管理的职能,进而设计确定罪犯劳动管理的职能体系。

一、从罪犯劳动改造系统的目标特性分析其管理职能

从罪犯劳动改造系统的目标特性分析其管理职能,就是针对罪犯劳动改造的目标特点和实现目标的需要分析其管理职能,具体的分析过程和内容如下。

(一)罪犯劳动改造的目的和目标层次

本书前面将罪犯劳动改造的目的概括为是以改造人为宗旨,以劳动改造罪犯为总目标,以将罪犯改造成为自食其力的守法公民为基本目标,并将罪犯劳动改造的目标分为以下几个层次:一是培养劳动能力和职业技能,为回归社会成为自食其力的守法公民做好准备;二是矫正罪犯恶习,养成遵纪守法和劳动习惯;三是改造罪犯错误思想,树立正确思想观念。

(二)罪犯劳动管理的终极目标及目标体系的设计

在罪犯劳动管理的概述内容中,我们把管理的目标分为产出目标和终极目标。产出目标就是产品产出相关的目标,罪犯劳动生产每一个生产循环就会实现一定的产出目标。罪犯劳动管理的终极目标是改造和矫正罪犯,这个终极目标是在一个又一个罪犯劳动产出目标的实现中、在罪犯劳动生产的一次又一次的循环中逐渐实现的。

劳动改造罪犯的终极目标之所以能够实现,是因为罪犯参加产品生产制造过程,可以使他们学会掌握一种或多种生产制造技能、学会一种或多种工艺操作规程、接受劳动制度纪律约束、学会和保证安全生产、完成合理的生产定额和生产任务、完成质量目标和成本目标,并接受现代科学管理的培养和熏陶,注重提高劳动效率,不断改进生产方法等,同时通过日积月累的生产劳动实践、劳动教育,罪犯的思想观念也不断得到转变。

(三)罪犯劳动管理的目标实现需要具备的管理职能

罪犯劳动管理产出目标的实现过程中发挥了生产的劳动改造手段功能,这一功能的实现要求生产手段的选择至关重要,生产过程的管理至关重要,按照产出目标的项目去分门别类地实施各项管理至关重要,把劳动改造的产出目标(改造、矫正和习艺计划)分解落实到各项产出目标的管理中至关重要。从中可以看出,罪犯劳动改造系统如果离开了一次次的生产任务和目标的实现,劳动改造的目标就成了无源之水,产出目标及其管理是终极目标的载体和手段;而失去了以终极目标为导向的管理,罪犯劳动管理就丢掉了根本,失去了方向。这种关系就是本章前面述及的"目标—功能—手段"的目标实现及其功能结构。这种关系使我们得出这样的结论:罪犯劳动的管理职能要以劳动改造的目标(目的特性)为导向,在生产过程的管理中逐级设定并展开,要保证确保劳动改造的运行方向,要充分发挥生产劳动各环节的手段功能和作用。这些管理职能具体应包括:

1. 计划管理。围绕罪犯劳动改造终极目标及目标体系的实现,制订罪犯劳动改造、矫正和习艺计划。

2. 项目管理。围绕罪犯劳动改造目标做好生产项目的评估、选择和管理。

3. 生产管理。包括生产计划制订实施、生产作业计划制订实施、作业管理、现场管理、现场监管、行为矫正、岗位练兵、劳动竞赛、定额管理、劳动教育、思想教育等。

4. 改造和矫正管理。包括思想改造、技能培养、习艺效果、习惯养成、考核奖惩等。

从目的特性分析罪犯劳动管理的职能可以看出,罪犯劳动改造系统目标的实现,需要生产系统的科学有效运行,离不开系统、科学的管理职能,这些管理职能是现代科学生产管理方法和罪犯劳动改造管理方法的有机结合和创新。从长期的罪犯劳动改造和管理的实践中看,我国监狱已经在这方面取得了很多成果,积累了很多经验,如在罪犯劳动改造的目标设定和实施、在职业技能培养、在现场管理、作业管理等方面,在运用5S管理、全面质量管理、QC小组活动、PDCA循环等管理方法方面都取得了很好的成果。

二、从罪犯劳动改造系统的构成特性分析其管理职能

系统是由两个或两个以上的可以相互区别的要素构成的有机整体。一个好的

系统绝不是各个要素的简单汇集，而是根据系统目标的要求构成的有机整体。

(一)从罪犯劳动改造系统的要素分析其管理职能

罪犯劳动改造系统是一个人造系统，它的构成要素从表面看也可以分成各种生产要素，但是它的生产要素有其特殊性，为此，我们在前面的分析中为了把这些要素和一般生产要素区别开来而称之为劳动要素或劳动改造要素，把生产系统的生产要素分为人、物质、信息三大子系统。劳动改造要素和生产要素的有机结合，形成了罪犯劳动改造系统，这些要素也可以从基本的构成上分为人、物质、信息三大类，研究分析罪犯劳动改造系统的构成特性就要研究这些要素的特殊性。

人的要素分为两类：一类是它的劳动者是罪犯，这类特殊劳动力要素也是被改造的对象，那么罪犯劳动改造系统的管理职能必须围绕其劳动力的特殊性和改造需要来确定，有些管理职能是生产管理和罪犯劳动管理的有机结合和创新，有些则是罪犯劳动改造系统所独有；另一类是它的管理者是监狱警察，警察管理者的身份集执法者与管理者于一身。这是我国警察最特殊的一个警种，既然特殊，就应特殊到位，不仅体现在其身份上，还应体现在其素质和技能上，必须掌握罪犯劳动管理的科学生产管理知识和技能。

从物的要素来说，也有其特殊性，如产品、原材料、工具设备、生产现场环境、生产建筑等方面都有特殊要求，安全性往往要放在第一位，此外还有环境保护、劳动保护等方面的要求。对罪犯劳动改造系统物的要素的特殊性进行研究和管理，应该作为一门科学来对待。

从信息要素来说，罪犯劳动改造系统既有单独的生产信息，也有单独的改造信息，还有生产和改造有机结合的综合信息，既有指令信息，也有考核、评价信息，其中生产信息既是生产管理的要素，也是考核评价罪犯劳动改造态度和改造质量与效果的重要依据，生产信息必须为改造罪犯服务。罪犯劳动管理系统必须强化对系统信息要素的收集、整理、总结、分析和评价，并将其作为罪犯劳动管理的手段和罪犯劳动改造质量评定的重要依据。

(二)从罪犯劳动改造系统的子系统分析其管理职能

从一般生产系统的构成和生产系统管理理论来看，生产系统从物、信息和人的角度具体划分为三大子系统：生产制造系统（物质）、生产信息系统（信息）、生产组织系统（人）。从上述罪犯劳动改造系统的构成要素来看，罪犯劳动改造系统也可以划分为三大子系统：生产制造系统（物质）、生产与改造信息系统（信息）、生产与改造组织系统（人）。这些子系统的构成充分说明和体现了生产与改造的深度融合和有机结合，体现了劳动改造系统的复合性和创新性。

三个子系统之间，在实际的罪犯劳动改造系统中和管理过程中没有严格分明的界限，它们之间既相互区别，又相互联络、相互依存，在劳动改造过程中高度融合为一个有机整体，就像一个人的神经密布于身体的各个器官和组织中一样，形成了罪犯劳动改造系统的不断优化的管理系统。这三个子系统无论是在形式上还是在系统功能上都是依其分工和职能任务来定，从而形成了罪犯劳动改造系统改造和矫正罪犯的系统功能，这种既有区别又有联系的子系统的配合协调越密切，罪犯劳动改造的系统功能就越强大。对罪犯劳动改造系统的这种构成分析，为我们正确认识罪犯劳动改造系统提供了一套科学的系统分析思路和标准，在罪犯劳动改造系统的系统分析和系统设计阶段，设计好罪犯劳动管理的职能，设计好生产与改造有机融合的信息管理系统、组织系统，具有非常重要的意义。

三、从罪犯劳动改造系统的过程特性分析其管理职能

从前面的分析中我们已经知道，生产系统的过程主要表现为投入、转换、输出过程，而罪犯劳动改造系统则是生产系统的周而复始的循环过程。

（一）罪犯劳动改造系统的过程特性分析

生产系统的过程表现为投入、转换、输出过程，即投入—转换—产出，如图8－1所示。

图8－1中三个部分分别为：

投入部分：投入生产要素。

转换部分：生产系统运转，使加工对象发生性质、形态、位置变化。

产出部分：产品产出。

当生产过程出现问题时，可以从上述三个部分着手分析研究，找出原因，采取对策。如：

产出部分:预计产出的产品在设计上、计划上是否有问题。

转换部分:生产环节中技术、设备、作业是否有问题。

投入部分:供应的物料在质量、数量及订货方式上是否有问题。

这种把生产过程划分为三个阶段的分析方法,称为过程分析,这种方法不仅适用于生产管理,也可广泛用于各种工作的系统分析。

运用这种方法分析罪犯劳动改造系统,要从两个过程的角度去分析。

首先,从具体生产过程的角度来看,罪犯劳动改造过程可以具体地对应于生产过程的三个阶段,可以从这三个阶段考虑罪犯劳动管理的职能内容。

其次,从罪犯劳动改造过程的角度来看,一个罪犯的劳动改造过程绝不是一个单纯的生产过程,而是成千上万次的生产过程周而复始的循环过程。借鉴生产过程特性分析的方法,也可以把罪犯劳动改造过程分为三个阶段:投入阶段(劳动改造初期)—转换阶段(劳动改造中期)—输出阶段(劳动改造后期),其每个时期都有每个时期的任务、计划和重点,每个时期都包含着生产过程的多次周而复始的循环,每个时期都应该确定管理的职能和重点任务。

(二)罪犯劳动改造系统过程特性分析的作用

1. 区分管理对象

生产系统的过程包括投入、转换、输出过程,而罪犯劳动改造系统的过程则是生产系统的周而复始的循环过程及其累积。罪犯劳动改造系统是在生产系统上改进升级产生的一个新的系统,所以,通过罪犯劳动改造系统的过程特性分析首先帮助我们确定罪犯劳动管理的对象是罪犯劳动改造系统而不是生产系统。

2. 确定管理范围

罪犯劳动改造系统是生产系统三大环节周而复始的循环和累积,为了保证罪犯劳动改造的成效,必须对罪犯劳动改造系统运行的全过程进行管理,必须把劳动改造的所有理念和任务落实到这个全过程中。首先,罪犯劳动管理的范围应该从劳动改造的全过程去考虑,即从劳动改造的投入阶段(劳动改造初期)—转换阶段(劳动改造中期)—输出阶段(劳动改造后期)这三大阶段去考虑,应该包括劳动改造初期的管理职能、劳动改造中期的管理职能、劳动改造后期的管理职能,这就是罪犯劳动改造系统能够持续、稳定、有效循环运行而产生的管理职能。其次,罪犯劳动管理的范围绝不应该只限于劳动和生产过程,还要考虑市场环境和监狱整体工作对罪犯劳动改造系统的影响。比如,监狱大量开展劳务加工项目后,“两头在外”要求罪犯劳动管理作出哪些调整,必须系统、全面地分析和确定罪犯劳动管理的范围。

(三)从罪犯劳动改造系统的过程特性分析其管理职能

通过上述分析,我们可以通过过程特性确定:罪犯劳动管理的职能内容包括罪犯劳动管理全过程和全方位的管理内容,具体包括战略管理、项目管理、理念管理、技能管理、生产管理、质量管理、安全管理、绩效考核、改造质量评定这样一个全过程、全方位的管理。

1. 罪犯劳动战略管理职能的确定

如果不是从罪犯劳动改造系统的过程特性来分析,罪犯劳动管理的战略管理职能最容易被遗忘,而这对于罪犯劳动管理来说却是最重要的。罪犯劳动改造系统的过程是生产系统的周而复始的循环过程,每一名罪犯的劳动改造都是处于这个过程中的。从几年到长达几十年不等的刑期的罪犯劳动改造来说,无论如何是需要规划而不应自由放任的,这就是罪犯劳动管理的战略管理职能。一般地,无论罪犯的刑期长短,可以将其分为早期、初期、中期、后期等阶段。在长期接受劳动改造的过程中,有一个发展变化的过程,这个过程可能在长期徒刑和短期徒刑的罪犯身上呈现不同的特点和规律。在罪犯刑期的不同阶段,需要对其实施不同的劳动改造方案,这需要长远规划和管理,需要从管理理念到管理目标和改造计划进行合理规划。罪犯劳动改造系统的战略管理职能分析结论:罪犯劳动管理必须行使战略管理职能,内容应包括劳动改造规划设计、核心理念的培育、产业产品结构的选择和调整、战略过程的管理等。以下案例可以提供很好的例证。

某监狱根据就业市场需求,结合服刑人员刑期、年龄、文化程度、捕前职业、特长等自身特点,选择实用性强、利于就业的项目分层培训,把技术教育和就业结合起来。刑期在5年以内、50岁以下的服刑人员,参加短平快的技术项目培训;刑期5年以上者,以一种技术为主,选学另一种应用技术,培养复合型技术人才。另外,根据学历高低、刑期长短、年龄大小培训一些高技能人才;余刑3个月至1年的服刑人员,参加由当地劳动和社会保障局举办的SYB(创办你的企业)创业培训;在特种作业岗位劳动改造的罪犯,参加由当地安监局举办的特种作业上岗培训。确保罪犯刑满释放前取得劳动和社会保障部门颁发的职业资格证书的人数达到参加培训人数的90%以上。

毛某,30岁,电子专业毕业,诈骗罪获刑14年,属“二进宫”,罪重刑长,成家不久的妻子要离婚,事业、家庭、生活的挫折一起袭来,毛某一蹶不振。干警查阅毛某档案、谈心,得知毛某的电子专业知识功底较好,而且有较强的上进心。经过反复研究和思考,确立了如下改造毛某的方案:利用并发挥毛某的电子专业特长这一积极因素,抑制并克服其罪重刑长、悲观消沉的消极因素,进而引导其改恶向善,扬长避短,重获新生。这一方案是针对毛某个人改造的正确方案,这样的方案一经确定,就成为改造毛某的长期奉行的行动纲领。只要战略正确了,成功就是必然的,或者必然是大概率事件。监狱警察围绕这个方案做了大量矢志不渝的工作,最后,毛某的改造非常成功。

从管理角度分析,监狱警察发挥了为毛某的劳动改造进行战略规划和管理的作用,这是罪犯劳动战略管理运用于个体层面的典型案例。从中我们可以总结出罪犯劳动战略管理的几个层面及其相互关系。

(1)罪犯劳动管理要落实到对罪犯个体进行正确的劳动改造战略规划和管理。

(2)罪犯劳动管理要对罪犯个体劳动改造规律进行认识和总结。

(3)罪犯劳动管理要对不同类型罪犯的劳动改造规律进行认识和总结。

(4)罪犯劳动管理要对不同刑期罪犯的劳动改造规律进行认识和总结。

(5)罪犯劳动管理要针对不同类型罪犯的劳动改造进行总体方案设计。

(6)罪犯劳动管理要针对不同类型的罪犯的分阶段的劳动改造方案进行规划和设计。

(7)市场环境对劳动改造的影响和冲击要求罪犯劳动管理必须要有战略规划和应变能力。

在长期的罪犯劳动改造过程中,必然会受到各种不确定性的市场环境的影响,为此,罪犯劳动管理必须有这样一种战略管理职能,即维持一个长期的劳动改造目标、外部环境、内部条件的一个动态平衡,保证劳动改造的持续稳定运行。

对社会主义市场经济条件下罪犯劳动改造规律的认识和总结是当前罪犯劳动管理的重要战略问题。必须指出的是,我国的社会主义市场经济环境下罪犯劳动改造所走过的路程并不长,可以说罪犯劳动管理至今仍处于对市场经济的适应阶段,对市场经济下的罪犯劳动改造规律我们并没有一个成熟、科学的结论，所以，抓紧时间认识和总结市场经济条件下罪犯劳动改造规律，是摆在理论和实际工作者面前的一个重要课题。只有准确认识这个规律认识，才能制定出科学合理的罪犯劳动改造战略规划、管理方案。

2. 罪犯劳动管理组织职能的确定

组织是管理的一项重要职能，包括组织设计、组织运作和组织变革三大阶段。讲管理必然要讲到组织职能的运用，首先要设计一个能形成有效分工合作关系的结构，然后是围绕组织目标让组织运作起来，在组织运作一定时期后，如发现组织原有的结构已经不适应环境和自身发展的需要，就要对组织进行变革。通过系统分析来思考组织问题，是解决管理的体制机制问题的最科学、最根本的办法。如果不是从罪犯劳动改造系统的过程特性来分析，组织职能的运用很容易出现严重的错误。

所谓从过程特性分析罪犯劳动管理的组织职能，就是要从罪犯劳动改造的全过程分析罪犯劳动管理的体制机制。从 20 世纪 80 年代进行的一轮又一轮的监狱体制改革，目的是解决监狱组织设计和运行机制问题，当然也包括罪犯劳动管理的体制机制问题和罪犯劳动管理组织职能问题。为此必须从罪犯劳动改造过程的实际出发，既要从静态的相互关系去考虑，又要从动态的运行过程去考虑。监狱体制改革的不足之处就是设计改革方案时没有系统考虑罪犯劳动管理的全过程。“监企分开”把生产经营的两头分出去成立的监狱企业，从一定程度上和范围内人为割裂了罪犯劳动改造系统过程的有机组成，从体制机制上制约了罪犯劳动改造系统的自我完善和优化机制。通过罪犯劳动改造系统的过程特性来分析罪犯劳动管理的组织职能，可以清醒地看到罪犯劳动管理系统的有机整体性，即使它是监狱内部的一项管理工作，那它也是一个极为特殊的相对独立的子系统，也要注意它的各项工作的系统性、相关性、整合性和有机联系。整个劳动改造管理的全过程包括战略规划，生产项目的管理，产业产品结构的选择和调整，罪犯刑期不同阶段的劳动岗位调整，基于改造和生产的劳动力资源的教育和技能培训，物资的采购供应，生产过程的管理，生产现场的管理，两个质量的管理，两个安全的管理，两个效益的协调，设备、技术、工艺管理等，这些工作都以罪犯劳动改造为核心存在必然的有机联系，都需要在组织部门和结构上进行系统科学的设计和构建，目标就是要形成科学的分工协作关系的体制、机制。罪犯劳动管理组织设计应该正确把握这个系统各要素的内在联系，任何割裂这种内在联系的组织设置不仅对搞好罪犯劳动管理没有好处，甚至会起反作用。

上述分析的罪犯劳动管理的战略管理职能谁来担任？劳动项目的市场开发和引进由谁来做？产品或项目要适合改造和矫正罪犯谁来保证？围绕生产项目对罪犯进行岗位技能培训由谁来负责？生产计划的制订、生产过程组织、工艺管理、现场管理、质量管理、安全管理、设备管理、库存管理等，由谁来履行？自主产品项目的监狱罪犯劳动管理机构如何设置，劳务加工项目的监狱罪犯劳动管理机构如何设置？罪犯劳动改造系统运行中的三大阶段的分工协作、有机联系是否得到了妥善处理？系统运行中自我纠错、自我优化机制是否形成并不断发挥作用？哪些做法人为地割裂了罪犯劳动改造过程的有机联系，哪些做法削弱了甚至忽略了罪犯劳动管理的重要职能，哪些做法人为地造成了管理中体制机制障碍，都是要通过分析罪犯劳动改造系统的过程特性来一一得到圆满解决。

3. 罪犯劳动管理其他管理职能的确定

结合罪犯劳动改造系统的三大阶段的工作任务分析罪犯劳动管理的其他管理职能：

投入部分：管理理念输入、战略层面的劳动改造规划和计划、项目引进、人员教育和培训、物资供应、质量、数量保证、订货管理等方面的管理。

转换部分：工艺技术、设备、作业、现场、质量、安全方面的管理问题；罪犯劳动中的表现和管理，培训和矫正。

产出部分：生产产量、质量、交货期、劳动任务的完成，对罪犯劳动改造的综合考评。

劳动改造的初期阶段：劳动改造整体战略理念和规划，做好劳动改造的总体布局，还要具体到每一个罪犯的劳动改造战略规划、方案的制定。落实初期阶段对罪犯进行劳动态度、劳动技能、劳动安全等方面的培训。

劳动改造的中期阶段：劳动观念等思想的转变、习惯的养成、劳动技能巩固和拓展、职业能力和规划的教育等。

劳动改造的后期阶段：回归前的劳动改造效果的综合评定、职业资格证书的考取等。

四、从罪犯劳动改造系统的需求特性分析其管理职能

罪犯劳动改造系统的状态好坏表现在这个系统实现其目的和目标的程度,也就是这个系统满足监狱改造罪犯需求的程度,我们可以据此设定和加强罪犯劳动管理的相关管理职能。为此,我们需要对这个系统满足需求的情况进行具体分析,这些需求称为罪犯劳动改造系统的需求特性。这些需求特性包括以下几个方面:功能、质量、数量和时间、空间、成本利润、安全、改造矫正习艺等。

功能:产品的功能是否符合用户要求,符合用户要求的产品生产既是满足社会需求的,也是满足罪犯劳动改造的有效劳动。

质量:产品质量是否符合要求,产品质量也能反映劳动者的质量,或者是劳动技能的水平,或者是劳动态度的好坏,或者是劳动积极性的高低。

数量和时间:完成产品的产量和交货期是否满足要求。

空间:能否在适当的地点生产或提供产品,罪犯劳动改造系统对生产现场和物流还是有一定的特殊要求的。

成本利润:成本控制和利润目标是否符合监狱和加工委托方的要求。

安全:罪犯劳动生产安全方面的需求是否得到满足。

改造矫正习艺:系统在罪犯改造、矫正和习艺方面能否满足劳动改造的需求。制品的特点、生产劳动过程及产品的社会价值对罪犯体验劳动价值,转变思想发挥的作用如何?劳动管理各方面对矫正罪犯行为和习惯的作用如何?劳动生产对培养罪犯的职业技能及其自食其力的作用如何?使罪犯在劳动中认识社会需求,为回归进行职业规划提供帮助的情况如何?不一定现在做什么将来也做什么。

从需求特性分析可以确定罪犯劳动管理职能的以下问题。

(一)科学设置罪犯劳动管理职能部门及其职责

从劳动改造系统的需求特性的分析中,我们可分析出罪犯劳动管理各部门相应的管理职能的设定和运用。如从功能特性上要求设定罪犯劳动项目管理职能,从质量特性上要求质量管理的职能,安全特性上要求安全管理的职能,改造、矫正和习艺特性上要求对改造、矫正和习艺的管理职能等。

在需求特性的分析管理职能时,要注意从罪犯劳动改造系统的特殊实际出发,

注重对罪犯劳动管理职能及其职能部门设置时生产管理职能与改造管理职能的有机结合,比如对质量管理部门的管理职能职责的设置,要注意产品生产质量管理与劳动改造质量管理的有机结合。从罪犯劳动改造活动本身的特点来看,产品生产质量和劳动改造质量是相互联系、相互促进、相互作用的关系。改造质量从一定程度上可以反映在产品质量上,矫正质量和习艺质量也可以反映在产品质量上,而产品质量又可以通过物化和量化的方式,便于监狱考核和评价罪犯的改造和矫正质量,这样我们就可以在监狱中设置一个质量管理职能部门,来负责产品质量管理、罪犯改造质量、矫正质量以及习艺质量管理。显然这样设置的质量管理部门是不同于社会企业的质量管理部门的。再如对罪犯劳动生产安全管理职能部门的设置,要注意罪犯劳动安全管理的特殊性。罪犯劳动安全管理就是以罪犯劳动安全的特殊现象、特殊内容和特殊规律为对象的安全管理活动,我们在相关研究成果中提出了“罪犯+”的概念,不能照搬照抄社会一般的安全生产管理。监狱在设置相关安全管理职能部门时一定要设置具有罪犯劳动安全管理综合职能的安全管理部门,而不是单纯的安全生产管理部门。

这种通过系统分析设置职能管理部门并明确其部门和岗位职责的做法,因为符合系统工程的科学原理,充分考虑了系统的整体性、相关性、目的性、功能性、环境适应性等特性,所以,提出的管理职能和管理部门设置、部门职责划分就是科学的,就是有利于工作的。

在实际工作中,我们有许多做法没有经过这样的系统分析就人为地撤掉,或者设置或者合并某些部门,因为违背了系统的整体性、相关性、功能性等系统特性,割裂了系统的有机组成和联系,导致有些改革措施从一出台就难以得到落实,即使落实了在运行中也是机制不顺、矛盾重重。

(二)准确判断罪犯劳动管理职能存在的问题及解决办法

罪犯劳动改造系统的功能得到不到实现,需求得不到满足,可以从需求特殊的分析中去查找问题的原因,查找工作的分工、责任的分解、部门的设置、人员的到位、工作的质量等情况,这些都是罪犯劳动管理职能及其职能部门设置等方面的问题,需求特性分析会使这些问题的分析和解决变得清晰明确。

五、从需求特性和过程特性的关系分析其管理职能

如上所述,罪犯劳动改造系统的过程特性分析把罪犯劳动改造系统所依托的生产过程分成三个阶段:投入—转换—产出。罪犯劳动改造过程就是在这三个阶段的周而复始的循环中进行的,同时,罪犯劳动改造系统的七项需求特性是在罪犯劳动改造系统的过程的各个阶段中去得到实现和满足的,每一项需求在每一个阶段都要落实,每一个阶段也要满足每一项需求,如图 8 –5 所示。

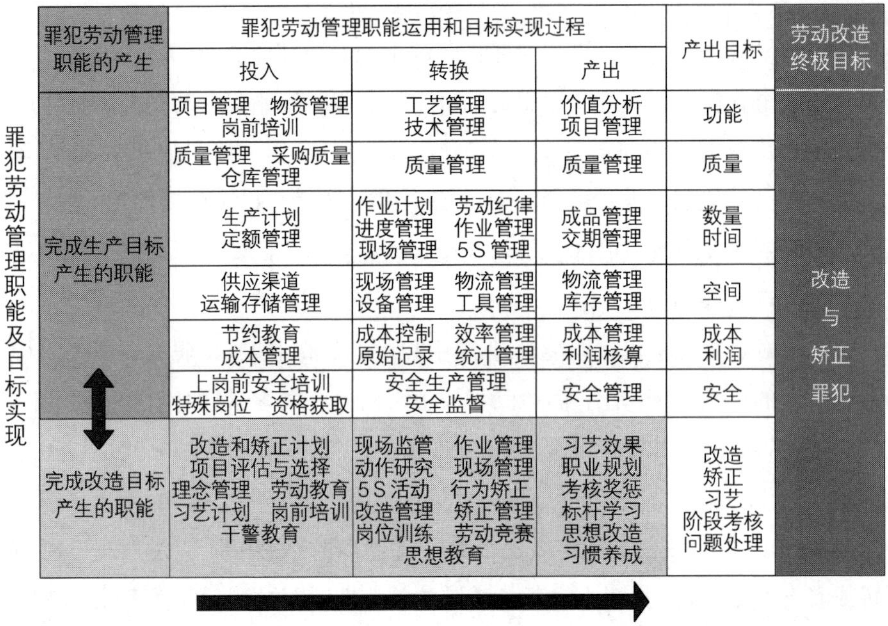

图 8 –5　从需求特性和过程特性的关系分析罪犯劳动管理的职能

图中横向排列为投入、转换、产出三个生产阶段,纵向排列为功能、质量、数量和时间、空间、成本利润、安全、改造矫正习艺七项需求。这样横向、纵向组合形成了一个拥有 21 项要素的矩阵,这个矩阵就是罪犯劳动改造系统的管理体系,通过这样的矩阵可以直观地分析和展示罪犯劳动改造系统的需求特性(目标实现)和过程特性(满足需求和实现目标的过程)的结合所产生的管理需求,也就是管理内容和职能。下面分别从需求特性和过程特性的角度去分析这些管理职能。

（一）从需求特性落实到生产过程分析其管理职能

1. 功能特性

产出环节：考虑顾客需要具有什么功能的产品，需要进行价值分析和功能分析，对产品进行规划设计；目前监狱多为劳务加工生产，很少生产自主产品，故这种管理只在部分监狱需要，但是在此环节应该围绕适合于罪犯劳动改造，做好罪犯劳动项目的选择和管理。

转换环节：考虑为使产品具有这些功能，制造系统需要具有什么样的加工功能；转换环节应该加强工艺管理、罪犯的劳动技能管理。

投入环节：物资管理，考虑为使产品具有这些功能，需要购入具有什么功能的物资。罪犯劳动者，特殊劳动力要素，为保证产出这种功能的产品，罪犯劳动者需要具备什么样的劳动能力。需要在投入前期做好劳动教育、岗位培训、技能培训、行为规范等教育和管理工作。此环节主要是为生产此功能的产品，要对罪犯进行相应的岗位技能培训，这项工作其实也是矫正、习艺所必需。

通过以上三个环节对功能保证的分析，罪犯劳动管理系统需要的职能有规划设计、项目管理、物资管理、劳动教育、岗位培训、技能培训、行为规范。

2. 质量特性

产出环节：质量检验、质量保证，质量管理，逆向分解为每一个环节的质量目标。

转换环节：质量控制、质量管理、QC 小组活动。

投入环节：采购质量、仓库管理、培训质量、技能水平。

3. 数量特性和时间特性

从这两个特性中可以分析罪犯劳动管理的进度管理职能。

产出环节：按时、按量出产。

转换环节：何时加工、多长时间完成计划产量，加强劳动定额管理。

投入环节：物资供应的时间和数量管理。

进度管理分析需要做好生产计划、生产作业计划、定额管理、交货期管理、物料需求和供应管理等。

4. 空间特性

产出环节：考虑产成品的包装、库存管理以及与流通部门的物流衔接关系。

转换环节：考虑加工部分的物流设计、设备排列、物流通道、现场管理（定置管理）、考虑罪犯身份特殊做好劳动场所和空间的特殊设计。

投入环节：考虑物料的供应渠道、运输和存储方式。

空间特性需要对物流的空间存在形式及运动形式进行设计，并且将系统内部物流与系统外部物流衔接起来，进行物流在空间上全过程分析，进行采购管理、库存管理、物流管理、设备管理、现场管理、安全管理等，以达到缩短生产周期、降低生产成本、提高劳动效率的目的。同时，在考虑生产的空间特性时还要考虑罪犯监管的特殊空间需求特性，防范罪犯人身安全、监管安全，防止罪犯利用生产物料车辆运输逃跑的风险。

5. 成本利润特性

产出环节：成本核算，目标成本控制，每个人和班组的目标成本管理。

转换环节：加工费管理，各工序、工艺阶段之作业管理、效率管理、成本控制、原始记录、统计管理。

投入环节：各种物料、人工费管理，节约管理、节约意识和知识培训。

对以上各部分的费用支出设定目标，对其进行连贯的成本管理，把加工委托方、市场方对经济的需求和监狱对经济的需求、对改造成本的需求综合起来考虑，以达到成本管理的目的。

6. 安全特性

产出环节：项目引进时就要考虑到，即项目安全管理。

转换环节：监管安全和生产安全两个安全的有机统一。充分考虑罪犯的特殊性，结合生产过程中生产安全管理因素，制定综合的罪犯劳动安全管理制度。

投入环节：结合罪犯特殊性，考虑什么样的物料才能保证安全；对罪犯进行上岗前的安全生产知识培训、安全技能教育培训，做到持证上岗。

7. 改造矫正习艺特性

产出环节：制品的特点，产品本身的习艺价值，其市场和社会价值对罪犯体会劳动价值，认识社会需求，为回归进行职业谋划有什么帮助。劳动考核与奖惩会影响罪犯思想的转变、价值观培育、人生规划。

转换环节：日常劳动的矫正管理、技能训练、作业管理、作业标准化、劳动竞赛、动作研究、定额管理、纪律约束、考核奖惩、激励管理、现场管理、5S 管理、QC 小组活动、监管改造、劳动教育等。

投入环节：罪犯进入岗位前确定罪犯的改造、矫正、习艺计划和目标，落实到项目引进、计划管理、上岗培训、资格认定、持证上证，要着眼于系统的改造、矫正和习艺功能。

综上所述，把上述各项需求在生产劳动系统的各个环节中加以落实，提出各项罪犯劳动管理职能，通过这种分析，我们明确了罪犯劳动管理的职能和内容，为了实现和满足这些需求，必须履行好这些管理职能，同时，对罪犯劳动改造系统中产生的问题，也可以通过这样的分析，在过程特性和需求特性的相互关系中探究问题所在、产生原因和解决问题的途径。

（二）从生产过程对需求的满足和目标的实现分析其管理职能

1. 投入环节

物资供应、存储管理、项目管理、生产布局、劳动教育、岗前培训、罪犯劳动力的综合考评及其投入。

功能特性：投入具有什么功能的物料、人、信息。

质量特性：物料质量、罪犯技能培训质量。

数量时间特性：对某种物料投入多大数量、投入多少人员、何时投入。

空间特性：对供应渠道、供货方式如何选择；生产空间的选择和布局管理。

成本特性：采购费用管理。

安全特性：项目选择、物料安全、安全培训。

改造矫正习艺特性：选择适宜改造和矫正的劳动项目，项目有习艺价值。

2. 转换环节

作业管理、工序管理、设备管理、制品管理、质量管理、现场管理、安全管理、监督管理、定额管理、行为矫正、习艺管理，思想教育融入劳动管理中。

功能特性：制造系统应具有什么样的加工功能。

质量特性：怎样在加工过程中保证质量。

数量时间特性：在各道工序生产多少某种制品，何时生产、何时完成某种制品生产任务。

空间特性：设备如何排列、物料如何码放、物流如何设计。

成本特性:制造过程费用控制。

安全特性:安全管理、控制各种原因引起的生产现场安全事故,加强劳动保护。

改造矫正习艺特性:技能培训、定额管理、现场监管、工艺和规程管理、标准化管理、行为矫正、团队协作、QC 小组活动、5S 管理等。

3. 输出环节

项目管理、质量管理、进度管理、交货管理、安全管理、绩效管理、矫正管理、习艺管理、标杆学习。

功能特性:产品功能保证、项目管理。

质量特性:产品质量保证。

数量时间特性:分品种的产量完成多少,何时出产产品。

空间特性:成品储存、运输。

成本特性:目标成本管理。

安全特性:生产、监管安全管理。

改造矫正习艺特性:劳动改造矫正习艺效果综合评定、教育总结、改进、标杆学习。

(三)从过程特性和需求特性的关系分析其管理职能

综合上述分析,罪犯劳动管理的职能是在罪犯劳动改造系统的需求特性的拉动下,在生产过程运行中总结和提炼出来的,大体可以归纳为以下内容:战略管理、项目管理、教育培训、物资管理、物流管理、安全管理、质量管理、计划管理、生产管理、作业管理、现场管理、设备管理、工艺管理、技术管理、改造管理、矫正管理、习艺管理、绩效管理等。

这样的系统分析比较全面、科学、准确,意义重大,有利于系统安排罪犯劳动管理工作,在管理职能部门设置、岗位设置、职责划分、人员引进、培训和任用等方面,做到科学合理安排;有利于及时、准确地发现罪犯劳动管理中出现问题的部位,并分析产生问题的原因和解决方案;有利于监狱高层管理者分清主次、突出重点、科学部署罪犯劳动管理工作,有效管理和持续改进罪犯劳动改造工作,不断提高罪犯劳动改造工作的质量和水平。

六、罪犯劳动管理职能系统分析的启示

1. 要科学对待罪犯劳动管理系统,监狱体制改革无论如何改,都要把它作为一

个有机整体来设计。

2. 要科学设计罪犯劳动管理系统的高层、中层和低层管理职能，明确高、中、低层的管理职责。

3. 要根据系统分析的结论，重点设计战略管理、项目管理、培训管理、生产管理、作业管理、工艺管理、现场管理、安全管理、质量管理、改造管理、矫正管理、习艺管理、职业指导等的职能和职责，强化罪犯劳动管理的重点职能管理。要彻底克服以生产代替罪犯劳动改造，以生产管理代替罪犯劳动管理的职能设置和做法。

4. 要科学配置职能层、作业层的管理人员，把职责和人员素质落到实处。对罪犯劳动管理的职能划分和设置应该围绕罪犯劳动改造这一主线进行系统性的职能、部门、职责设计。罪犯劳动管理人员可以分为三个层次：高层管理者、职能管理者、现场管理者。从罪犯劳动管理系统的过程和需求特性出发，不忽略任何环节，不留死角，注意罪犯劳动管理过程的系统特性，真正从罪犯劳动改造系统与生产制造系统的关系出发设置罪犯劳动管理的职能部门，并科学地设计部门职责、进行人员安排。罪犯劳动管理人员任用、引进和培训要有针对性，罪犯劳动管理岗位和人员要得到相应的重视和激励。高层管理者必须具备罪犯劳动管理的战略素质，职能管理者、现场管理者必须经过罪犯劳动管理的专业知识教育和培训，具备担负的职能职责所需的知识和技能，必须履行好罪犯劳动改造管理职责，而不只是现场人员和秩序的监管者。

5. 要科学处理罪犯劳动管理系统与狱政管理系统、教育改造系统的协调与配合。

6. 要注意罪犯劳动管理理念与监狱工作方针保持高度一致。

罪犯劳动管理理念的重要意义在于是管理罪犯劳动的思想和行为指南，是在复杂的工作局面中正确安排工作、不断改进管理方式方法、探索罪犯劳动改造和矫正方法，实现罪犯劳动改造目标的方向性指引。罪犯劳动改造和管理的最大困难并不是市场经济所导致的市场环境的困难，也不是监狱经费保障没有完全到位的负担，而是监狱罪犯劳动管理理念与监狱工作总方针不一致所导致的方向不明，力量不统一，劳动项目选择不合理，管理不适宜等。

罪犯劳动管理理念主要来自两个方面：一是监狱的组织设计。罪犯劳动管理是监狱管理工作的组成部分，要按照分工与协作的原则，进行罪犯劳动管理部门的部门设计及其理念设计，无论罪犯劳动管理是以监企分开后的监狱企业形式还是监企不分的监狱内部劳动管理部门的形式,罪犯劳动管理的目标和理念都必须围绕监狱工作的总目标,与监狱管理的理念保持一致。二是监狱的组织文化,即监狱文化。管理理念属于组织文化的范畴,而且是组织文化的核心部分,其核心内容就是组织的核心价值观。监狱文化就是以监狱工作方针为核心价值观所形成的特殊文化系统,罪犯劳动管理文化(包括监狱企业文化)是监狱文化系统的子系统之一,必须与监狱文化系统的核心价值观保持高度一致,并以此为核心培育好改造、矫正、约束、激励、沟通、教育等文化管理功能。

主要参考文献

1.《马克思恩格斯全集》(第 2 卷),人民出版社 1972 年版。

2.《马克思恩格斯全集》(第 3 卷),人民出版社 1972 年版。

3.《马克思恩格斯全集》(第 23 卷),人民出版社 1972 年版。

4.《马克思恩格斯全集》(第 31 卷),人民出版社 1972 年版。

5.《马克思恩格斯全集》(第 32 卷),人民出版社 1972 年版。

6.《马克思恩格斯全集》(第 42 卷),人民出版社 1972 年版。

7.《马克思恩格斯全集》(第 46 卷)(上、下册),人民出版社 1979 年版。

8.《马克思恩格斯选集》(第 1 卷),人民出版社 1972 年版。

9.《列宁全集》(第 36 卷),人民出版社 1963 年版。

10.《毛泽东选集》(第 1 卷),人民出版社 1991 年版。

11.《毛泽东选集》(第 2 卷),人民出版社 1991 年版。

12.《毛泽东文集》(第 7 卷),人民出版社 1999 年版。

13.《中国共产党中央委员会关于建国以来党的若干历史问题的决议》,载中共中央文献研究室编:《三中全会以来重要文献选编》(下),人民出版社 1982 年版。

14. 中国共产党第十八次全国代表大会报告:《坚定不移沿着中国特色社会主义道路前进,为全面建成小康社会而奋斗》。

15. 中国共产党第十九次全国代表大会报告:《决胜全面建成小康社会,夺取新时代中国特色社会主义伟大胜利》。

16. 习近平:《在哲学社会科学工作座谈会上的讲话》(2016 年 5 月 17 日),载《论党的宣传思想工作》,中央文献出版社 2020 年版。

17.《习近平法治思想概论》编写组:《习近平法治思想概论》,高等教育出版社 2021 年版。

18. 本书编写组:《党的二十大报告辅导读本》,人民出版社 2022 年版。

19. 本书编写组:《党的二十大报告学习辅导百问》,党建读物出版社、学习出版社 2022 年版。

20. 本书编写组:《二十大党章修正案学习问答》,党建读物出版社 2022 年版。

21. 中共中央宣传部:《习近平新时代中国特色社会主义思想学习纲要》,学习出版社、人民出版社 2019 年版。

22. 中共中央宣传部:《习近平新时代中国特色社会主义思想学习纲要》,学习出版社、人民出版社 2023 年版。

23. 中华人民共和国司法部编:《外国监狱法规条文分解》(下),法律出版社 1998 年版。

24. 中国劳改学会编:《中国劳改学大辞典》,社会科学文献出版社 1993 年版。

25. 中国现代史资料编辑委员会:《苏维埃中国》,1957 年编印。

26. 劳改专业教材编辑部、《中国劳改学研究》编写组:《中国劳改学》,社会科学文献出版社 1992 年版。

27. 公安部十局编:《劳改工作文件汇编》,1982 年编印(第 1 ~5 册)。

28. [苏]H. M. 拉吉莫夫:《劳动改造感化的理论与实践问题》,周兴泉、杨巍译,社会科学文献出版社 1987 年版。

29. 兰洁:《罪犯劳动改造学》,社会科学文献出版社 1989 年版。

30. 北京市监狱管理局清河分局编印:《北京市清河农场建场四十周年纪念文集》,1990 年版。

31. [美]霍金斯、阿尔珀特:《美国监狱制度——刑罚与正义》,孙晓雳等译,中国人民公安大学出版社 1991 年版。

32. 北京经济学院工业经济系生产管理教研室编著:《现代企业生产管理》,北京经济学院出版社 1992 年版。

33. 司法部监狱体制改革办公室编:《监狱体制改革文件汇编(一)》,法律出版社 2004 年版。

34. 梁民立:《简明中国监狱史》,群众出版社 1994 年版。

35.《中国少年儿童百科全书》,浙江教育出版社 1994 年版。

36. 孙晓雳:《中国劳动改造制度的理论与实践——历史与现实》,中国政法大学出版社 1994 年版。

37. 顾海良:《在马克思经济学道路上》,河北大学出版社 1997 年版。

38. 周振国等:《邓小平改革方法论》,河北人民出版社 1997 年版。

39. 夏宗素:《监狱学基础理论》,法律出版社 1998 年版。

40. 张金桑、张苏军:《亚太地区当代矫正制度纵览》,南京师范大学出版社 1999 年版。

41. 司法部监狱管理局编:《当代中国监狱概览》(统计资料卷),法律出版社 2000 年版。

42. 储槐植主编:《外国监狱制度概要》,法律出版社 2001 年版。

43. 王戍生:《罪犯劳动概论》,法律出版社 2001 年版。

44. 薛梅卿:《中国监狱史知识》,法律出版社 2001 年版。

45. 张旭明:《现代监狱企业管理学》,中国物价出版社 2001 年版。

46. 夏宗素、朱济民主编:《中外监狱制度比较研究文集》,法律出版社 2001 年版。

47. 李齐云:《政府经济学》,经济科学出版社 2003 年版。

48. 夏宗素:《罪犯矫正与康复》,中国人民公安大学出版社 2005 年版。

49. 中央司法警官学院编:《期待与时俱进的中国监狱学》,法律出版社 2005 年版。

50. 周雨臣:《罪犯劳动专论》,浙江大学出版社 2005 年版。

51. 辛国恩:《毛泽东改造罪犯理论研究》,人民出版社 2006 年版。

52. 杨殿生主编:《监狱法学》,北京大学出版社 2007 年版。

53. 王凤彬、李东:《管理学》,中国人民大学出版社 2007 年版。

54. 白焕然等:《中国古代监狱制度》,新华出版社 2007 年版。

55. 宋胜尊主编:《罪犯劳动改造学》,法律出版社 2008 年版。

56. 刘津:《监狱企业法人制度问题研究》,河北人民出版社 2009 年版。

57. 贾洛川:《罪犯劳动改造学》,中国法制出版社 2010 年版。

58. 史景轩、张青:《外国矫正制度》,法律出版社 2012 年版。

59. 卫兴华、赵家祥:《马克思主义基本原理概论自学考试用书》,北京大学出版社 2015 年版。

60. 李忠源、陈振斌:《罪犯劳动管理》,中国政法大学出版社 2016 年版。

61. 北京市监狱管理局编著:《劳动与改造》分册,法律出版社 2012 年版。

62. 刘津:《论监狱企业的性质》,载《中国监狱学刊》2001 年第 2 期。

63. 刘津:《论管理在罪犯劳动改造中的重要作用》,载《中国监狱学刊》2004 年第 5 期。

64. 刘津:《论监狱企业的目标》,载《河南司法警官学院学报》2006 年第 3 期。

65. 王志亮:《监狱学的学科定性与定位问题》,载《上海政法学院学报(法治论丛)》2009 年第 1 期。

66. 刘津:《再论监狱企业的性质》,载《中国监狱学刊》2010 年第 4 期。

67. 刘津:《规范监狱企业运行工作研究》,载《中国监狱学刊》2012 年第 6 期。

68. 唐爱军:《马克思劳动观及其现实意义》,载《毛泽东邓小平理论研究》2014 年第 3 期。

69. 季爱民、蔡欢:《马克思主义劳动观下的大学生劳动观调查分析》,载《学校党建与思想教育》2015 年第 3 期。

70. 刘津:《中国监狱学学科下罪犯劳动分支学科的建设和发展》(上、下),载《中国监狱学刊》2015 年第 2、3 期。

71. 高耀芳:《马克思劳动观及当代价值》,载《中共云南省委党校学报》2016 年第 3 期。

72. 柯淑珍:《论罪犯劳动的目的》,载《犯罪与改造研究》2016 年第 2 期。

73. 庞瑞华:《改革开放以来国内马克思主义劳动观研究述评》,载《大连海事大学学报(社会科学版)》2021 年第 3 期。

74. 张庆斌:《论新时代改造罪犯体系的重构》,载《中国监狱学刊》2022 年第 1 期。

75. 中国监狱工作协会编:《新中国监狱工作五十年》,法律出版社 2019 年版。

76. 王恒勤主编:《中国特色社会主义监狱理论体系研究》,河北大学出版社 2011 年版。

77. 中国监狱工作协会监狱史学专业委员会编:《我所知道的中国监狱工作往事记忆》,2009 年。

78. 中国监狱工作协会监狱史学专业委员会编:《我所知道的中国监狱工作》(第二辑),2010 年。

79. 中国监狱工作协会监狱史学专业委员会编:《我所知道的中国监狱工作》(第三辑),2010 年。

80. 本书编写组:《马克思主义基本原理》(2023 年版),高等教育出版社 2023 年版。